NATIONAL
GEOGRAPHIC

VENEDIG

Inhalt

Autorinnen: Sally Roy und Carla Capalbo
Aktualisierung: Sally Roy

Redaktion: Sandy Draper
Design: Bookwork Creative Associates
Design der Reihe: Catherine Murray
Redaktion der Reihe: Karen Rigden

5., aktualisierte Auflage 2011

„NATIONAL GEOGRAPHIC" ist eine eingetragene Marke der National Geographic Society. Deutsche Ausgabe lizenziert durch NATIONAL GEOGRAPHIC DEUTSCHLAND (G+J/RBA GmbH & Co KG), Hamburg 2008
www.nationalgeographic.de

Unsere Autoren haben nach bestem Wissen recherchiert. Trotzdem schleichen sich manchmal Fehler ein, für die der Verlag keine Haftung übernehmen kann. Hinweise, Verbesserungsvorschläge und Korrekturen sind jederzeit willkommen. Einsendungen an:
E-Mail: spirallo@nationalgeographic.de oder
NATIONAL GEOGRAPHIC SPIRALLO-Reiseführer
MAIRDUMONT GmbH & Co. KG
Postfach 3151
D-73751 Ostfildern

Covergestaltung und Art der Bindung mit freundlicher Genehmigung von AA Publishing

Herausgegeben von AA Publishing, einem Unternehmen der AA Media Limited, Fanum House,
Basing View, Basingstoke, Hampshire RG21 4EA, UK
Handelsregister Nr. 06112600

Farbauszug: AA Digital Department
Druck und Bindung: Leo Paper Products, China

A04603

Das Magazin

Zu einem tollen Urlaub gehört mehr als genüssliches Faulenzen oder Shoppen bis zum Umfallen – damit die Reise sich wirklich lohnt, muss man das Besondere seines Ziels kennen und schätzen. Das Magazin gibt einen unterhaltsamen Überblick über die gesellschaftlichen, kulturellen und geografischen Zusammenhänge, die dieser Stadt ihren besonderen Zauber verleihen.

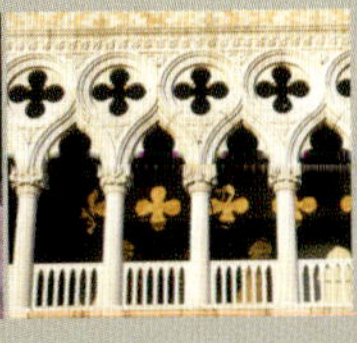

Bummeln
IN BOOTEN

Venedigs Stadtbild ist geprägt durch die Vielfalt an Booten, die alles und jeden durch die Kanäle befördern bis an die entferntesten Zipfel der Stadt.

Für jeden Zweck gibt es geeignete Fahrzeuge: Warenboote und Abfallkähne, Lösch-, Rettungs- und Polizeiboote, schnelle Wassertaxis, private Vergnügungsschiffe und *vaporetti* für den öffentlichen Transport (➤ 33f).

Schwarz, schnittig und bereit zum Ablegen

Die Sahnehäubchen sind zweifellos die Gondeln, die wahrscheinlich seit 1000 Jahren schon so aussehen: lang, schmal und mit wenig Tiefgang, ideal für schmale und seichte Kanäle. Die Gondel ist asymmetrisch geschnitten, das Gewicht des Gondoliere erst bringt die Balance. Die Gondeln sind alle 10,87 m lang und messen an ihrer breitesten Stelle 1,42 m. Seit 1562, als man die Luxusgesetze gegen allzu prunkvolle Dekoration verabschiedete, werden außer den Festbooten alle Gondeln schwarz gestrichen. Für die 280-teilige Konstruktion, zu der auch die *forcola* gehört, die aus Nussbaum gefertigte Riemengabel, werden neun verschiedene Hölzer verwendet. Die *forcola* macht zusammen mit dem *ferro,* dem sechszackigen Bugschweif, den Charme dieses Fahrzeugs aus.

Gondeln ist Familiensache

Boot und Betriebserlaubnis werden vom Vater an den Sohn weitergereicht. Ein Quereinstieg in dieses Geschäft ist ohne die richtigen Kontakte schwer, erst recht, wenn man seine venezianische Kindheit nicht mit Gondeln verbrachte. Insgesamt gibt es nur 425 lizenzierte Gondolieri hier.

Links: Die traditionelle Art, Venedig zu erkunden
Rechts: Anlegeplätze am Canal Grande

Als erste weibliche Gondelfahrerin, die es offiziell in den Berufsstand *Ente Gondola* geschafft hat, schreibt die 23-jährige Giorgia Boscolo, selbst Tochter eines Gondoliere, Geschichte in der männlichen Berufsdomäne der Gondolieri. Seit Juni 2009 gehört sie dazu. Ihre guten Beziehungen sowie ihr Können werden ihr ein Jahreseinkommen von bis zu 40 000 Euro einbringen.

Rudern im Stehen

Die Gondel ist verwandt mit anderen traditionellen Booten, die ebenfalls stehend gerudert werden. Das anmutige *sandolo* zum Beispiel, das erstmals 1292 zu Wasser gelassen wurde, oder das *mascareta*, das seinen Namen den maskierten Damen verdankt, die damit im 18. Jh. zu ihrem Stelldichein gelangten, oder das pfeilschnelle *gondolino*, ein leichtes, flinkes Boot, das Geschick erfordert. Venezianer lieben das Rudern, organisieren sich in Vereinen und trainieren das ganze Jahr für die Sommerregatten. Jeder *sestiere* (Stadtteil) verfügt über seinen eigenen Club und Ruderhelden und die Fans drängen sich dicht an den besten Aussichtspunkten, um ihr Lieblingsteam anzufeuern.

Hinter den KULISSEN
DIE ZUKUNFT SICHERN

Im ersten Jahrzehnt des 21. Jhs. steht Venedig vor enormen Schwierigkeiten. Und doch gibt es Anzeichen dafür, dass alles getan wird, um die Zukunft der Stadt zu sichern.

Eine lebendige Stadt?

Ende des Zweiten Weltkriegs lebten 170 000 Menschen in Venedig. 2010 waren es 60 000. Die Population schrumpft und altert. Das liegt vor allem am Mangel an erschwinglichen Wohnungen in gutem Zustand. Das Leben in Venedig ist aufwendig und teuer. Das veranlasste viele zur Flucht in die komfortableren und preiswerten trockenen Landstriche. Doch mit der Entvölkerung beginnt der Teufelskreis: Läden schließen, Dienstleistungen entfallen und Venedig wird für Zuziehende weniger attraktiv.

Da städtischer Wohnraum knapp ist, plagen sich viele Venezianer mit dem Erhalt von Altbauten, deren Fundamente einzig aus in Schlamm getriebenen Holzpfählen bestehen. Jede Arbeit an Gebäuden ist nicht nur durch die verwirrenden italienischen Bestimmungen verklausuliert, sondern kostet – wie alles hier – zudem viel durch die notwendigen Transporte zu Wasser.

> »Städtischer Wohnraum ist knapp, viele Venezianer plagen sich mit dem Erhalt von Altbauten«

Der Schaden

Venedig ist abhängig von Gezeiten und der Lagune, die Lagune wiederum wird von einem fragilen Ökosystem getragen. Nach dem Zweiten Weltkrieg litt dieses Gleichgewicht, als Tiefwasserkanäle ausgehoben wurden, um Mestre-Marghera, einem riesigen petrochemischen Industriekomplex am Rand der Lagune, Zugang zu gewähren. Andernorts ersetzte man fast ein Drittel der Auen durch künstliche Inseln und verschloss dabei unbedacht die Grundwasserleiter der Lagune. In den

Rechts: Luftverschmutzung schädigt Gestein und Gebäude

1970ern, als täglich 3,5 Mio. Tonnen Abfall in die Lagune gepumpt wurden, stiegen Luftverschmutzung und Gesundheitsschäden immens.

Venedig, auf seinen Pfählen in fragiler Balance, sank mit der Veränderung der Lagune schneller als jemals zuvor. Heute steht Venedig 123 cm tiefer im Wasser als 1900, und das *aqua alta*, ein flutbedingtes Hochwasser, trifft die Stadt an 130 Tagen im Jahr und hinterlässt beträchtliche Schäden. Die von Mestre herüberwehenden Schadstoffe tun ihr Übriges. Luftfeuchtigkeit und Salz verbinden sich mit den Säuren und nagen an den steinernen Kunstschätzen der Stadt. Geschätzte sechs Prozent der Marmor- und Steinflächen, fünf Prozent der Fresken und drei Prozent der Leinwandgemälde verschwinden jährlich auf diese Weise. Das Gesetz ließ nur noch 20 Prozent des Schadstoffausstoßes durch Mestre zu, aber die Industrie bleibt Venedigs Hauptverschmutzer.

Für Reparaturarbeiten abgeriegelte Kanäle

Venedigs Rettung

In den 1990ern wurde auch der Öffentlichkeit bewusst, dass der Verfall aufgehalten werden müsse, der durch das permanente *aqua alta* und den begünstigenden Klimawandel hervorgerufen wurde. 2003 stimmte die Regierung der Finanzierung einer Montage von 79 aufpumpbaren, flutregulierenden Schleusentoren auf dem Meeresboden der Laguneneingänge zu. Die Kosten des bis voraussichtlich 2012 andauernden Bauprojekts MOSE belaufen sich auf 4,3 Milliarden Euro. Trotz des Einspruchs von Ökologen hält man diese Schleusen für die einzige Chance zur Rettung der Stadt. Zur Eindämmung der Hochwasserschäden werden nun auch Gehsteige und Uferstraßen erhöht und Nebenkanäle ausgebaggert. Auch um die Holzpfähle ist man besorgt, auf denen die Stadt ruht; eine Geschwindigkeitsbegrenzung für Motorboote soll den Schaden begrenzen. Sanierungsmaßnahmen überziehen die ganze Stadt, überall werden Häuser verhüllt, um mit modernster Technik neue Stützbalken einzuziehen. Angemessenes und bezahlbares Wohnen gewinnt entscheidend an Bedeutung.

Ständig werden Kanäle ausgeschachtet und Pfeiler ersetzt

Baudenkmäler restaurieren
Alles wird daran gesetzt, um die Zerstörung der Gemäuer aufgrund der Luft- und Wasserverschmutzung durch Port Marghera und Mestre aufzuhalten. Vieles wurde durch nationale und auch internationale Bemühungen um Restauration und Konservierung wieder gerichtet, die seit der Flutkatastrophe 1966 unternommen wurden, als das Auge der Welt auf dem prekären Zustand dieser einstigen Herrlichkeit lag.

Das richtige Maß
Doch die Stadt muss auch weiterhin funktionieren. Venedig hat jährlich mehr als 16,5 Millionen Besucher – das macht die Stadtwirtschaft zunehmend vom Tourismus abhängig. Die meisten Besucher kommen nur kurz, geben wenig aus, belasten die Infrastruktur aber immens. Der Stadtrat muss eine Balance finden zwischen der Gewinnung von ständigen Bewohnern des historischen Zentrums und dem Erhalt der städtischen Substanz. Venedig allein muss entscheiden, ob es eine funktionierende, lebendige und florierende Stadt bleiben oder sein Dasein als bloßer Vergnügungspark und Fantasialand fristen will – als Zerrbild seiner eigenen Vergangenheit.

> »Die Stadt Venedig zieht jährlich mehr als 16,5 Millionen Besucher an«

AUFSTIEG UND FALL **VENEDIGS**

Mehr als 1000 Jahre lang war Venedig eine unabhängige Großmacht. Sein politischer und finanzieller Einfluss wurde überall in der bekannten Welt bewundert und gefürchtet.

Der Legende nach wurde Venedig am 25. März 421 gegründet. Fakt ist, dass der letzte Doge am 12. Mai 1797 abdankte. Dazwischen liegen fast 1400 Jahre, in denen die Stadt erbaut, geschmückt und schließlich zu einer Weltmacht wurde, dann aus dem Rampenlicht verschwand, um als eines der beliebtesten Touristenziele Europas wieder aufzuerstehen.

Nachbildungen der vier Bronzepferde in der Loggia der Basilica di San Marco

Zuflucht im Wasser

Gegründet wurde Venedig aus Angst. Als das Römische Reich unter dem Ansturm der Barbaren zusammenbrach und das Ende der Zivilisation gekommen schien, flohen die Bewohner des Festlands vor den Hunnen und Westgoten an die Lagune und siedelten auf den kleinen sumpfigen Inseln. Sie verfestigten das vorgefundene Land, sodass es Gebäude trug, sie regulierten die Flüsse, durch die die Lagune zu verschlammen drohte, und auch die Gezeiten, welche die ersten Wohnbauten bedrohten. Vom Wasser beschützt, genoss das frühe Venedig relativ friedliche Jahrhunderte, während für das übrige Europa die finstersten Zeiten anbrachen.

Macht, Reichtum, Gier

Als die Venezianer 697 ihren ersten Dogen als Schirmherrn über die wachsende Stadt wählten, waren sie bereits meisterhafte Schiffbauer geworden.

Doge Leonardo Loredan (1501–21) und zwei Tetrarchen aus dem 4. Jahrhundert

Wenn man Schiffe bauen kann, kann man auch reisen; kann man reisen, kann man Handel treiben. Dabei war die Lage der Stadt zwischen Ost und West von großem Vorteil. Um die Schiffsrouten zu sichern und sichere Handelsstützpunkte zu schaffen, eignete sich Venedig Gebiete am Mittelmeer und im Nahen Osten an. Als der Handel Geld einbrachte, entwickelte sich, stets durch kaufmännischen Pragmatismus geprägt, politisches Denken. Die Stadt war Handelsmacht, Unternehmer, Bankier und Geldverleiher. Jede Unternehmung wurde durch Profitstreben motiviert, wie immer Diplomaten das auch zu verschleiern suchten.

1203 fand sich Venedig bereit, den Vierten Kreuzzug ins Heilige Land zu transportieren und zu versorgen. Im Gegenzug erhielt es Hilfe für ein örtliches Problem: Es war das christliche Konstantinopel, das mit Venedig im Streit lag und nun mit vereinten Kräften gebrannntschatzt wurde. Nun kontrollierte Venedig die Handelswege nach Osten und bereicherte sich am Beutegut – die Bronzepferde in der Basilika Sankt Markus gehörten dazu.

Die Tage des Ruhms

Ab dem 15. Jh. war das reiche, mächtige Venedig eine der größten Städte Europas. Glanzvolle Bauwerke zierten die Stadt. Ihre Bewohner waren berühmt für luxuriöse Kleidung, Juwelen und hedonistische Lebensweise.

Das politische System, das auf komplizierten, gegenseitigen Kontrollen beruhte, die sicherstellen sollten, dass kein Teil der politischen Elite übermächtig wurde, funktionierte. Oberer Rat, Unterer Rat, Senat, Oberste Richter, Zehnerrat, aber auch Ausschüsse, Angestellte, Spione und Hinterzimmerleute hielten das fragile Gleichgewicht aufrecht. Über allen thronte der Doge, auf Lebenszeit gewählt und in alle Geheimnisse eingeweiht.

Die Aristokraten, nominell durch den Oberen Rat an der Regierung beteiligt, befassten sich eher damit, sich ihrem Kaufrausch und der verschwenderischen Lebensweise zu widmen. Das niedere Volk dagegen wurde mit einer ausgeklügelten Mischung aus staatlich finanzierter Unterhaltung und einem gesunden Respekt vor der Obrigkeit ruhiggestellt. Das reiche, stabile und angesehene Venedig wurde von aller Welt beneidet.

Doch rüttelten auch Verschwörungen und Komplotte am ehernen Staat. Regelmäßig trieb die Pest ihr Unwesen. 1348 starben gar 60 Prozent der Bevölkerung daran. 1450 kam die Syphilis, die später jeden fünften Venezianer traf. Schlimmer allerdings, weil unbemerkt, war die wachsende Macht der osmanischen Türken in Kleinasien.

> »Die Venezianer waren berühmt für reiche Kleidung und hedonistischen Lebenswandel«

Ein zweiseitiges Problem

1453 fiel Konstantinopel an die Türken und Venedig verlor den Zugang zu den östlichen Handelswegen, während 1497 Vasco da Gama das Kap der Guten Hoffnung umsegelte und den Seeweg nach Osten öffnete. Binnen 50 Jahren verlor Venedig Handelsmonopol und wirtschaftliche Basis, das Menetekel erschien an der Wand. Der Ernst der Lage wurde jedoch von den wenigsten erkannt, denn man war verwöhnt durch die über Jahrhunderte angehäuften Beuteschätze. Als sich die Staatskasse leerte, erfand sich Venedig als Vergnügungshauptstadt Europas neu, als Mekka für Genießer. Diese konnten sich einen zweckmäßigen Bordellführer besorgen, bevor sie aufbrachen, um den täglichen Gondelparaden mit den lieblichsten Kurtisanen der Stadt auf dem Rio della Sensa zuzuschauen.

Das Ende der Republik

1789 wurde Lodovico Manin zum 120. Dogen gewählt. Um den Karneval (► 18f) nicht zu stören, verlief seine Wahl fast unbemerkt. Acht Jahre später fegte der junge Napoleon in die Stadt und setzte Manin ab. Er ging wortlos, setzte seinen Dogenhut ab, das tausendjährige Symbol der Republik, und gab ihn seinem Diener mit den Worten: »Nimm ihn, ich werde ihn nicht mehr brauchen.«

KUNST im 21. JAHRHUNDERT

Vielen Besuchern Venedigs würde man es nachsehen, wenn sie die von alten *palazzi*, majestätischen Kirchen und Alten Meistern gekennzeichnete Stadt als ein Museum für traditionelle Kunst betrachteten. Doch auch Liebhaber zeitgenössicher Kunst kommen hier, mehr als in ähnlich großen Städten, auf ihre Kosten.

Die großen Drei

Die drei bedeutendsten Schauplätze für moderne Kunst – die Collezione Peggy Guggenheim (➤ 132f), der Palazzo Grassi (➤ 173) und die Punta della Dogana (➤ 134) – decken nahezu alle Kunstströmungen der letzten 100 Jahre ab. Das seit Langem etablierte Guggenheim-Museum setzte den Meilenstein für die künftige Rolle Venedigs als Zentrum zeitgenössischer Kunst, auch ist es zweifelsohne seiner Präsenz in der Stadt zu verdanken, dass der damalige Fiat-Präsident Gianni Agnelli in den 1980er-Jahren auf den Palazzo Grassi aufmerksam wurde. In den 1990er-Jahren finanzierte der Fiat-Konzern Weltklasseausstellungen und verhalf der Stadt somit zu mehr Ruhm auf dem internationalen Kunstparkett. Nach Agnellis Tod erwarb diesen Palast der französische, millionenschwere Unternehmer und Sammler der Gegenwartskunst François Pinault. Das von ihm neu eröffnete Museum zeigt topaktuelle Kunst sowie seine mehr als 2000 Werke umfassende Sammlung des späten 20. Jh. und der Gegenwart. Ermutigt von der öffentlichen Begeisterung, nahm sich Pinault 2007 auch die in die Jahre gekommene Punta della Dogana vor und verpasste ihr einen 20 Millionen schweren Umbau unter der Leitung des japanischen Architekten Tadao Ando. Im Juli 2009 schließlich feierte das Museum für zeitgenössische Kunst seine Eröffnung.

Die Biennale

Die Biennale Internazionale d'Arte (➤ 42), kurz Biennale, stellt keine Neuheit dar, denn schon 1895 zeigte sie das Beste aus zeitgenössischer Kunst. Sie findet in den ungeraden Jahren im Zweijahresturnus im Wechsel mit der Biennale für Architektur statt. Beide Ausstellungen verteilen sich auf verschiedene Orte der Stadt, doch das Zentrum bilden die Gardini Pubblici (➤ 79f)

Drei der Ausstellungsstücke der Francois-Pinault-Stiftung in der Punta della Dogana

in Castello, wo sich die teilnehmenden Länder in ihren jeweiligen nationalen Pavillons präsentieren. Weiterer Hauptstandort ist der Arsenale (➤ 78f), wo die Corderia (Seilerei) als Ausstellungsfläche dient. Ende der 1980er-Jahre hieß es, die Biennale habe an Ruhm verloren, doch zieht sie heute, reorganisiert und provokant, zwischen Mitte Juni und Mitte November Massen von Besuchern an.

Venedig im Wandel

Die über das ganze Jahr verteilten Kunstausstellungen sowie die Tatsache, dass Venedig über eine der besten Fakultäten Italiens für Architektur verfügt, liefern den Liebhabern der zeitgenössischen Kunst ein völlig neues Bild von der Stadt. Sie kommen regelmäßig und ihre Anwesenheit macht die Stadt auch für aktive Künstler interessant, die zunehmend ihre Ateliers nach Venedig verlagern und ihre Arbeiten in privaten Ausstellungen oder bei Galerieeröffnungen präsentieren. Genau diese Entwicklung geschieht ganz im Sinne der Entscheidungsträger, und die vielen ausgabefreudigen Besucher aus der Szene leisten keinen unbedeutenden Beitrag daran, Venedig als lebendige Stadt zu erhalten.

SO VIEL WIE MÖGLICH MITNEHMEN

Den **Palazzo Grassi** (➤ 173) finden Sie am Canal Grande (Campo San Samuele, San Marco 3231, Tel. 199 139 139 (in Italien), 0039 0445 230 313 (aus dem Ausland); www.palazzograssi.it; tägl. 10–19 Uhr). Am besten besorgt man sich ein für den Palazzo Grassi und die Punta della Dogana gültiges Kombiticket (20 €, 15 € Einzelpreis). Die Punta della Dogana liegt in Dorsoduro (Details ➤ 134). Informationen zur Biennale Internazionale d'Arte auf www.labiennale.org oder telefonisch unter 041 24 24. Um alles zu sehen, planen Sie mehrere Tage ein.

KARNEVAL
und andere Feste

Der spektakulärste Karneval Italiens – *carnevale* – mit seinen üppigen Kostümen und eindrucksvollen Masken sowie ein umfangreiches Programm an traditionellen und Kunstfestivals über das ganze Jahr verteilt machen Venedig seit jeher zu einem Besuchermagneten.

Carnevale
Im Mittelalter feierte ganz Europa Karneval – wörtlich »Abschied vom Fleisch« –, ein Spektakel vor der Fastenzeit, die letzte Gelegenheit für Spaß und Spiele vor den langen bußfertigen Wochen vor dem Osterfest. Venedig war dabei keine Ausnahme. Religiöse Prozessionen mischten sich mit Sport und Tanz. Die Begeisterung für den *carnevale* zog sich durch alle Bevölkerungsschichten. Mit der Zeit wurde er immer rauflustiger und länger, schließlich dauerte er den ganzen Winter, bis er im 18. Jh. dann seinen Höhepunkt erreichte.

Zurück zum alten Stil
Mit dem Ende der Republik im Jahre 1797 wurde auch den fröhlichen Festen des Karnevals ein Ende gesetzt, der bis in die 1970er-Jahre eine wehmütige Erinnerung bleiben sollte. Dann aber fanden sich Geschäftsleute und *commune* (Stadtverwaltung) zusammen, um den Karneval wiederzubeleben und die Touristen in der Winterflaute zurückzuholen. Die Kombination von traditionellem Karneval und modernen Festen wurde ein enormer Erfolg. Täglich gibt es überall in der Stadt Konzerte und Shows, Kostümpara-

Traditionelle Regatta (gegenüber); Karnevalskostüm (oben)

WIE SIE AM KARNEVAL TEILNEHMEN

Der genaue Termin richtet sich nach der Osterwoche, meist liegen diese 10 Tage jedoch zwischen Mitte Februar und Anfang März. Informationen erhalten Sie bei der Touristeninformation APT (Piazza San Marco 71f, Tel. 041 529 8711) oder unter www.carnevale.venezia.it). Kostbare Kostüme können Sie sich im Atelier Pietro Longhi (San Polo 2580, Calle dei Saoneri, Tel. 041 714 478; www.pietrolonghi.com), leihen, handgefertigte Masken kaufen Sie am besten bei MondoNovo (Dorsoduro 3063, Rio Terrà Canal, Tel. 041 528 7344) oder bei Tragicomica (San Polo 2800, Calle dei Nomboli, Tel. 041 721 102; www.tragicomica.it). Wenn Sie zum Karneval kommen, buchen Sie Ihre Unterkunft lange im Voraus!

den und Partys auf der Piazza (➤ 48f), Rockkonzerte in den Biennalegärten (➤ 79f), Gondelparaden, Straßenfeste, Feuerwerke und Maskenbälle in den historischen Palazzi am Canale Grande. Die Besucher werfen sich in aufwendigen Kostümen ins Karnevalsgetümmel, posieren in jeder Calle und jedem Campo. Jedermann trägt die symbolische Maske mit Motiven aus der venezianischen Geschichte. Diese Masken sind zuweilen wahre Kunstwerke – haben aber auch ihren Preis.

Weitere Festspiele

Wer es zum Karneval nicht schafft, für den gibt es das ganze Jahr über weitere Festspiele, von denen viele auf die große Zeit der venezianischen Republik zurückgehen. Ganz oben stehen die Ruderregatten, die *vogalonga*, die im Mai stattfinden, am ersten Sonntag nach Christi Himmelfahrt, und die Regata Storica am ersten Sonntag im September.

Die Festa del Redentore (des Erlösers) feiert Ende Juli die Erlösung von der Pest 1575-77. Eine Pontonbrücke wird über den breiten Giudecca-Kanal hinüber zur Kirche gespannt und die Woche endet mit einer riesigen Party und einem spektakulären Feuerwerk. Eine ebensolche provisorische Brücke überspannt den Canal Grande am 21. November anlässlich der Erlösung von der Pest 1630, bei der die Salute Kirche zerstört wurde und der man mit Prozessionen, Kerzen und Souvenirs gedenkt.

STEIN UND FARBE
ÜBERWÄLTIGENDE ANBLICKE

Das Stadtbild Venedigs ist schön wie kein anderes. Es mag genügen, den Eindruck einfach aufzusaugen. Ein paar Hintergründe könnten dem Verständnis dennoch dienlich sein.

Die Gebäude

Die venezianische Architektur ist geprägt durch das Wesen und die Geschichte der Stadt. Östliche wie westliche Stilelemente fanden Eingang und so finden Sie frühe byzantinische Elemente in den Kuppeln des Markusdoms, die nach dem Vorbild der Apostelkirche Konstantinopels errichtet wurden. Spätere Bauherren verbanden Kuppeln und Spitzbögen mit westeuropäischen Elementen und fanden so eine eigene venezianische Gotik, den individuellsten Architekturstil, den die Stadt je

hervorbrachte. Erkennbar ist er an Kielbögen, aufwendigem Maßwerk und Fialen. Mehr davon sehen Sie, wenn Sie den Canal Grande hinunterfahren oder eine der himmelhoch aufstrebenden Kirchenhallen betreten.

Kühle Eleganz

Im 15. Jh. wurde Italien vom Fieber der Renaissance erfasst, die einen Baustil einführte, der sich am antiken Rom orientierte. Dabei adaptierte Venedig die Toskanische und die Lombardische Renaissance auf seine Weise. 100 Jahre später traf die römische Hochrenaissance auf Venedig und verband sich mit der innovativen Genialität eines Palladio (➤ 23) zu einigen der rationalsten und einflussreichsten Gebäude. Das ist klassische Architektur vom Feinsten: harmonisch, ausgewogen, eine Augenweide! Lassen Sie sich über das Markusbecken zu San Giorgio Maggiore (➤ 57f) geleiten, dem Inbegriff dieses kühlen, eleganten Stils. Lange hielt er nicht an; binnen 50 Jahren hatte der Pomp des Barock Einzug gehalten mit seinen reich mit Schnitzereien, Bildhauerei und Schnörkeln verzierten Gebäuden.

Architektonisch konnte kaum mehr erreicht werden, aus dem 19. Jh., geschweige denn aus dem 20. oder 21. ist deshalb auch wenig zu

Das Funkeln des Canal Grande bei Nacht

finden. Eine Ausnahme ist die anmutige geschwungene Brücke über den Canal Grande, der den Piazzale Roma mit dem Bahnhofsplatz verbindet. Entworfen wurde Venedigs Brücke im neuen Jahrtausend vom berühmten spanischen Architekten Santiago Calatrava. 2008 wurde sie fertiggestellt.

Venezianische Malerei

Die ersten venezianischen Gemälde waren Mosaike (➤ 148f) – glitzernde Bilder aus dem 11. und 12. Jh., die der analphabetischen Bevölkerung religiöse Geschichten erzählten. Prächtige Farben leuchteten vor goldenem Hintergrund. Schillernde Stoffe, die aus dem Osten nach Venedig gelangten, inspirierten die Künstler. Sie integrierten sie in ihre Bilder und legten so den Grundstein für das Thema venezianischer Kunst – Farbe und Textur.

In der Renaissance, als Zentralperspektive und Komposition entwickelt wurden, bekamen die Figuren der Gemälde einen räumlichen Bezug. 100 Jahre später ließen neu erfundene Ölfarben ein Differenzieren von Licht und Farben zu. Anatomische Menschenkenntnis und bessere Perspektiventechniken kamen dazu. Im 16. Jh. dann brachte diese Verbindung aus Talent, Material und technischen Fertigkeiten die leuchtenden und atemberaubend schönen Werke hervor, die typisch sind für die venezianische Malerei.

GROSSE MALER UND WO SIE SIE FINDEN

Paolo Veneziano (ca. 1300–62): Gallerie dell'Accademia
Antonio Vivarini (ca. 1415–84): San Zaccaria
Gentile Bellini (1429–1507): Gallerie dell'Accademia
Giovanni Bellini (1430–1516): Gallerie dell'Accademia, Frari, Santi Giovanni e Paolo
Vittore Carpaccio (ca. 1460–1525): Gallerie dell'Accademia, Scuola di San Giorgio degli Schiavoni
Giorgione (ca. 1476/8–1510): Gallerie dell'Accademia
Tizian (Tiziano Vecellis, 1487–1576): Frari, Santa Maria della Salute, Gallerie dell'Accademia
Tintoretto (Jacopo Robusti, 1518–94): Scuola Grande di San Rocco, Madonna dell'Orto, Gallerie dell'Accademia
Veronese (Paolo Caliari, 1528–88): Gallerie dell'Accademia, San Sebastiano
Giambattista Tiepolo (1696–1770): Scuola Grande dei Carmini, Ca' Rezzonico, Gesuati
Canaletto (1697–1768): Gallerie dell'Accademia, Ca' Rezzonico
Francesco Guardi (1712–93): Gallerie dell'Accademia, Ca' Rezzonico,
Pietro Longhi (1702–1805): Fondazione Querini Stampalia

Ausschnitt aus Tintorettos Deckengemälde *Triumph der Venezia* im Dogenpalast

DIE VIER GROSSEN ARCHITEKTEN

Mauro Coducci (ca. 1440–1504) war ein Meister der Frührenaissance. Seine Arbeiten sind auf der Friedhofsinsel San Michele und in den Kirchen Santa Maria Formosa und San Giovanni Crisostomo zu sehen.

Jacopo Sansovino (1486–1570) wurde in der Toskana geboren. Er kam von Rom nach Venedig. Zwischen 1536 und 1537 entwarf er drei seiner wichtigsten Gebäude am Markusplatz: La Zecca (die Münze), die Biblioteca Marciana (Bibliothek) und die Loggetta am Fuße des Campanile.

Andrea Palladio (1508–80): Seine venezianischen Erfolge sind die Kirchen von San Giorgio Maggiore und des Redentore, entworfen jeweils 1566 und 1577.

Baldassare Longhena (1598–1682) ist Venedigs hauseigener Barockvirtuose, der sich hier ab 1620 einen Namen machte. Verpassen Sie nicht die Santa Maria della Salute oder den riesigen Palazzo Ca' Pesaro am Canal Grande!

DIE WICHTIGSTEN ARCHITEKTURSTILE

Byzantinik: San Marco, Santa Maria Assunta, Santa Fosca

Mittelalter: San Nicolò dei Mendicoli

Gotik: Palazzo Ducale, Ca' d'Oro, Frari, Santi Giovanni e Paolo

Frührenaissance: San Zaccaria, San Michele, Santa Maria dei Miracoli, Palazzo Loredan (ein Bürgerhaus am Canal Grande mit gebogenen, von schlanken Säulen gesäumten Obergeschossfenstern)

Hochrenaissance: Biblioteca Marciana, Procuratie Vecchie, San Giorgio Maggiore, Redentore, Rialtobrücke

Barock: Santa Maria della Salute, Santa Maria del Giglio, San Moisè

Neoklassik: La Pietà, Ala Napoleonica

Zauberhaftes GLAS

Die venezianische Glasmanufaktur hat ihren Sitz seit 1291 auf Murano, wo heute mit traditionellen Techniken Glas von Museumsqualität hergestellt wird.

Seit dem Mittelalter war Venedig der wichtigste Glasproduzent der westlichen Welt, Hüter des geheimen Zaubers, welcher Sand und Quarz, Natrium und Kalium in filigrane und nützliche Erzeugnisse verwandelt.

Ihre Fertigkeiten verdankten die Venezianer vermutlich den Nachkommen der römischen Flüchtlinge, die nach dem Fall von Rom auf den Laguneninseln Zuflucht fanden. Ihr Handel mit dem Orient brachte weiteres Know-how, der vorhandene Sand und die Meeresvegetation lieferten die Rohstoffe. Ende des 12. Jhs. hatten die ansässigen Glasbläser die Technik der Fensterscheiben- und Spiegelherstellung gemeistert und der Staat witterte die wirtschaftliche Bedeu-

Eine Ausstellung von Murano-Glas

tung. 1291 wurden die Brennöfen auf die Insel Murano (➤ 144f) verlagert und die Glasmacher streng von der Staatsmacht bewacht. Flüchtige Arbeiter, die mit ihren Kenntnissen entkommen wollten, wurden gnadenlos verfolgt.

Die Glasverordnung

Im 15. Jh. erlangte die glänzende Technik der Glasbläser von Murano Weltruhm. Ihr Glas zeichnete sich durch komplizierte Muster und Farbgebungen aus. Zum Inbegriff wurde der venezianische Kronleuchter, der bis heute fester Bestandteil der venezianischen Glasmacherkunst ist. Nach 1600 konnten die Edelsteinimitationen von den echten Steinen kaum mehr unterschieden werden und ihre Herstellung wurde gesetzlich verboten. Im 19. Jh. gab es einen Niedergang, das 20. Jh. jedoch erlebte eine Wiedergeburt sowohl der Muster als auch der Technik. Heute produziert Murano große Mengen Glas, meist in kleinen Betrieben, in denen die Glasbläsermeister ihre Geheimnisse an ihre Lehrlinge weitergeben.

Glas für die Moderne

Jedes Stück echten venezianischen Glases wird als Original gekennzeichnet und mit Garantie versehen. Die hohe technische und ästhetische Qualität erzielt vierstellige Preise. Seit der Pionierarbeit von Archimede Seguso in den 1950ern wurde das Spitzenglas von Murano eine eigenständige Kunstform. Designer arbeiten Hand in Hand mit Maestri, den Herstellern. Firmen wie Barovier e Toso, Venini, Mason und Frateli Toso zählen zu dieser Kategorie. Einige Designer sind in jeden einzelnen Produktionsschritt einbezogen, am meisten aber Luigi Camozzo und Michele Micheluzzi. Camozzo ritzt und ätzt seine großen Stücke derart, dass sie eher an Stein oder Marmor erinnern. Micheluzzi hingegen ist auf kaltes Ziselieren spezialisiert. Er ätzt gewundene, rhythmische Muster auf einfarbige, glatte Formen.

Ein Kunsthandwerker beim Glaspolieren

KOSTPROBE VENEDIG

Wer echt venezianisch essen und trinken möchte, muss die Orte aufsuchen, die die Einheimischen besuchen, und das hervorragende Obst und Gemüse der Rialto-Märkte testen.

Appetithäppchen

Beginnen Sie Ihre Erkundung in einem *bàcaro* (➤ 40), einem traditionellen Weinlokal, in dem Sie auch Essen bekommen, ohne die Preise eines richtigen Restaurants zahlen zu müssen. Die *bàcari,* Bastionen echt venezianischer Küche, sind eine uralte Institution; selbst neue sehen aus, als bestünden sie schon seit Jahrhunderten. Sie können an der Bar stehen oder Pasta oder Risotto an langen Holztischen im hinteren Teil des *bàcaro* genießen. Meist wird ein *spritz* gebracht, ein venezianisches Kultgetränk, eine Mischung aus Weißwein, Mineralwasser und Aperol mit ordentlicher Wirkung.

Muscheln, Schuppen, Flossen

Finden Sie ein gutes Fischrestaurant! Es lohnt sich, auch wenn Ihr Budget knapp ist! Die Vielfalt an Meeresfrüchten ist umwerfend. Es gibt Gerichte aus seltenen Krustentieren wie *granseola* (Seespinne), *capelonghe* (Schwertmuschel) oder *schie* (Zwerggarnele), die Sie kosten sollten. Alle sind frisch und flink zubereitet. Schauen Sie auch nach traditionellen Gerichten wie *sarde in saor*, eine alte, mittelalterlich gewürzte Sardinenspeise.

»Sie können an der Bar stehen oder auch Risotto oder Pasta an langen Holztischen genießen ...«

Die Küche des 21. Jahrhunderts

Selbst im stockkonservativen Venedig fassen neue Kochtrends Fuß. Slow Food, eine weltweite Aktion für lokale Produzenten und Bio-Produkte, stammt aus Italien. Auch die venezianischen Restaurants sind auf diesen Zug aufgesprungen. Im heutigen Venedig können Sie wählen zwischen altmodischen, teuren Ristorante, die exzellentes, traditionell venezianisches Essen anbieten, modernen, hocheffizienten Lokalen, die das Anrichten der Speisen ebenso wichtig nehmen wie die Zutaten selbst,

Abendessen am Kanalufer im Stadtviertel San Marco

und Dutzenden unkomplizierten, in Familienbesitz befindlichen Trattorien (► 40), in denen am laufenden Band Teller mit Pasta und frischem gegrilltem Fisch serviert werden. Eine bestechende Kombination! Hüten Sie sich nur vor den Etablissements mit den Touristenmenüs und den davor lauernden, Gäste heischenden Kellnern!

Ein Löffelchen Zucker

Wie alle Italiener holen sich auch die Venezianer ihre Dosis Süßes in der *Pasticceria* (Konditorei). Die Auswahl im Schaufenster der altmodischen Läden lässt einen denken, dass sich seit dem Mittelalter wenig verändert hat. Probieren Sie interessehalber die beiden klassischen Kekssorten *baicoli* und *busolai*, harte Plätzchen mit Anis-, Vanille- oder Zitronengeschmack. Möchten Sie sich etwas wirklich Gutes tun, dann gehen Sie in einen der gehobeneren Läden, in denen Sie auch kaufen können, was auf keinem Frühstückstisch fehlen sollte: *briosce*, delikate, federleichte Croissants.

Die Lagune – EIN BINNENMEER

Die Lagune, eine sich wandelnde Landschaft aus Wasser, Inseln, Sumpf und Watt, gehört fest zu Venedig und hat eine einzigartige Lebensweise.

Die Lagune und ihre Wasserwege

Die Lagune von Venedig ist die größte Italiens. Mit 50 km Länge und 8–4 km Breite bedeckt sie eine Fläche von 550 km² und ist mit dem Meer durch die drei Arme Lido (➤ 150f), Pellestrina und Chioggia (➤ 161) verbunden. Fliegen Sie Venedig am Tage an, sehen Sie die Untiefen, Inseln, Moore, Wattflächen und Wasserläufe zwischen den Inseln aus der Vogelperspektive. Was für eine Menge Wasser! Nur ca. 8 Prozent dieser Landschaft ist dauerhaft trocken. Das Wasser, mancherorts salzig, anderswo Brackwasser, unterliegt den Gezeiten und gibt bei Ebbe Schlamm und Schlick frei. Die Wassertiefe ist sehr unterschiedlich, die Schifffahrt ist nur entlang der Fahrwasser möglich. Diese müssen wegen der Versandung ständig ausgebaggert werden. Das gesamte Gebiet untersteht der Aufsicht des Consorzio Venezia Nuova, einer Vereinigung verschiedener öffentlicher und privater Körperschaften, die sich mit allen Aspekten der Lagune und ihrer Gewässer befasst.

Die Menschen

Viele Venezianer wohnen auf den Laguneninseln und pendeln in die Stadt oder arbeiten vor Ort. Es sind kleine, in jedem Wortsinne insulare Gemeinden. Fremden begegnet man mit ein wenig Misstrauen, traditionelle Werte und Gemeinschaftssinn zählen viel. Viele Inselbewohner, sofern nicht im Tourismus tätig, arbeiten als Glasmacher auf Murano (➤ 24f), als Landwirte auf Sant'Erasmo (➤ 152) oder als Fischer auf Burano. Bei Burano (➤ 146f) im Norden und Chioggia im äußersten Südwesten der Lagune sieht man viele Fischerboote, aber auch die Fischzucht ist wichtig, und das seit Jahrhunderten. Die Fischfarmen befinden sich in den sogenannten *valli di pesca chiuse* (geschlossenen Fischkanälen). Das sind dauerhaft mit Wasser bedeckte Flächen, die mit Dämmen vor den Gezeiten geschützt sind. Hier werden die besten Fische und Muscheln gezüchtet, ohne durch Verschmutzung gefährdet zu sein.

Was gibt es dort draußen?

Fast jeder Besucher macht einen Ausflug auf die Inseln Murano, Burano und Torcello, aber es gibt viel mehr in der Lagune als diese Touristenfallen. Vom bequemen Sitz einer Inselfähre aus sehen Sie viel vom Leben der Vögel, während die Sumpfgebiete im Frühjahr in buntgetupfter Wildblütenpracht erstrahlen. Steht Ihr Sinn nach einem Landspaziergang, so fahren Sie nach Sant'Erasmo mit seinen Feldern und gewundenen Wegen. Zum Sonnen geht es zu den leeren Stränden von Pellestrina. Mieten Sie sich ein Boot und erkunden Sie selbst die einsamen Inseln und Wasserflächen!

Blick auf Burano vom Glockenturm der Basilica Santa Maria Assunta auf Torcello

HIGHLIGHTS AUF EINEN BLICK

Venedig hat viel zu bieten! Sollten Sie wenig Zeit haben, finden Sie hier Tipps für Ihren unvergesslichen Besuch.

Piazza San Marco

Romantische Plätze

- Ein Doppelsitz in einer Gondola
- Die Bank, von der Sie den Canal Grande wie von einer Tribüne aus überblicken können (➤ 174)
- Die Fondamenta della Sensa in Cannaregio – perfekt zum Hand-in-Hand-Hinunterschlendern (➤ 96)
- Die Uferpromenaden der Giudecca (➤ 135)
- Ein Tisch im Caffè Florian an einem Winterabend (➤ 59f)

Die besten und reizvollsten *Vaporetto*-Touren

- Die Nr. 1 vom Bahnhof zum Markusplatz oder zurück
- Nr. 51 vom Bahnhof über die Giudecca zum Lido
- Nr. 42 von San Zaccaria nach Murano
- Nr. LN von San Zaccaria über den Lido nach Burano und Torcello

Beste Einkaufsadressen

- Namhafte Designer in der Calle Vallaresso, Calle Larga 22 Marzo und den sie umgebenden Straßen
- Antiquitäten, Papierwaren, Perlen und Textilien in San Marco (➤ 65f)
- Beste Lebensmittel im Rialto-Markt und Umgebung (➤ 110f)
- Leder, Schuhe und Mode-Outlets in San Polo (➤ 119f)
- Masken, Kunst, Textilien, Bücher und Papierwaren im Dorsoduro (➤ 138)

Die besten *Campi* – Venedigs schönste Plätze

- Campo Santa Margherita (➤ 134)
- Campo San Polo (➤ 117)
- Campo Santo Stefano (➤ 61)
- Campo Santa Maria Formosa
- Campo San Giacomo dell'Orio (➤ 110)

Das beste Eis

- Paolin, San Marco 2962/A, Campo Santo Stefano (➤ 64)
- Igloo, San Marco 4819, Calle della Mandola
- Nico, Dorsoduro 922, Zattere ai Gesuati
- Boutique del Gelato, Castello 5727, Salizzada San Lio

Erster Überblick

Ankunft

Welches Verkehrsmittel nach Venedig Sie auch wählen, die Beschaffenheit der Stadt macht die Anreise etwas anspruchsvoller als manch anderes Reiseziel. Hier erhalten Sie Tipps, wie Sie die Anreise möglichst bequem gestalten.

Aeroporto Marco Polo

Venedigs Flughafen (Tel. 041/260 92 60; www.veniceairport.it) wickelt Linienflüge aus dem In- und Ausland ab.

- Von mehreren deutschen Flughäfen aus gibt es **Direktverbindungen** zum Flughafen Marco Polo. Fluggäste aus dem außereuropäischen Ausland müssen gegebenenfalls in Mailand oder Rom umsteigen.
- Einige Charter- und Billigflüge landen auch auf dem **Angeli Airport in Treviso** (Tel. 0422/31 51 11; www.trevisoairport.it), 30 km nördlich von Venedig.

Vom Flughafen in die Stadt

Der Flughafen Marco Polo liegt in Tessera, zehn Kilometer von Venedig entfernt. Die unten aufgeführten Fahrzeuge fahren direkt vor der Flughalle ab.

- Die ***taxi acquei* oder Wassertaxis** (Tel. 041/72 31 12) sind schnell, aber teuer. Die Fahrt ins Zentrum dauert ungefähr 25–40 Minuten und kostet ca. 100 Euro. Fordern Sie ein Wassertaxi im Büro links vom Ausgang des Ankunftsbereichs an und handeln Sie den Preis vor der Abfahrt aus.
- **Die Boote der Gesellschaft Alilaguna** (Tel. 041/541 65 56; 041/296 03 81; www.alilaguna.it) fahren stündlich vom Flughafen ins Zentrum. Fünf Linien (Blu, Arancio, Giallo, Oro und Red) bedienen verschiedene Stadtteile und Laguneninseln. Möglich, dass Sie auf dem letzten Stück in ein ACTV-*vaporetto* umsteigen müssen. Die Linie Blu fährt ab 6.10 stündlich bis 00.10 Uhr; Oro von 9.30 bis 17.30 Uhr; Red von 9.15 stündlich bis 18.15 Uhr. Die Linien Arancio und Giallo befahren Murano und den Norden. Fahrkarten kosten 13 Euro und sind an Bord erhältlich. Die Fahrzeit beträgt 75–90 Minuten.
- **Busse** fahren vom Flughafen über den Damm zum Piazzale Roma. Von hier können Sie zu Ihrem Hotel laufen oder mit dem Boot fahren. Busse der **ATVO** (www.atvo.it) verkehren zwischen 8.30 Uhr und Mitternacht. Die 25-minütige Fahrt kostet ca. 3,20 Euro. Zwischen 4.10 und 00.10 Uhr fährt die Buslinie 5 der **ACTV** (www.actv.it) halbstündlich vom Flughafen zum Piazzale Roma. Die 40-minütige Fahrt kostet ca. 1,50 Euro.
- Vorsicht bei **privaten Transferangeboten**: Die *vaporetti* (► 33f) sind sehr gut und zudem wesentlich günstiger.
- Mit dem **Taxi** sind Sie in ca. 30 Minuten für rund 25 Euro am Piazzale Roma.

Flughafen Treviso Angeli

- **Charter- und Billigflüge** landen auf dem Angeli-Flughafen in Treviso (www.trevisoairport.it). Auf den Flugplan abgestimmte **Busse der ATVO** (www.avto.it) fahren von hier zum Piazzale Roma. Linie 6 pendelt zwischen dem Flughafen und dem Zentrum von Treviso (inklusive Bahnhof).

Ankunft mit dem Zug

- Venedigs **Bahnhof Santa Lucia** ist über einen Damm mit dem Festland verbunden. Steigen Sie keinesfalls in Venezia Mestre aus!
- Einige Züge fahren allerdings nur bis Mestre, wo Sie für das letzte Stück **umsteigen** müssen. Die Lokalzüge verkehren in der Regel im Fünfminutentakt.
- **Vor der Bahnhofshalle führen Stufen** zum Canal Grande und zum *vaporetto*-Anleger hinunter. Die Boote steuern von hier verschiedene Teile der Stadt an (► 33f). Die Linien 1 und 2 fahren den Canal Grande hinab, die Linien 51 und 52 umrunden die Stadt. Auch Wassertaxis und Gondeln legen hier an.

Ankunft mit dem Auto

- Am nächsten zum Zentrum und direkt am Canal Grande liegt der **Parkplatz** am Piazzale Roma (Autorimessa Comunale, Tel. 041/272 72 11; www.asmvenezia.it). Da er oft überfüllt ist, fährt man besser zu dem großen Parkplatz auf der Insel Tronchetto (Venezia Tronchetto Parking, Tel. 041/520 75 55; www.veniceparking.it), der mit *vaporetti* an die Stadt angeschlossen ist.
- **Billiger parken** kann man in **Fusina** auf dem Festland (Tel. 041/547 01 60; www.terminalfusina.it), von wo aus stündlich Boote ins Zentrum fahren.
- **Parkplatzgebühren** liegen bei 18–24 Euro pro Tag bzw. 8–10 Euro für zwei Stunden.
- Parkplätze sind rund um die Uhr geöffnet, man kann online vorbestellen.

Mietwagen

Wenn Sie von Venedig aus weiterreisen, können Sie am Flughafen Marco Polo oder am Piazzale Roma einen Wagen mieten.

Avis

✉ Piazzale Roma 496G ☎ 041/523 73 77
✉ Ankunftshalle, Flughafen Marco Polo ☎ 041/541 50 30

Hertz

✉ Piazzale Roma 496E ☎ 041/528 40 91
✉ Ankunftshalle, Flughafen Marco Polo ☎ 041/541 60 75

Europcar

✉ Ankunftshalle, Flughafen Marco Polo ☎ 041/541 56 54

Touristeninformation

APT (Azienda di Promozione Turistica)

✉ Piazza San Marco 71f ☎ 041/529 87 11 ◷ Mo–Sa 9.30–15.30 Uhr
✉ Flughafen Marco Polo ☎ 041/529 87 11 ◷ Mo–Sa 9.30–15.30 Uhr
✉ Bahnhof Santa Lucia ☎ 041/529 87 11 ◷ Mo–Sa 8–18 Uhr
✉ Palazzina dei Santi, Calle della Sagriestia, San Marco ☎ 041/529 87 11
◷ Mo–Sa 10–12, 14–16 Uhr
✉ Viale Santa Maria Elisabetta 6/a, Lido ☎ 041/526 57 21
◷ April–Sept. tägl. 10–13 Uhr

Unterwegs in Venedig

Innerhalb Venedigs müssen Sie entweder zu Fuß gehen oder mit dem Boot fahren. Um rasch von einem Ort zum anderen zu gelangen, kombinieren Sie am besten beides. Wenn Sie im Winter nach Venedig reisen, sollten Sie jedoch festes Schuhwerk mitbringen, denn oft herrscht Hochwasser, *acqua alta*.

Bootsverkehr

- Die **ACTV** (Azienda del Consorzio Trasporti Veneziano), Piazzale Roma; www.actv.it; geöffnet 7.30–20 Uhr) betreibt **Boote** in der Stadt und der Lagune sowie **Busse** auf dem Lido und dem Festland. Sie fahren zwischen 5 Uhr früh und Mitternacht, danach verkehren stündlich **Nachtboote**.
- Es gibt **drei Bootstypen:** Die großen und recht langsamen *vaporetti* bieten Sitzplätze im Freien, viele Stehplätze und ausreichend Stauraum. Die kleineren und schnelleren *motoscafi* verfügen über wenige Sitzplätze auf dem Hinterdeck. Die *motonavi* sind Doppeldecker und verkehren im Bereich der Lagune. Wundern Sie sich nicht, wenn die Venezianer diese Boote einfach alle als *vaporetti* bezeichnen. **Fahr- und Liniennetzpläne** erhalten Sie in jeder größeren ACTV-Verkaufsstelle.

- Alle ***pontili* (Anleger)** hängen Fahr- und Routenpläne aus. Die Liniennummer befindet sich auf den Seiten eines jeden *vaporetto*.
- Die meisten Touristen fahren **auf den Hauptstrecken**, entweder mit der Linie 1 (➤ 170ff), die vom Piazzale Roma den Canal Grande hinunter und bis zum Lido fährt, oder mit der Linie 2, die vom Piazzale Roma kanalabwärts bis zum Lido und zurück über Giudecca und Tronchetto führt.
- Es gibt mehrere **Rundstrecken (*giro città*)**, die auch Ziele außerhalb der Stadt ansteuern. Die Linien 41 und 42 halten auf Murano, die Linien 51 und 52 am Lido. **Durch die Lagune** fahren die Linien LN und T (Burano und Torcello).
- Mit den ***traghetti* (Gondelfähren)**, die an verschiedenen Stellen die Ufer des Canal Grande miteinander verbinden, können Sie viel Zeit sparen. Die *gondolieri* setzen die Passagiere in der Regel von 8 bis 13 oder bis 18 Uhr über. Grüne Schilder markieren die Anlegestellen. Bezahlt wird beim Einsteigen (0,50 Euro), gewöhnlich bleiben die Passagiere stehen.
- Mehrere Gesellschaften betreiben die schnellen und sündhaft teuren **Wassertaxis**, die Sie telefonisch bestellen können (Tel. 041/240 76 11; 041/522 23 03). Der Grundtarif liegt bei 19 Euro für die ersten 7 Minuten, danach klettert das Taxameter alle 15 Sekunden um 35 Cent zzgl. zahlreicher Zuschläge.
- Überall in der Stadt befinden sich Anleger. Sie können auch eine Gondel bestellen: **Calle Vallaresso** (Tel. 041/520 61 20); **Ferrovia** (Tel. 041/718 543); **San Marco** (Tel. 041/520 06 85); oder **Rialto** (Tel. 041/522 49 04). Eine 40-minütige Fahrt von 6 Personen kostet etwa 80 Euro; alle 20 Minuten erhöht sich der Betrag um 40 Euro.

Inselbusse

- **Busse** fahren am Lido, und zwar die Route A im nördlichen Bereich und die Route B im südlichen Abschnitt. Die Linie 11 (stündlich ab Viale Santa Maria Elisabetta am Lido) setzt mit der Fähre nach Pellestrina über und fährt dort weiter zur Fähre nach Chioggia.

Reisende mit Behinderung

- Wenden Sie sich an **Informahandicap** (Ca' Farsetti, San Marco 4136, Erdgeschoss, Tel. 041/274 81 44; Do 9–13, 15–17 Uhr).
- **Routen für Rollstuhlfahrer** sind auf einigen Stadtplänen markiert.
- Es gibt Brücken mit **Automatikrampen**; Schlüssel hierfür in den APT-Büros.

Fahrscheine

- Die ACTV bietet **verschiedene Fahrscheine** an: Einzel- und Gruppen- sowie Hin- und Rückfahrscheine. Zudem gibt es günstige **Tagestickets** *(biglietti a tempo)*, die für alle ACTV-Wasser- und Landrouten gelten: 12-h-Tickets (16 Euro), 24-h-Tickets (18 Euro), 36-h-Tickets (23 Euro), 48-h-Tickets (28 Euro), 72-h-Tickets (33 Euro) und 7-Tage-Tickets (50 Euro). Alle Fahrkarten sind an den ACTV-Schaltern, im Büro des ACTV am Piazzale Roma oder in Tronchetto und in den *tabacchi* (Tabakläden) oder online unter www.veniceconnected.com erhältlich. Auch unter Tel. 041/24 24 oder online unter www.hello-venezia.com erhalten Sie Auskunft über Preisvorteile u. Ä.
- In der Regel müssen Sie Ihren **Fahrschein** (*imob*) vor Fahrtantritt entwerten, indem Sie ihn am elektronischen Lesegerät am Anleger vorbeiführen.

Eintrittspreise

Die Eintrittspreise für die im Text genannten Museen und Sehenswürdigkeiten sind in folgende Preiskategorien eingeteilt:

Preiswert: unter 4 Euro **Mittel**: 4–7 Euro **Teuer**: über 7 Euro

Übernachten

Wenn Sie vom Blick auf einen ruhigen Kanal oder den blühenden Garten eines venezianischen *palazzo* träumen, müssen Sie tief in die Tasche greifen. Wie alles in Venedig, so kosten auch Hotelzimmer deutlich mehr als auf dem Festland, und für Sonderwünsche wird ein saftiger Aufpreis berechnet.

Tipps

- **Buchen Sie weit im Voraus**, vor allem in der Hauptsaison (Karneval, Ostern, Juni–Sept., Weihnachten).
- Viele Hotels **senken ihre Zimmerpreise außerhalb der Hauptsaison** drastisch – fragen Sie beim Buchen nach oder auf www.hoteldiscount.com.
- **Möchten Sie günstiger wohnen**, sollten Sie ein Zimmer in Mestre (Festland) oder auf dem Lido reservieren. Mit dem Bus und den *vaporetti* kommen Sie rund um die Uhr in die Stadt.
- **Zimmerpreise innerhalb eines Hotels variieren deutlich**, abhängig vom Ausblick der Zimmer. Weisen Sie ggf. mit Nachdruck auf Ihre Wünsche hin. Die meisten Hotels räumen bei Online-Buchung günstigere Preise ein.
- **Einige Hotels bieten *mezza-pensione*** (Halbpension) mit einer Mahlzeit am Tag. Wenn Sie die Wahl haben, nehmen Sie das Abendessen in der Stadt ein!
- **Bestätigen Sie Ihre Buchung am besten per E-Mail oder Fax**. In der Regel müssen Sie eine Kreditkartennummer angeben, um ein Zimmer zu reservieren. Das erspart Ihnen, eine Rückbestätigung des Hotels anzufordern.
- Bedenken Sie beim Kofferpacken, dass Sie Ihr **Gepäck eventuell eine längere Strecke tragen** müssen. Es gibt keinen Taxidienst mit Haus-zu-Haus-Service.
- Sie können Ihr Gepäck auch einem Träger anvertrauen. Der Preis richtet sich nach der **Zahl der Gepäckstücke** und der Entfernung. Vorbestellungen bei: **Cooperativa Trasbagagli** (Tel. 041/713 719; geöffnet von 8–18 Uhr).
- Wenn Sie mit Kindern reisen oder abseits der Touristenströme im Herzen Venedigs wohnen möchten, sollten Sie ein Zimmer **am Lido** in Erwägung ziehen. Hier gibt es schöne Hotels und Sie sind dicht am Strand.

Informationen

- Ein vollständiges Verzeichnis aller Unterkünfte in Venedig erhalten Sie im **venezianischen Fremdenverkehrsamt (APT)** (► 33): Azienda Promozione Turistica Venezia, Tel. 041/529 87 11; www.turismovenezia.it
- **Infos zu privaten Frühstückspensionen**: Associazione Vacanze in Famiglia, Via Orlanda 105, 30030 Venezia, Tel. 041/90 03 85; www.vacanzeinfamiglia.it
- **Private Apartments**: Mitwohnzentrale Venezia, Castello 5448A, 30122 Venedig, Tel. 041/523 16 72; www.mwz-online.com
- Eine Liste aller Unterkünfte in **Chioggia**, **Padova**, **Verona** und **Vicenza** erhalten Sie in den Fremdenverkehrsämtern (► 160, 161, 164, 166).

Hotels in Venedig

In Venedig stehen einige der schönsten Luxushotels der Welt, doch es gibt auch kleine, intime Unterkünfte in engen Gassen an stillen Seitenkanälen, die Ihren Geldbeutel nicht allzu sehr strapazieren.

Hotelpreise

- Die folgende Liste enthält einfache Unterkünfte ebenso wie Luxushotels. Bis auf die einfachsten Hotels haben fast alle ein eigenes Bad im Zimmer. Andererseits sind auch gute Hotels manchmal nur mit einer Dusche (*doccia*) und nicht mit einem Badezimmer (*vasca da bagno*) ausgestattet.
- Sehen Sie sich die Räume vorher an! Die schlechtesten wird man Ihnen wahrscheinlich zuerst zeigen.

Hotelpreise
Für ein Doppelzimmer pro Nacht gelten folgende Preise:
€ unter 100 € **€€** 100–220 € **€€€** 220–380 € **€€€€** über 380 €

Ai Tolentini €–€€
Suchen Sie ein schlichtes, preiswertes Hotel? Dann sind Sie im Tolentini richtig, das sich unweit vom Piazzale Roma befindet. Die makellos sauberen Räume sind zwar klein, die Betten dafür aber komfortabel und die Bäder ausreichend. Aus einigen Zimmern sieht man auf den Kanal. Frühstück wird nicht serviert, in der Nachbarschaft gibt es aber genug Bars.
197 D5 Santa Croce 197, Calle Amai 041/275 91 40; www.albergoaitolentini.it Piazzale Roma

Alex €–€€
Eine preisgünstige Option ist dieses kleine, traditionelle und freundliche Hotel, das nahe der Frari-Kirche zugleich guter Ausgangspunkt für Erkundungen ist. Der etwas altmodische Familienbetrieb bietet saubere, komfortable Zimmer mit einfacher Ausstattung.
198 A5 San Polo 2606, Rio Terà dei Frari 041/523 13 41; www.hotelalexinvenice.com San Tomà

Al Ponte Mocenigo €€
Was Unterkünfte betrifft, ist Santa Croce ein friedliches Viertel: abseits des Touristenrummels und jeden Cent wert. Über die Privatbrücke des Mocenigo gelangen Sie in einen idyllischen Hof, eine schattige grüne Oase im Sommer. Hier kann gefrühstückt oder abends etwas getrunken werden. Im Inneren befinden Sie sich im Venedig des 18. Jahrhunderts: Zimmer mit hohen Decken, Terrazzoböden, bemalten Schränken und Murano-Leuchtern.
188 A4 Santa Croce 2063, Calle Mocenigo 041/524 47 97; www.alpontemocenigo.com San Stae

Armizo €–€€
Das exzellente und erschwingliche Hotel kuschelt sich unter einen *sottoportego* in einer Ecke des Campo San Silvestro und ist nur einen Steinwurf vom Rialto entfernt. In diesem ehemaligen Kaufmannshaus bezahlt man pro Zimmer, nicht pro Person. Und da einige der großen Räume bis zu fünf Betten haben, ist es eine gute Wahl für Familien. Die Wirte Giancarlo und Massimiliano bemühen sich intensiv um ihre Gäste – was sich in den tollen Badezimmern, dem herzlichen Empfang und dem reichlichen Frühstücksangebot, das aufs Zimmer serviert wird, zeigt.
198 C5 San Polo 1104, Campo San Silvestro 041/520 64 73; www.armizo.com San Silvestro

Bucintoro €€€
Dieses 4-Sterne-Hotel mit Blick auf das Markusbecken liegt an einem der ruhigsten Abschnitte der Riva und wurde thematisch nach dem namengebenden Staatsschiff der Dogen Venedigs gestaltet. Jedes Zimmer ist nach einem historischen Segelschiff benannt und auch das Design spiegelt die venezianische Seefahrt unaufdringlich und geschmackvoll wider. Von den recht großen Zimmern bieten die vorderen eine herrliche Aussicht – so auch der Frühstücksraum und die Terrasse.
201 E2 Castello 2135/A, Riva San Biagio 041/528 99 09; www.hotelbucintoro.com Arsenale

Ca' Dogaressa €€
Für den gerade um den Hauptbahnof so belebten Stadtteil Cannaregio stellt dieser *palazzo* aus dem 18. Jh. direkt am Canal di Cannaregio eine willkommene Alternative dar. Das von den Eheleuten Antenori geführte Haus bietet Zimmer mit Blick auf den Kanal und venezianischen Elementen wie Balkendecken, Brokatstoffen und Murano-Leuchtern sowie eine *altana* (traditionelle Dachterrasse). Auch um Reservierungen oder Babysitter kümmern sich die Besitzer.
191 D5 Cannaregio 1018, Fondamenta di Cannaregio 041/275 94 41; www.cadogaressa.com Tre Archi

Ca' Pisani €€€

Das Ca' Pisani war Wegbereiter der Designerhotels, die seit Beginn des Millenniums in Venedig entstanden. Das elegante Hotel ist mit seiner stilvoll minimalistisch und klaren Einrichtung, die sich am Art déco der 1930er und 1940er orientiert, meilenweit von der prunkvollen Schwere manch traditioneller venezianischer Hotels entfernt. Jedes Zimmer ist individuell eingerichtet, das Badezimmer ein wahres Erlebnis, die Gesellschaftsräume sind elegant schlicht; das Restaurant serviert leichte, zeitgenössische venezianische Küche.

198 A2 979/a Dorsoduro, Rio Tera dei Foscarini 041/240 14 11; www.capisanihotel.it Accademia

Casa Querini €–€€

Die elf Zimmer mit Bad befinden sich in einem umgebauten Privathaus in ruhiger Gegend in Zentrumsnähe. Die Zimmer sind klein und sauber, die Atmosphäre freundlich und familiär.

200 A4 Castello 4388, Campo San Giovanni Novo 041/241 12 94; www.locandaquerini.com San Zaccaria

Hotel Cipriani €€€€

Das Hotel, eine Oase der Ruhe im überfüllten Venedig, liegt inmitten üppigen Grüns mit Blick übers Wasser auf San Marco. Sobald Sie das Boot am privaten Anleger verlassen haben, befinden Sie sich in einer anderen Welt: Weitläufige Gärten, elegant ausgestattete Räume, perfekter Service. Ein international bekanntes Restaurant und ein riesiger Pool kennzeichnen das Cipriani, in dem Sie sich in entspannter Atmosphäre erholen können.

197, bei F1 Giudecca 10, Fondamenta San Giovanni 041/520 77 44; www.hotelcipriani.it Zitelle

Hotel Colombina €€€

Das hübsche kleine, nach einer Figur der Commedia dell'Arte benannte Hotel liegt am Ponte del Remedio, nur 150 m von San Marco entfernt. 17 der 32 Zimmer blicken auf den Kanal und die Seufzerbrücke. Zum Hotel gehört ein Anleger. In dem alten, rundum erneuerten und mit venezianischen Möbeln, Murano-Lüstern und Damaststoffen eingerichteten *palazzo* herrscht eine freundliche Atmosphäre. Alle Zimmer mit Klimaanlage und Bad.

200 A4 Castello 4416, Calle del Remedio 041/277 05 25; www.hotelcolombina.com San Zaccaria

Hotel Danieli €€€€

Das Danieli gehört zu den berühmtesten Hotels der Welt. Schon das aufwendig gestaltete Gebäude in phantastischer Lage ist ein Erlebnis! Üppig ausgestattete Räume, an den Wänden wunderbare Gemälde; der Service ist perfekt und diskret, die Aussicht einmalig und das Restaurant ausgezeichnet. Die internationale Gästeschar zahlt entsprechend (➤ 78).

200 B3 Castello 4196, Riva degli Schiavoni 041/522 64 80; www.danieli.hotelinvenice.com San Zaccaria

Locanda ai Santi Apostoli €€

Zwei der durchweg geschmackvoll gestalteten 12 Zimmer mit Deckenbalken und hübschen Stoffen blicken zum Canal Grande. Antiquitäten und glänzende Stoffe schmücken die öffentlichen Hotelbereiche. Zum Hotel gelangt man durch einen Garten. Fragen Sie nach einem Stadtführer.

193 F2 Cannaregio 4391, Campo Santi Apostoli 041/521 26 12; www.locandasantiapostoli.com Ca' d'Oro Locanda

Locanda San Barnaba €€–€€€

Das attraktive kleine Hotel in einem umgebauten Palazzo aus dem 16. Jh. liegt abseits der Touristenrouten in einer schmalen Straße zwischen dem Campo San Barnaba und dem *vaporetto*-Anleger Ca' Rezzonico. Jedes der 14 Zimmer steht unter einem Motto und ist individuell mit Antiquitäten, Fresken und Parkettboden ausgestattet. Alle Zimmer mit Klimaanlage und Bad.

197 F3 Dorsoduro 2785, Calle del Traghetto 041/241 12 33; www.locanda-sanbarnaba.com Ca' Rezzonico

Molino Stucky Hilton €€€€

Die Hilton-Gruppe hat die aus dem 19. Jh. stammende Mühle auf Giudecca wunderbar verwandelt: in das raffinierteste internationale Hotel, das Elemente aus der industriellen Vergangenheit mit topmoderner Opulenz verbindet. Amerikaner und Geschäftsleute sollen sich in diesen überbordenden Räumen und den prächtigen Konferenzsälen wohl fühlen. Es gibt zwei Restaurants, Terrassen und Bars. Auch hotelfremden Gästen sei ein Drink in der Skyline Bar empfohlen, ein Bad im Dachterrassenpool und die wunderbaren Aussichten über Stadt und Lagune.

197, bei F1 Giudecca 810 041/272 33 11; www.molinostuckyhilton.com Palanca; das Hotel bietet privaten Bootsshuttle zum San Marco

Novecento €€€

Die Einrichtung des Novecento ist am Stil des frühen 20. Jh., insbesondere des Designers Mariano Fortuny, ausgerichtet: eine orientalisch angehauchte Mischung aus satten Farben, Texturen und antiquaren Möbeln. Es gehört zu den besten der neueren Designerhotels der Stadt und bietet von Philippe Starck entworfene Bäder, einen hübschen Hof und einen reizenden Frühstücksraum. Entspanntes Ambiente, sehr aufmerksamer Service.

198 B3 San Marco 2683, Calle delle Dose, Campo San Maurizio 041/241 37 65; www.locandanovecento.it Giglio

Palazzo Sterne €€–€€€

Wer von seinem Zimmer den Blick auf den Canal Grande genießen möchte, ist hier in einem der schönsten gotischen *palazzi* Venedigs an der richtigen Adresse. Die Frühstücksterrasse liegt direkt am Kanal. Eine Sanierung von 2005 bis 2008 lässt den außergewöhnlichen gotisch-maurischen Stil des Hauses aus dem 19. Jh. in neuem Glanz erstrahlen. Die öffentlichen Bereiche sowie die Zimmer sind reich an Farben, Kacheln und Mosaiken, auch Holzschnitzereien und kunstvolle Deckenarbeiten, Pilaster und Säulen sorgen für ein einmaliges visuelles Erlebnis.

197 F3 Dorsoduro 2792/A, Calle del Traghetto 041/277 08 69; www.palazzostern.com Ca' Rezzonico an Zaccaria

Pensione Accademia Villa Maravege €€€

Das alteingesessene Hotel in einer Villa aus dem 17. Jh., in der früher die russische Botschaft ihren Sitz hatte, verfügt seit Jahrzehnten über einen treuen Kundenstamm. Gut versteckt in einer schmalen Gasse direkt am Canal Grande, ist das Hotel von schattigen Gärten umgeben und kann mit einer Frühstücksterrasse mit Blick auf den Canal Grande aufwarten. Die Betten sind komfortabel, die Gesellschaftsräume schön gestaltet und mit Antikmöbeln ausgestattet. Alles in allem eine Oase der Ruhe mitten im Stadtzentrum. Sie sollten unbedingt lange im Voraus buchen.

197 F2 Dorsoduro 1058, Fondamenta Bollani 041/521 01 88; www.pensioneaccademia.it Accademia

Pensione La Calcina €€

Das Hotel mit Blick auf den Canal della Giudecca strahlt noch den Charme des 19. Jahrhunderts aus. Hier nächtigte bereits John Ruskin! Das Frühstück können Sie auf der Terrasse am Wasser einnehmen, auf dem Dach stehen Liegen für ein Sonnenbad. Die 32 Zimmer sind mit Originalparkettböden und -möbeln, aber modernen Bädern und Klimaanlagen ausgestattet.

197 F1 Dorsoduro 780, Zattere ai Gesuati 041/520 6466; www.lacalcina.com Zattere

San Sebastiano Garden €€€

Versteckt an einem ruhigen Kanal fernab des Giudecca-Kanals und gegenüber der Kirche San Sebastiano, lockt dieses ansprechende Komforthotel in einem mit Bedacht renovierten Palazzo. Die öffentlichen Bereiche des Hotels bieten Platz und Ruhe. Die Zimmer sind komfortabel und gut ausgestattet. Das Prunkstück des Hauses ist wohl der Garten, einer der »geheimen Gärten« Venedigs – im Sommer ideal zum nachmittäglichen Verweilen.

196 C2 Dorsoduro 2542, Fondamenta San Sebastiano 041/523 12 33; www.hotelsansebastianogarden.com San Basilio

Essen und Trinken

Venedig bietet alles – vom Imbiss am Tresen einer Bar bis hin zu Nobelrestaurants. Zu den Spezialitäten gehören natürlich frischer Fisch und Meeresfrüchte aus der Lagune, aber auch Gemüse und typische Beilagen wie Polenta und Reis, nach alter Tradition zubereitet. Selbst tiefgefrorenes Fast Food findet man hier – wie überall.

- Typisch venezianische Atmosphäre erleben Sie in einem ***bàcaro*** (➤ 40).
- Einige Restaurants bieten Einheimischen preisgünstigere Speisen als Touristen. Um dagegen anzugehen, haben sich 14 bekannte venezianische Lokale zur Gruppe der **Ristoranti della Buona Accoglienza (Gastfreundliche Restaurants)** zusammengeschlossen, die jedermann gutes, frisches Essen zu angemessenen Preisen servieren. Sie wurden in diesem Buch hervorgehoben.

Essenszeiten und Menüs

- Zwischen 12.30 und 14.30 Uhr servieren venezianische Restaurants Mittagessen, danach sind nur noch wenige Küchen geöffnet. Abendessen gibt es zwischen 19.30 und 21.30 Uhr. Tourismusbedingt bleiben manche Küchen mittlerweile länger geöffnet, meist treffen die Zeiten aber noch zu.
- **Am Nachmittag** bekommen Sie höchstens in einer Bar ein einfaches Essen.
- Die Italiener bestellen in der Regel **drei bis vier Gänge**: *antipasto* (Vorspeise), *primo* (Reis, Pasta oder Suppe), *secondo* (Fleisch oder Fisch) mit *contorno* (Beilage wie z. B. Gemüse) und *dolce* (Dessert). Bei Touristen akzeptiert der Kellner auch einen oder zwei Gänge.
- Einige Restaurants bieten ein ***menù degustazione*** **(Probiermenü)** an. In guten Restaurants können Sie auf diese Weise Spezialitäten eines jeden Gangs zu einem festgelegten Preis kosten.

Venezianische Spezialitäten

- Seit dem 17. Jahrhundert kommt im Veneto **Polenta** auf den Tisch, ein grobkörniger, gelber oder weißer Maisbrei, der heiß und cremig oder in Scheiben gegrillt Gemüse, Fisch und Fleisch ergänzt.
- **Der Veneto ist auch berühmt für seine *risotti*** mit Meeresfrüchten oder Gemüse. ***Risi e bisi***, ein typisch venezianisches Frühjahrsgericht, besteht aus frischen Erbsen und Reis.
- Kosten Sie traditionelle Pastagerichte wie ***pasta e fagioli***, eine kräftige Bauernsuppe mit Nudeln und getrockneten Bohnen, oder ***bigoli in salsa***, hausgemachte Spaghetti in Anchovis- oder Sardinensauce!
- Auf den Laguneninseln gedeiht **köstliches Gemüse**, darunter kleine bittere (*castraure*) oder große Artischocken, von denen nur das Herz serviert wird. Auch *zucca* (Kürbis) und *radicchio* kommen oft auf den Tisch.
- Die Lagune, die Adria und das Tyrrhenische Meer bringen eine breite Auswahl an **Meeresfrüchten** hervor.
- **Lokale Fische und Meeresfrüchte sind** *schie* (fingernagelgroße Garnelen), *sarde* (frische Sardinen, nicht die Kameraden aus der Büchse!), *gamberi* (größere Garnelen), *canocie* (Heuschreckenkrebse), *seppie* (Tintenfische), *calamaretti* (Kalmare), *capesante* oder *canestrelli* (Jakobs- oder Kammmuscheln), *granseola* (Seespinne), gekocht und mit Olivenöl beträufelt in ihrer Schale serviert; außerdem *moleche* oder *moeche* (Weichschalenkrebse, wenige Wochen im Jahr), *caparozzoli* (Venusmuscheln), *capelonghe* (Schwertmuscheln), *peoci* (Miesmuscheln), *polipo* (Oktopus), *tonno* (Thunfisch), *san pietro* (Petersfisch), *gò* (Meergrundel), *branzino* (Seebarsch) und *sfogi* (Miniseezungen).
- **Aus dem Norden stammt der beliebte *baccalà* oder Kabeljau**, (im Veneto steht der Name für Stockfisch), gern als *baccalà mantecato* (Kabeljaucreme) gegessen.

- Typisch für die venezianische Küche sind ferner Gewürze, die einst die Kaufleute mitbrachten. So entstand eine **reiche Palette unverwechselbarer Gerichte** vom schlichten Eintopf bis zum exotischen Gourmetmenü.

Getränke – *ombra*, *spritz* und Wein

- Unter einer ***ombra*** versteht der Venezianer ein einfaches Glas Wein (meist Landwein), wie es vor allem die *bàcari* servieren.
- Der ***spritz*** ist ein beliebter Aperitif. Er besteht aus Wein, Mineralwasser und einem Schuss Likör (meist Aperol).
- Wenn Sie die **besten Weine der Region** probieren möchten, sollten Sie Weine aus dem Veneto und Friuli-Venezia Giulia wählen. Dazu gehören Bardolino, Bianco di Custoza, Breganze, Pinot Grigio, Prosecco di Conegliano-Valdobbiadene, Recioto, Ribolla Gialla, Soave, Tocai und Valpolicella.

Restauranttypen

Viele Urlauber sind verwirrt angesichts der vielen italienischen Restauranttypen. In Venedig gibt es neben den üblichen Lokalen auch noch den ***bàcaro***.

Bàcari

Der *bàcaro* ist typisch für Venedig: In diesen kleinen Bars serviert man offene Weine (*un'ombra*) – meist *sfuso*, vom Fass –, dazu eine Auswahl an tapasartigen Häppchen (*cicheti*). **Die Italiener essen immer etwas zum Wein.** Der Trend in den *bàcari* geht zu qualitativ hochwertigeren Weinen aus Italien und dem Ausland.

Bars

Bars bieten **Kaffee, Getränke und Snacks**, manche auch kleine Mahlzeiten. Hier bekommen Sie den **besten Kaffee**: vom einfachen *caffè* oder *espresso* über *caffè macchiato* (Espresso mit einem Schuss kalter oder heißer Milch), *caffè corretto* (Espresso mit einem Schluck Grappa oder Weinbrand), *caffè lungo* oder *americano* (Espresso mit heißem Wasser »verdünnt«) und natürlich *cappuccino* (Espresso mit heißer, aufgeschäumter Milch).

Gelaterie

Typische **Milcheissorten** sind *cioccolato* (Schokolade), *caffè* (Mokka), *nocciola* (Haselnuss), *gianduia* (Schokolade mit Haselnuss) und *crema* (Sahne) – und viele weitere.

Osterie und Enoteche

Osterie haben eine alte Tradition. Die **ältesten Trinklokale** boten Wein, Bier und Spirituosen sowie **einfache Hausmannskost**, meist an rustikalen Holztischen mit Platzdeckchen des liefernden Metzgers. Eine ***enoteca*** ist eine Weinstube, die auch Essen und manchmal **Wein zum Mitnehmen** anbietet.

Ristoranti

In beliebten Restaurants sollten Sie **rechtzeitig vorbestellen**! Die Italiener **ziehen sich immer gut an**, erst recht, wenn sie schick essen gehen. Männer sollten beim Packen an Jackett und Krawatte denken!

Trattorie

Die ***trattoria*** ist der typisch italienische **Familienbetrieb**. Hier erhalten Sie **einheimische Gerichte**, meist in großen Portionen.

Restaurantpreise

Die Preise gelten für ein Essen ohne Getränke.
€ unter 35 Euro **€€** 35–55 Euro **€€€** über 55 Euro

Einkaufen

Einkaufen gehört in Venedig neben Sightseeing zu den beliebtesten Beschäftigungen der Touristen. An jeder Ecke warten Verkäufer auf Kunden, und viele versuchen natürlich, kitschige Souvenirs zu gepfefferten Preisen an den Mann zu bringen. Daneben gibt es aber auch echtes Kunsthandwerk und typisch venezianische oder italienische Geschenkartikel.

Typische Souvenirs

- **Karnevalsmasken:** Viele Pappmascheemasken werden noch von Hand bemalt.
- **Papierwaren:** Besonders schön sind Artikel mit farbenprächtigen, handbedruckten Papiereinbänden, von Notizbüchern bis zu Geschenkboxen.
- **Murano-Glas:** Die Auswahl reicht von einfachen, preiswerten Glasperlen und Schmuck über Dekogläser in Museumsqualität bis hin zu zertifiziertem Antikglas. Die Produkte der Glasfabriken auf Murano sind in der Regel teuer. Informieren Sie sich vor dem Kauf über die Preise in anderen Läden!
- **Gondelaccessoires:** Strohhüte, Streifenhemden oder eine echte, handgefertigte Riemengabel sind im Angebot.
- **Haushaltswaren:** Espressokocher, Parmesanreiben aus Olivenholz, Nudelhölzer und italienische Tischtücher sind besonders beliebt.
- **Spezialitäten:** Als Mitbringsel eignen sich immer eine Flasche kalt gepresstes Olivenöl, ein Paket frisch geröstete Espressobohnen, ein Päckchen Kräuter- oder Blumensamen, handgemachte Pasta, ein Stück vakuumverpackter Parmesankäse, ein Glas Honig oder eine Dose venezianischen Gebäcks.
- Halten Sie Ausschau nach den preiswerten, typisch venezianischen **Samtslippern** (***furlane***), der venezianischen Entsprechung der Espandrillos. Die rutschfesten Sohlen bestehen aus recycelten Fahrradreifen. Die farbenfrohen Modelle kosten etwa 22 bis 30 Euro und werden überall in Venedig verkauft, sogar auf der Rialto-Brücke.

Märkte

- In den Straßen rund um den Campo San Giacomo di Rialto und den Campo della Pescaria finden sich farbenprächtige und lebendige **Märkte für Fisch, Blumen, Obst und Gemüse**, (montags bis samstags von 7 bis 13 Uhr; Fischmarkt montags geschlossen). Nächstgelegene *vaporetto*-Haltestelle: Rialto.
- Auf vielen venezianischen Plätzen, etwa auf dem Campo Santa Maria Formosa, dem Campo Santa Margherita, dem Campo San Leonardo, sowie an der Via Garibaldi und auf Booten, die am Ponte dei Pugni an der Fondamenta Gerardini und am Rio della Tana vertäut sind, finden weitere **Obst- und Gemüsemärkte** statt.

Lebensmitteleinkauf

- **Obst und Gemüse** werden nach Gewicht (*un chilo* = ein Kilogramm; *un etto* = 100 Gramm) oder zum Stückpreis (*il pezzo*) verkauft.

Haute Couture – *alta moda*

- Die meisten Läden der **bekannten italienischen Designerlabels** befinden sich im Gebiet um die Piazza San Marco (Adressen ➤ 65f).

Kaufhäuser

- Die **großen Kaufhäuser** befinden sich auf dem Festland rund um Mestre.
- **COIN** (Salizzada San Giovanni Crisostomo, nahe dem Campo San Bartolomeo) ist mit einer kleinen Filiale in Venedig vertreten.

Ausgehen

Venedig bietet kein rauschendes Nachtleben, doch besteht die Möglichkeit, ein Konzert zu besuchen oder den Abend nach dem Essen in einer Pianobar ausklingen zu lassen. Fast gratis können Sie Venedig erleben, wenn Sie durch die autofreien Straßen bummeln. Unvergesslich bleibt auch eine nächtliche Fahrt mit dem *vaporetto* über den Canal Grande oder zum Lido.

Informationen

- **Veranstaltungen** werden auf Plakaten oder in der Tagespresse **angekündigt**.
- Das Veranstaltungsmagazin ***Venezia News*** (www.venezianews.it) erhalten Sie an allen Kiosken. Auch die Beilagen der Zeitungen geben Auskunft über die ***spettacoli***.
- ***Un Ospite di Venezia (Ein Gast in Venedig)***, **die kostenlose Broschüre** mit Veranstaltungshinweisen in Englisch und Italienisch, liegt in vielen Hotellobbys aus und kann online unter www.aguestinvenice.com ein-gesehen werden. *Events & Manifestazioni* von APT gibt es ebenfalls gratis.
- Das Internet bietet **viele Websites über Venedig** wie www.provincia.venezia.it/aptve; www.comune.venezia.it und www.turismovenezia.it
- **Karten** können Sie bei folgenden Agenturen **reservieren**: Intras City Service, Santa Croce 13036, Tel. 041/275 07 83; Agenzia Kele & Teo, San Marco 4930, Ponte dei Bareteri, Tel. 041/520 87 22. Viele Veranstaltungstickets können auch unter www.hellovenezia.com reserviert werden.

Veranstaltungen

- Die **Mostra Internazionale d'Arte Cinematografica**, das venezianische Filmfest, gehört zu den bedeutendsten Filmfestivals der Welt. Palazzo del Cinema (Lido), Tel. 041/526 01 88. Infos am Palazzo Giustinian Lolin, San Vidal, San Marco 2893, 30124 Venedig, Tel. 041/521 87 11; www.labiennale.org/en/cinema.
- In ungeraden Jahren findet zwischen Juni und November in den Giardini Pubblici die **Biennale Internazionale d'Arte** (www.labiennale.org, ➤ 16f) statt.
- In geraden Jahren wird stattdessen die **Biennale d'Architettura** veranstaltet (*vaporetto:* Giardini). Kontakt: siehe oben unter Filmfest.

Casinò Municipale

Das Kasino im Palazzo Vendramin-Calergi (➤ 170) hat eine Dependance unweit des Flughafens (Via Pagliaga 222, Ca' Noghera, Mestre).

Theater und Konzerte

Das 1996 fast komplett abgebrannte **Gran Teatro La Fenice** (San Marco 1965, Campo San Fantin, Tel. 041/786 511; www.teatrolafenice.it) öffnete 2004 wieder seine Pforten. Es ist der Hauptveranstaltungsort Venedigs und bietet Oper, Ballett und diverse Konzerte. Weitere Bühnen finden Sie in den **einzelnen Kapiteln**, eine nach Tagen geordnete Übersicht aller Kulturevents gibt es gratis in allen APT-Büros (*Events & Manifestazioni*).

Kinos

Fast alle ausländischen Filme werden in italienischer Fassung gespielt.

Schwule und Lesben

Die Schwulenszene in Venedig ist eher klein; es gibt keine ausgewiesenen Schwulenbars, Restaurants oder Clubs. **Arcigay** ist die bekannteste Organisation Italiens, die sich für Homosexuelle engagiert. Ihre nächste Niederlassung ist in Padua (Va Garibaldi 41, Tel. 049/990 08 27; www.tralaltro.it).

San Marco und San Giorgio Maggiore

Erste Orientierung

San Marco, einst das politische Zentrum der Stadt, ist heute der Touristenmagnet Venedigs und deshalb der überlaufenste der sechs *sestieri* (Stadtbezirke). Die weiträumige Piazza San Marco, die Kuppeln und Mosaiken der Basilika und die hoch aufragende Silhouette des Campanile sind überall auf der Welt bekannt, und die meisten Venedigbesucher steuern den Platz zielstrebig an, um hier ihre Besichtigungstour zu beginnen. Manche Urlauber nehmen sich nur Zeit für die Hauptsehenswürdigkeiten und versäumen dabei die reizvollen Straßen, Brücken und Kanäle, Läden, Cafés und Restaurants hinter der Piazza, die das eigentliche Flair Venedigs ausmachen.

Touristengruppen versammeln sich stets auf der Piazza San Marco mit seinem Blick auf die Einfahrt des Canal Grande, der sich, von mächtigen *palazzi* gesäumt, westwärts am *sestiere* (Stadtteil) entlangzieht. Von der eigentlichen Piazza gelangt man zu Fuß nordwärts durch die kleinen *mercerie* (Einkaufsstraßen) zum Rialto oder in westlicher Richtung über die größeren Straßen und Brücken zur Accademia. Der Weg führt vorbei an einigen der eindrucksvollsten *campi* (Plätze) Venedigs, in deren Umfeld sich weitere Läden mit Antiquitäten, Glas, Porzellan und farbenprächtiger Keramik, handmarmoriertem Papier und natürlich eleganter Mode und Accessoires befinden. Wenn Sie dem Besucherstrom entkommen möchten, dann mieten Sie ein Boot, überqueren das viel befahrene Bacino di San Marco (Markusbecken) und genießen Sie Ruhe und architektonische Pracht der Insel San Giorgio Maggiore.

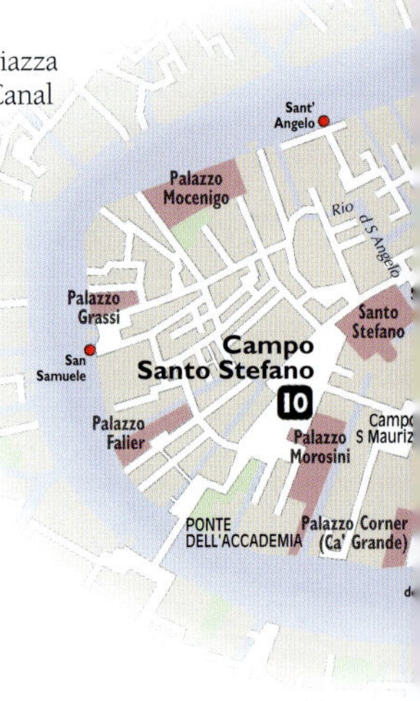

Seite 43: Basilica di San Marco; unten: Morgenstimmung am Piazzetta San Marco

★ Nicht verpassen!

1. Piazza San Marco und Campanile ➤ 48
2. Basilica di San Marco ➤ 50
3. Palazzo Ducale (Dogenpalast) ➤ 53
4. San Giorgio Maggiore ➤ 57

Nach Lust und Laune!

5. Museo Correr ➤ 59
6. Caffè Florian ➤ 59
7. Piazzetta San Marco ➤ 60
8. Torre dell'Orologio ➤ 60
9. Mercerie ➤ 61
10. Campo Santo Stefano ➤ 61
11. Harry's Bar ➤ 62

Blick über das Markusbecken am Morgen

An einem Tag

Die folgende Route ist eine Möglichkeit, wie Sie einige der interessantesten Sehenswürdigkeiten von San Marco und San Giorgio Maggiore an einem Tag abklappern können. Nutzen Sie die Karte (➤ 44f) zur Orientierung, die einzelnen Highlights werden im Folgenden (➤ 48ff) näher beschrieben.

9 Uhr

Kommen Sie zeitig zur 1 **Piazza San Marco** (➤ 48f), um sie in ihrer ganzen Pracht zu erleben, bevor die Massen sie belagern. Genießen Sie von der Aussichtsplattform des **Campanile** (➤ 48f) den Blick über Stadt, Lagune und Inseln.

10 Uhr

Besichtigen Sie die 2 **Basilica di San Marco** (oben; ➤ 50ff), eine der schönsten Kirchen Italiens im venezianisch-byzantinischen Stil. Steigen Sie zur Empore hinauf, denn von hier aus sehen Sie die berühmten Bronzepferde besonders gut.

11 Uhr

Schlendern Sie über die Piazzetta zum Ufer und zum Eingang des

3 Palazzo Ducale (Dogenpalast; ➤ 53ff), dem alten Machtzentrum der Stadt und Wohnsitz des Dogen.

13 Uhr

Wenn Sie nicht gerade die Traditionslokale Caffè Florian (➤ 59f) oder Caffè Quadri (➤ 63) bevorzugen, sollten Sie zum Essen von der Piazza aus in Richtung Accademia gehen. In und um die Calle Larga XXII Marzo gibt es eine gute Auswahl an Lokalen. Testen Sie das Vino Vino (San Marco 2007a, Calle del Cafetier, Tel. 041/241 76 68), eine der schönsten Weinstuben Venedigs, die auch Snacks serviert.

14.30 Uhr

Laufen Sie gen Osten zurück und überqueren Sie mit dem *vaporetto* das Bacino di San Marco zur Insel **4 San Giorgio Maggiore** (➤ 57f) mit der gleichnamigen, von Palladio errichteten schlichten Kirche, das perfekte Gegenstück zur architektonisch blendenden Extravaganz vom Morgen.

16 Uhr

Kehren Sie nach San Marco zurück und spazieren Sie an der **8 Torre dell'Orologio** (unten links; ➤ 60) vorbei zu den Läden der **9 Mercerie** (➤ 61). Wenn Sie eine der kleinen Straßen einschlagen, die nach Westen zum Campo Manin abbiegen, entkommen Sie den Touristenscharen. Wandern Sie von dort aus gemütlich zum **10 Campo Santo Stefano** (unten; ➤ 61), vorbei an Antiquitätenläden, Boutiquen und Geschäften mit feinen Papierwaren.

18 Uhr

Auf dem Campo Santo Stefano, einem der schönsten Plätze der Stadt, sollten Sie sich Zeit für einen Aperitif nehmen oder bei Paolin ein Eis essen und dabei das Treiben auf der Piazza beobachten.

20 Uhr

Rund um den San Marco können Sie überall gut essen. Danach sollten Sie jedoch unbedingt auf die Piazza zurückkehren, die an lauen Sommerabenden Napoleons Beschreibung vom »elegantesten Salon Europas« überaus gerecht wird. An Winterabenden strahlt der dann leere und stille Platz eine ganz andere Atmosphäre aus.

Piazza San Marco und Campanile

An der Piazza San Marco schlägt das Herz Venedigs. Architektonische Meisterwerke säumen den weltberühmten Platz, den jeder Venedigreisende aufsucht. Einheimische bahnen sich mühsam ihren Weg durch schnatternde Touristenscharen. Lassen auch Sie sich vom Charme der Piazza mit ihren berühmten Bauten aus unterschiedlichen Epochen verzaubern!

Blick vom Campanile hinunter auf die Piazza San Marco

Am Ostrand der Piazza erhebt sich der prachtvolle Bau der **Basilica di San Marco** (➤ 50ff), an den nach Süden der **Palazzo Ducale** (➤ 53ff) angrenzt. Auf der anderen Seite liegt die Piazzetta dei Leoncini, ein kleiner Platz, der von der **Torre dell'Orologio** (➤ 60) beherrscht wird. Der Platz hat seinen Namen von den beiden dort stehenden Marmorlöwen, die besonders bei Kindern sehr beliebt sind. Arkadenverzierte Gebäude säumen den Platz. Den nördlichen Teil bilden die **Procuratie Vecchie**, gegenüber stehen die **Procuratie Nuove**. Erstere beherbergten ab dem 16. Jahrhundert die Prokuratoren San Marcos, die höchsten Verwaltungsbeamten der Republik. Ein Jahrhundert später entstanden die Neuen Prokuratien, deren Architektur sich am Stil der benachbarten Biblioteca Marciana an der **Piazzetta San Marco** (➤ 60) orientiert. Nach der Auflösung der Republik

Ein Besuch der Piazza lohnt sich besonders am Abend

im Jahre 1797 dienten sie als kaiserliche Residenz. Dann ließ Napoleon einen weiteren Arkadenbau errichten, die Ala Napoleonica, um sie mit den Alten Prokuratien zu verbinden. Heute ist dort das **Museo Correr** (➤ 59) untergebracht. Auf drei Seiten kann man unter den Arkaden um den Platz schlendern, die schicke Läden und teure historische Cafés beherbergen.

Bekanntes Wahrzeichen Venedigs

Der **Campanile (Glockenturm)** steht der Basilika genau gegenüber. Bereits im 9. Jahrhundert gab es hier einen Glockenturm, der Entwurf für die heutige Form mit Turmspitze und vergoldetem Engel stammt aus dem Jahre 1514. Im Juli des Jahres 1902 fiel der gesamte Turm plötzlich in sich zusammen. Zum Glück wurde außer Sansovinos Loggetta kein Gebäude beschädigt, als einziges Opfer war die Katze des Küsters zu beklagen. Man baute den Turm wieder auf und setzte die Loggetta wieder zusammen. Ein Aufzug fährt zur Plattform hinauf, die einen herrlichen Blick über die Stadt und die Lagune bis zu den Alpen freigibt.

KLEINE PAUSE

Legen Sie eine Pause in einem der schönsten Cafés am Platz ein – im **Florian** (➤ 59f), im **Lavena** oder im **Quadri** (➤ 63).

199 F3 Piazza San Marco Campanile: 041/522 40 64 Nov. bis März tägl. 9.30–15.45 Uhr; April–Juni und Okt. 9–19 Uhr; Juli–Sept. 9–21 Uhr. Drei Wochen nach Weihnachten geschl. Campanile: teuer 1, 2, San Marco

PIAZZA SAN MARCO UND CAMPANILE: INSIDER-INFO

Top-Tipps: Besuchen Sie die Piazza morgens vor 9 Uhr **vor Ankunft der Tagestouristen.**

- Fahren Sie an einem **klaren Tag** zur Aussichtsplattform des Campanile hinauf. Hitze und Nebel beeinträchtigen die Sicht.
- Besorgen Sie sich in der **Touristeninformation** unter den Arkaden am Südwesteck der Piazza (Piazza San Marco 71f, Tel. 041/529 87 40, geöffnet Mo–Sa 9.30–15.45 Uhr) einen Stadtplan und Veranstaltungsinfos.
- In den Cafés Florian, Lavena und Quadri zahlen Sie einen **Aufschlag**, wenn das Orchester spielt.

Geheimtipp: Besichtigen Sie die **meteorologischen Instrumente** an der Nordwand des Campanile. Zu sehen sind ein Chronometer, ein Thermometer und ein Messgerät zur Bestimmung der Gezeiten und des Pegelstands.

2 Basilica di San Marco

Die Markuskirche ist schummrig, überfüllt und erdrückend. Gleichwohl gehört das geistliche Zentrum Venedigs zu den schönsten mittelalterlichen Bauten der Welt. Errichtet wurde die Kirche für die Reliquie des hl. Markus, des Schutzpatrons der Stadt. Die heutige Basilika, die dritte an diesem Ort, entstand zwischen 1063 und 1094.

Fünf von Säulen gestützte Bögen geleiten zum **Atrium**, wo Mosaiken aus dem 13. Jahrhundert Szenen aus dem Alten Testament zeigen. Der düstere **Innenraum** hat die Form eines griechischen Kreuzes; über jedem der fünf Teile wölbt sich eine Kuppel (11. Jh.). Die Mosaiken in den Kuppeln und an den Wänden bedecken eine Fläche von insgesamt 4000 qm², die im Laufe von fast 600 Jahren entstanden. Viele finden die ältesten venezianisch-byzantinischen Mosaiken am schönsten. Zu ihnen gehören die mit Engeln verzierte Pfingstkuppel, die Hauptkuppel mit der *Himmelfahrt* und Szenen aus dem *Leidensweg Christi* im westlichen Gewölbe. Der mächtige *Christus Pantokrator* über der Apsis entstand im 16. Jahrhundert als Kopie des byzantinischen Originals. Spätere **Mosaikarbeiten** entstanden nach Bildern von Tintoretto, Tizian und anderen Künstlern.

Der **Hochaltar** im byzantinischen Stil steht hinter der Ikonostasis, einer fein gearbeiteten Marmorschranke. Unter dem Haupt-

VENEDIG UND DER HEILIGE MARKUS
Das erstarkende Venedig wünschte sich einen bekannteren Schutzpatron als den hl. Theodor, der außerhalb der Stadt kaum bekannt war. Der Heilige wurde traditionell mit einem Krokodil dargestellt, was auch am Fuß einer Säule mit dem Heiligen auf der Piazzetta zu sehen ist. Im Jahre 829 stahlen zwei Venezianer die Gebeine des hl. Markus aus dessen Grab in Alexandria, verbargen sie unter einem Berg gepökeltem Schweinefleisch vor ihren muslimischen Verfolgern und brachten sie in ihre Heimatstadt. Um den Anspruch auf den Heiligen zu bekräftigen, erfand man die Geschichte eines Schiffbruchs und errichtete die Basilika als letzte Ruhestätte. Das Symbol des Evangelisten, der Löwe, wurde zum Wahrzeichen Venedigs; er findet sich überall in der Stadt.

altar befindet sich der Sarkophag mit den Gebeinen des hl. Markus, dahinter erhebt sich die **Pala d'Oro**, eine reich mit Gold, Edelsteinen und Emaille verzierte Altartafel aus Konstantinopel (976). Links davon gelangt man in die Kapelle der **Madonna Nicopeia** mit der gleichnamigen, hochverehrten byzantinischen Ikone aus dem 10. Jahrhundert. Im **Tesoro**, der Schatzkammer, kann man weitere byzantinische Beutestücke bewundern.

Besichtigung der Schatzkammer

Den besten Überblick bietet die Empore, zu der man über eine steile Treppe vom Atrium aus gelangt. Betrachten Sie die Mosaiken aus der Nähe, von der Loggia aus die Piazza und natürlich das Replikat der berühmten Bronzepferde, die zusammen mit den Löwen zu den Wappentieren Venedigs gehören! Die Originale stehen heute in einem Raum neben der Loggia. Sie entstanden vermutlich im 2. Jahrhundert in Rom und haben als einzige anti-

Links: Die prachtvolle Fassade von San Marco

Unten: Das einfallende Licht verleiht den Mosaiken erst den rechten Glanz

ke Quadriga die Zeiten überdauert. 1204 raubten die Venezianer sie aus Konstantinopel, zu Zeiten Napoleons standen sie einige Zeit in Paris auf dem Arc de Triomphe, ehe sie nach Venedig zurückgebracht wurden.

San Marco richtig kennenlernen

Die Schlangen vor dem Eingang und die Menschenmassen im Innern schrecken viele Besucher ab, zumal man im Sommer nach gut einstündiger Wartezeit innerhalb von zehn Minuten durch die Basilika geschleust wird. Lernen Sie daher die Stadt ein wenig kennen, ehe Sie die Kirche in Angriff nehmen. Besuchen Sie sie mehrfach, zu verschiedenen Tageszeiten. Oder kommen Sie zur Messe, wenn sie ihrem eigentlichen Zweck dient.

KLEINE PAUSE

Ganz gleich, welches Café an der Piazza oder der Piazzetta Sie wählen, gute Aussicht und hohe Preise sind garantiert.

199 F4 ✉ Piazza San Marco ☎ Basilica, Pala d'Oro, Tesoro und Loggia: 041/270 83 11 ◷ Nov.–Ostern Mo–Sa 9.45–17, So 14–17 Uhr; Ostern–Nov. 9.45–17, So 14–17 Uhr (Pala d'Oro und Tesoro schließen eine Std. früher) Tesoro, Pala d'Oro und Loggia: preiswert 1, 2, San Marco

Die fünf Kuppeln der Basilica di San Marco

BASILICA DI SAN MARCO: INSIDER-INFO

Top-Tipps: Die Seitenpforte an der Piazzetta dei Leoncini wird für Gläubige, die beten möchten, **eher geöffnet** als der Haupteingang.

- Gehen Sie im Sommer **sofort die Stufen zur Loggia** hinauf, der vorgegebene Weg für Besucher führt kein zweites Mal daran vorbei.
- **Lassen Sie Ihren Augen Zeit**, sich an das Dämmerlicht zu gewöhnen.
- Sie besichtigen eine Kirche. **Tragen Sie keine kurzen Hosen und Röcke oder ärmellose Tops!**

Nicht verpassen! Die **wunderbar gemusterten Fußböden** aus Marmor, Porphyr und Glasmosaiksteinen.

3 Palazzo Ducale (Dogenpalast)

Im mittelalterlichen Europa erregte der Dogenpalast unerhörtes Aufsehen. Der imposante Komplex mit Höfen und Korridoren, Ratssälen und Geheimzimmern diente als Residenz des Dogen und als heimliche Schaltzentrale der venezianischen Macht. Noch heute zieht die reiche Ausstattung dieses prächtigen Gebäudes mit Gemälden, blanken Marmorböden und vergoldeten Holzpaneelen jeden Besucher unweigerlich in ihren Bann.

Die Seufzerbrücke, hell erleuchtet über dem Rio di Palazzo

Während die meisten italienischen Renaissancebauten mit ihren Türmen und dicken Mauern eher Festungen gleichen, wirkt der Dogenpalast **von außen** leicht und luftig. Die dem Wasser zugewandte Fassade entstand im 14., die zur Piazzetta gerichtete im 15. Jahrhundert. Beide umfassen eine Reihe schöner gotischer Säulen aus istrischem Stein, die das Dach der Arkaden im Erdgeschoss stützen. Direkt darüber befindet sich eine geschlossene Loggia mit reich verzierten Säulen. Der größte Teil des Palasts besteht aus rosafarbenem Marmor aus Verona, in den gotische Fenster gesetzt wurden. In den Jahren 1574 und 1577 richteten Feuersbrünste schwere Schäden an, doch wurde das **Innere** stets ähnlich dem Originalzustand restauriert, sodass der Palast heute durchaus noch so wirkt wie im 16. Jahrhundert.

Prachtvolles Innenleben

Der Haupteingang, die **Porta della Carta** aus dem 15. Jahrhundert, liegt rechts von der Basilika. Durch sie gelangen Sie gegenüber der **Scala dei Giganti (Treppe der Riesen)** in den Hof. Auf dieser von Antonio Rizzo zwischen 1484 und 1501 erbauten Treppe fand die Krönungszeremonie der Dogen statt. Über die Treppe gelangt man in die **Loggia** im ersten Stock, die rings um den Hof verläuft. Die Besucherroute führt über die reich verzierte **Scala d'Oro (Goldene Treppe)** von Jacopo Sansovino (➤ 23) zu den **Dogengemächern** im ersten Stock..

Der Doge wurde – wenn auch meist in hohem Alter – auf Lebenszeit gewählt und bezog dann die prachtvollen und dennoch gemütlichen Räume, in denen er auch wichtige Ratsmitglieder und ausländische Botschafter empfing. Am interessantesten ist die **Sala dello Scudo**, in der Karten aus dem 16. Jahrhundert die zu jener Zeit bekannte Welt zeigen. In diesen Sälen

Blick vom Wasser auf die Riva degli Schiavoni, den Dogenpalast und den Campanile

WUSSTEN SIE DAS?
Pro Jahr besuchen über 16 Millionen Menschen Venedig. Über 80 Prozent der Besucher verbringen weniger als acht Stunden in der Stadt und geben in dieser Zeit weniger als 15 Euro aus. Über 90 Prozent besichtigen ausschließlich die Piazza San Marco.
Es verwundert also kaum, dass der Stadtrat die Zahl der Tagesgäste beschränken möchte.

werden häufig sehenswerte Ausstellungen gezeigt.

Üppige Hallen und herrliche Waffensammlung

Im zweiten Stock folgen mehrere fantastisch verzierte Hallen, eine üppiger ausgestattet als die andere. Hier hängen Gemälde nahezu aller bedeutenden Künstler, die im 16. Jahrhundert in Venedig wirkten. Die **Sala delle Quattro Porte**, der **Anticollegio** und der **Collegio** dienten zu verschiedenen Zeiten als Warteraum für Botschafter sowie

Bild oben: Vergoldete Deckengemälde in der Sala del Maggior Consiglio sollten ausländische Gesandte beeindrucken

als Sitzungssäle des Collegio, der die inneren Angelegenheiten des Staates regelte. Veronese und Tintoretto hinterließen hier ihre Spuren und schufen Gemälde, die Venedig verherrlichten. Die Decke der **Sala del Senato** etwa, in der rund 300 Senatoren hitzig über die Geschicke der Republik debattierten, bemalte Tintoretto (➤ 22, 97) besänftigend mit dem *Triumph der Venezia*.

Der Weg führt weiter zur **Armeria**, der herrlichen Sammlung von Schwertern, Rüstungen und Kriegsmaschinen, und zurück zur **Sala del Maggior Consiglio**, dem größten Raum des Palastes. An der Decke feiern allegorische Figuren den Ruhm Venedigs, die Ostwand des Saals gestaltete wiederum Tintoretto, der mit seinem *Paradies* eines der größten Gemälde der Welt schuf. In diesem Saal tagte der Große Rat der Republik, dem im 16. Jahrhundert über 2000 Mitglieder angehörten. An den Wänden sind 76 Dogen Venedigs porträtiert. Das geschwärzte Bild zeigte einst Marin Falier, 1355 wegen Hochverrats hingerichtet. An einer der Wände befindet sich ein Balkon mit Blick über das Markusbecken.

Sala della Quarantia Criminal

In der **Sala della Quarantia Criminal** fanden Gerichtsverhandlungen statt. In einem kleinen Raum hängen einige flämische Gemälde, darunter die surreal wirkende *Hölle* von Hieronymus Bosch (1450–1516). Nach dem Gerichtsurteil wurden die Verurteilten je nach Schwere ihrer Verbrechen sofort in die **Piombi** oder **Pozzi** geworfen. Seit dem 17. Jh. führte ein direkter Weg über die **Ponte dei Sospiri (Seufzerbrücke)** in die **Prigioni Nuove (Neuen Gefängnisse)**. Ihren Namen erhielt die Brücke aber erst während der Romantik, im 19. Jh., als man sich das Leid der Menschen auf dem Weg zum Kerker ausmalte. Die berühmten *piombi* (Bleikammern) waren weit weniger schrecklich, als man lange Zeit annahm. Schwerverbrecher warf man denn auch in die *pozzi*, die modrigen Kerker im Keller des Palasts. Der Rundgang führt zurück über die Seufzerbrücke und endet in der **Avogaria**, den Räumen der Beamten des Gerichtshofes.

KLEINE PAUSE

Im unteren Stockwerk des Palasts befindet sich ein hübsches **Café**, der ideale Ort für einen Snack.

---

200 A3 Piazzetta San Marco 041/271 59 11 April–Okt. tägl. 9–19 Uhr; Nov.–März 9–17 Uhr; letzter Einlass 1 Std. vor Schließung teuer 1, 2, San Marco

PALAZZO DUCALE: INSIDER-INFO

Zugang: Haupteingang für Besucher ist die **Porta del Frumento** an der Wasserseite des Palasts.

- Die **Eintrittskarte** für den Palast gilt auch für das Museo Correr (➤ 59), den Palazzo Mocenigo (➤ 116f), das Museo dell'Arte Vetraria auf Murano (➤ 144f) und die Scuola dei Merletti auf Burano (➤ 147).
- Während der Hochsaison sollten Sie den Palazzo **gleich morgens nach der Öffnung** – vor Ankunft der Reisegruppen – besichtigen.

Top-Tipps: Es lohnt sich, an der Kasse einen **Audioguide** auszuleihen, der wichtige Einzelheiten zu den Räumen erläutert und an der Kasse zu buchen ist.

- Überall im Gebäude hängen mehrsprachige **Informationstafeln**. Nehmen Sie sich Zeit, sie zu lesen.
- Im Sommer ist es im Palast heiß und stickig, im Winter feucht und kalt. Wählen Sie Ihre Kleidung entsprechend und ziehen Sie **bequeme Schuhe** an.
- Stellen Sie sich darauf ein, dass Teile des Palasts verhüllt sind. An diesem alten Gebäude finden fast immer irgendwo **Restaurierungsarbeiten** statt.
- Der **Buchladen** im Palast verkauft ausgezeichnete Reiseführer, Postkarten, Poster und hochwertige Souvenirs.

Geheimtipp: Im Rahmen einer 75-minütigen **Führung durch Geheimgänge (*itinerari segreti*)** erkunden die Besucher verborgene Kammern des Palasts und erfahren allerlei Wissenswertes über den geheimen Machtapparat des Staates. Melden Sie sich bei Interesse rechtzeitig (möglichst zwei Tage im Voraus) an der Kasse an oder buchen Sie direkt beim Ticketservice (Tel. 041/520 90 70).

4 San Giorgio Maggiore

Dem Dogenpalast gegenüber steht auf der anderen Seite des Markusbeckens die mächtige Kirche San Giorgio Maggiore, ein Meisterwerk von Andrea Palladio. Die perfekt proportionierte Fassade, hinter der sich ein schlanker Glockenturm erhebt, gehört zu den beliebtesten Fotomotiven Venedigs.

Der Canal Grande von San Giorgio Maggiore aus gesehen

Mit San Giorgio entwarf Palladio (➤ 23) 1565 erstmals eine gesamte Kirche und schuf zugleich einen deutlichen Kontrast zur in Venedig vorherrschenden byzantinischen und gotischen Architektur. Auf geniale Weise löste er das schwierigste Problem, das die Bauherren der Renaissance im Zusammenhang mit Kirchen beschäftigte: wie man einem Gebäudetyp, den es zur Zeit der Antike noch nicht gegeben hatte, klassische Formen verleihen könne. Palladio vereinte für die **Fassade** zwei Tempelfronten und baute ein **Hauptschiff** mit mächtigen Säulen, die sich über die korinthischen Pfeiler der niedrigeren Seitenschiffe erheben. Im Innern gelten die gleichen Formgesetze.

Schlichtheit

Die Venezianer verwendeten als Erste weißen Stuck zur Ausschmückung ihrer Kirchen, ein Element, das die Architektur von San Giorgio Maggiore perfekt ergänzt. Die meisten Gemälde stammen aus der Werkstatt Tintorettos (➤ 22), eine Ausnahme bildet Jacopo Bassanos *Anbetung der Hirten* über dem ersten Altar auf der rechten Seite. Zwei bedeutende Arbeiten Tintorettos – *Das letzte Abendmahl* und das *Mannawunder* – flankieren den Hauptaltar und betonen die Eucharistiefeier. Tintorettos letztes Gemälde, die *Kreuzabnahme*, hängt in der **Cappella dei Morti** hinter dem Altarraum. Angeblich porträtierte sich der Künstler mit dem Bild des bärtigen Christus selbst.

982 stiftete der Doge dem Benediktinerorden auf der Insel San Giorgio ein Kloster. Die Mönche erwarben Grundbesitz und kamen zu Reichtum und Ansehen. 1433 floh Cosimo de'

Die Kreuzgänge gehören zum ehemaligen Kloster

Medici (1389–1464) aus Florenz hierher und ließ während seines Exils eine Bibliothek einrichten, die der Barockarchitekt Baldassare Longhena 1641 durch einen eleganten Neubau ersetzte. Ende des 18. Jahrhunderts konfiszierten die Franzosen den Klosterbesitz; 1806 wurde der Orden aufgelöst, im 19. Jahrhundert nutzten österreichische Besatzer die Anlage. 1951 erwarb der italienische Industrielle Vittorio Cini das Kloster und ließ es restaurieren. Zum Gedenken an seinen 1949 bei einem Flugzeugabsturz ums Leben gekommenen Sohn richtete er dort die Fondazione Giorgio Cini ein. Zwei wunderbare **Kreuzgänge** – einen davon entwarf Palladio selbst – bilden das Zentrum, zu dem ein **Dormitorium**, 128 Meter lang, Longhenas **doppelläufige Treppe** und seine **Bibliothek** sowie das ebenfalls von Palladio stammende **Refektorium** gehören. Die Stiftung befasst sich mit Kunst und Musik und unterhält ein Handwerksatelier.

Vom Campanile bietet sich ein herrlicher Blick auf das Kloster, die Stadt und die Lagune.

200 B1 · Isola di San Giorgio Maggiore · 041/522 78 27 · April–Sept. tägl. 9.30–12.30, 14.30–18.30 Uhr; Okt.–März 9.30–12.30, 14.30–30 Uhr · mittel · 2, San Giorgio

SAN GIORGIO MAGGIORE: INSIDER-INFO

Top-Tipps: Werfen Sie einen Blick auf die **Abfahrtszeiten der *vaporetti***, damit Sie nicht länger auf der Insel festsitzen als geplant.

- Im Teatro Verde auf der Insel finden wunderbare **Sommerkonzerte** statt. Erkundigen Sie sich bei der Touristeninformation von San Marco nach Terminen.
- Wenn Sie sich für Architektur begeistern, können Sie das **Kloster** besichtigen (geöffnet Sa, So 10–18, Führungen stündlich, Tel. 041/524 01 19, teuer).

Geheimtipp: Schauen Sie sich das bereits beim Bau der Kirche um 1590 entstandene **Chorgestühl** genau an, es ist mit wunderschönen Holzschnitzereien und Szenen aus dem Leben des hl. Benedikt verziert.

Nach Lust und Laune!

5 Museo Correr

Nach etlichen Jahren zäher Verhandlungen wurden die Türen geöffnet, die das Museo Correr vom Museo Archeologico (dem Archäologischen Museum) und vonder Biblioteca Marciana (Markusbibliothek) trennten. Heute können Besucher den gesamten Komplex besichtigen, der die oberen Stockwerke der Procuratie Nuove und des Bibliotheksgebäudes von Sansovino umfasst (➤ 60). Den Grundstock bildet Teodoro Corrers Sammlung aus dem 18. Jahrhundert. Sie dokumentiert die Stadtgeschichte Venedigs im 16. und 17. Jahrhundert. Zum Bestand gehören zusätzlich eine Gemäldegalerie im oberen Stock, ein Saal mit Skulpturen von Antonio Canova (1757–1822) und mehrere prachtvolle Räume mit Blick auf die Piazza. Die Ausstellung informiert über die Wahl des Dogen und die Arbeit der venezianischen Werft (➤ 78f), präsentiert Bronzestatuetten, Münzen, Globen und Kleidungsstücke. Im Obergeschoss illustriert die Quadreria (Gemäldegalerie) die Entwicklung der venezianischen Malerei. Am bekanntesten ist *Zwei venezianische Damen* von Vittorio Carpaccio (1460–1525), das lange Zeit *Die Kurtisanen* hieß, obgleich

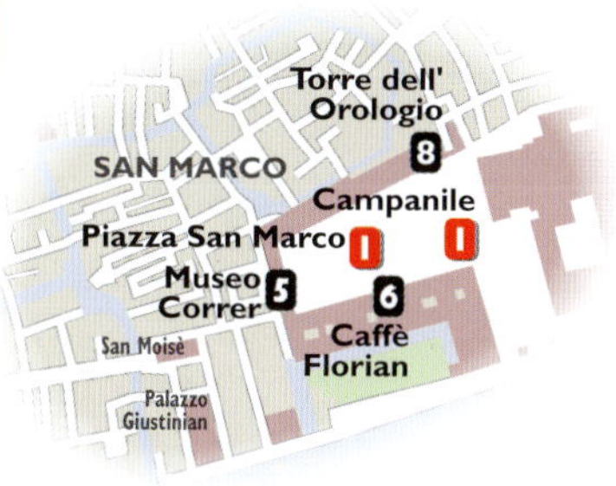

es sich um zwei Ehefrauen handelt, die ihre Gatten erwarten.

Es folgen die griechische und die römische Abteilung des Archäologischen Museums und die eindrucksvollen Räume der **Biblioteca Marciana**. Eine wunderschöne Decke mit allegorischen manieristischen Gemälden wölbt sich über alten Handschriften und Büchern. Der Weg führt zurück ins Museo Correr, das im letzten Teil Exponate zu venezianischen Festen und Spielen sowie Informationen über die Kaufmannsgilden zeigt.

199 E3 · Ala Napoleonica, Piazza San Marco · 041/240 52 11 (Museo Correr); 041/522 59 78 (Museo Archeologico) · April bis Okt. tägl. 9–19 Uhr (letzter Einlass 18 Uhr); Nov.–März 9–17 Uhr (letzter Einlass 16 Uhr) · teuer · 1, San Marco

6 Caffè Florian

1720 eröffnete Floriano Francesconi unter dem Namen Venezia Trionfante das heutige Caffè Florian. Während

Doge Giovanni Mocenigo von Gentile Bellini

der österreichischen Besatzung kehrten die Venezianer gerne hier ein, um nicht mit den feindlichen Offizieren im Caffè Quadri (➤ 63) auf der anderen Seite des Platzes an einem Tisch sitzen zu müssen. Ein Großteil der mit Fresken, hohen Spiegeln und blankem Holz ausgestatteten Räume stammt aus dem Jahr 1859. Marmortische und Polsterstühle stehen auch unter den Arkaden und auf der Piazza, wo ab dem späten Nachmittag ein Orchester aufspielt. Trinken Sie einen Aperitif,

Florian – Kaffeehauskultur vom Feinsten

einen Cocktail oder eine *cioccolata calda con panna* (heiße Schokolade mit Sahne).

199 E3 Piazza San Marco 56
041/520 56 41; www.caffeflorian.com
Mai–Okt. tägl. 10–24 Uhr; sonst Do–Di 10–23 Uhr teuer 1, 2, San Marco

7 Piazzetta San Marco

Die Piazzetta liegt zwischen der Basilika und der Lagune. Auf dem Höhepunkt der venezianischen Macht gingen hier hochrangige Besucher an Land und erhielten einen ersten Eindruck vom Glanz und von der Pracht der Republik.

Dem Dogenpalast gegenüber erhebt sich die **Biblioteca Marciana**,die heute zum Museo Correr (➤ 59) gehört. Sie wurde 1537 nach Plänen Sansovinos (➤ 23) errichtet, just zu der Zeit, da Venedig sich einen Namen als Druck- und Buchmetropole machte. Die Säulen am Wasser stammen aus dem 12. Jahrhundert, der geflügelte Löwe ist persischer oder syrischer Herkunft. Auf der anderen Säule steht eine Statue des hl. Theodor, des ersten Schutzpatrons der Stadt.

199 F3 Piazzetta San Marco
1, 2, San Marco

8 Torre dell'Orologio

Zu jeder vollen Stunde versammeln sich Menschenmassen unter dem Renaissance-Uhrturm, der den Eingang zu den Mercerie (➤ 61) bewacht. Der Hauptturm entstand zwischen 1496 und 1499, die Flügel kamen 1506 hinzu. Der Architekt Mauro Coducci platzierte eine Madonna und einen großen goldenen Löwen vor einem mit goldenen Sternen verzierten blauen Ziffernblatt mit Tierkreiszeichen. In der Regel schlagen zwei riesige Bronzestatuen die Stunde an, doch in der Woche um Himmelfahrt erscheinen aus den Seitentüren Engel und die Weisen aus dem Morgenland.

199 F4 Piazza San Marco 041/520 90 70 (Rundgänge) Führungen nur in Englisch Mo–Mi 10 und 11; Do–So 13, 14 und 15 Uhr teuer 1, 2, San Marco/Vallaresso, San Zaccaria

FÜR KINDER

- Kinder begeistern sich für die **Prigioni Nuove (Neuen Gefängnisse)** im Palazzo Ducale. Wenn Sie die Seufzerbrücke überqueren, können Sie von außen durch die Öffnungen in der Mauer in die düsteren Zellen schauen.
- Kleine Kinder **füttern gern die Tauben** auf der Piazza.
- Jedes Kind sollte einmal auf den **kleinen Marmorlöwen** auf der Piazzetta dei Leoncini reiten.
- Die meisten Kinder möchten zum **Campanile** hinauffahren. Die venezianischen Kinder lieben die dritte Säule von links an der Wasserseite des Dogenpalasts. Sie lehnen sich mit dem Rücken an die Säule und versuchen, um sie herumzugehen, ohne auf dem glatten Marmor auszurutschen.

9 Mercerie

Seit dem Mittelalter verbindet eine Kette von fünf Straßen die Piazza mit dem Rialto (➤ 108f). Der gemeinsame Name »Mercerie« erinnert daran, dass hier einst Kurzwarenhändler ihre Güter feilboten. Bereits im 17. Jahrhundert beschrieb ein britischer Reisender die Mercerie als eine der herrlichsten Einkaufsstraßen der Welt. Heute reihen sich hier teure Boutiquen an kleine Läden mit Kitsch aller Art. In diesem Shoppingparadies kommt man nur mühsam voran, denn an der Melange aus Nationen und Sprachen hat sich seit dem Mittelalter nichts geändert.

199 E4 ✉ Merceria dell'Orologio, Zulian, San Salvador, 2 Aprile
frei ⛴ 1, Rialto, 2, San Marco

10 Campo Santo Stefano

Der Weg von San Marco zur Accademia (➤ 126ff) führt an einem lang gezogenen Platz mit mehreren Bars und Cafés vorbei, darunter die Eisdiele Paolin (➤ 64) mit der angeblich besten Eiscreme Venedigs. Früher diente der Platz als Stierkampfarena, im Jahre 1802 kamen jedoch mehrere Zuschauer beim Einsturz einer Tribüne ums Leben und der Sport wurde verboten. Eine Statue erinnert an Niccolò Tommaseo, einen Vorkämpfer des Risorgimento. Am Ostrand des Platzes erhebt sich die Augustinerkirche **Santo Stefano** aus dem 13. Jahrhundert, die im 14. erneuert und im 15. Jahrhundert erweitert wurde. Das Innere mit dem Dach in Form eines Kiels und den farbigen Marmorsäulen, -altären und -böden ist besonders schön. Eine Tafel gedenkt des Dogen Morosini, der die osmanische Pulverkammer in Athen in die Luft sprengen ließ.

198 B3
Chiesa di Santo Stefano
✉ Campo Santo Stefano
☎ 041/275 04 62;
www.chorusvenezia.org
Mo–Sa 10–17 Uhr; So geschl.
preiswert ⛴ 1, 2, Accademia

Statue des hl. Theodor auf der Piazzetta

Sommer auf dem Campo Santo Stefano

Der unverkennbare Eingang zu Harry's Bar

11 Harry's Bar

In einer schmalen Straße unweit der Piazza liegt eine der berühmtesten Bars Venedigs. Von außen wirkt sie eher unscheinbar und doch ist sie ein Muss. Die meisten Besucher kommen, um die Atmosphäre zu genießen. Wenn Sie schon mal da sind, sollten Sie den Hauscocktail, den berühmten Bellini aus geeistem Pfirsichmus und Prosecco, kosten. Neben Snacks wie *polpette* (Frikadellen) steht auch ein Drei-Gänge-Menü auf der Karte. Ernest Hemingway verbrachte viel Zeit im Harry's. Heute geben sich hier Filmstars und andere Berühmtheiten ebenso die Klinke in die Hand wie unzählige Touristen.

199 E3 ✉ San Marco 1323, Calle Vallaresso ☎ 041/528 57 77 ⊙ tägl. 10–23.30 Uhr teuer 1, 2, San Marco

VENEZIANISCHE ADRESSEN

Neue Briefträger sind in Venedig nicht zu beneiden. Wer ein Haus sucht, ohne das System zu kennen, ist zu bedauern. Die offizielle Adresse besteht lediglich aus dem Namen des *sestiere* (Stadtteils) und einer Nummer. Selten ist die Straße angegeben. Für das Wort »Straße« existieren verschiedene Bezeichnungen. Es gibt nur eine einzige Piazza in Venedig, die Piazza San Marco. Die übrigen Plätze heißen *campi* (Plural von *campo*), *cortile*, *campielli* (sehr klein) oder *piscine*, wenn sich dort ein Bootsanleger befindet. Straßen heißen *calle*, *ruga* (Einkaufsstraße) oder *salizzada* (Hauptstraße), jedoch *fondamenta*, wenn sie am Wasser entlangführen. Führt eine Gasse unter einem Gebäude durch, nennt man sie *sottoportego*, eine Promenade heißt *riva*, ein aufgeschütteter Kanal *rio terrà*. Ein *rio* ist ein Kanal (Fluss), ein *ponte* eine Brücke.

Wohin zum ...
Essen und Trinken?

Preise
Die Preise gelten pro Person für ein Essen ohne Getränke:
€ unter 35 Euro €€ 35–55 Euro €€€ über 55 Euro

BÀCARI, BARS UND *GELATERIE*

Acquapazza €€
Essen Sie hier auf den Terrassen dieses soliden Restaurants und lassen Sie die Welt an sich vorüberziehen. Serviert wird vorrangig Fisch. Als Vorspeise gibt es z. B. Garnelen auf Rucola an Balsamico-Dressing, eine zitronenbeträufelte Meeresfrüchteplatte oder frische Anchovis. Bestellen Sie sich den Tagesfang oder ein vorzügliches Fischrisotto und runden Ihre Mahlzeit mit einem der hausgemachten Desserts ab. Sie können auch Pizza bestellen. Achten Sie auf den Preis!

198 C4 San Marco 3808, Campo Sant'Angelo 041/277 06 88 Di–So 12–14.30, 19.30–21.30 Uhr; Jan. geschl. Sant'Angelo

Antica Carbonera €€–€€€
Der »Alte Holzkohlebrenner« ist schon seit 1894 in Betrieb, und alles in diesem venezianischen Restaurant par excellence spiegelt die jahrelange Professionalität und Gastfreundschaft seines Besitzers wider: ein reizender Speisesaal mit ausreichend Platz an den Tischen, Holzvertäfelung, strahlend weißen Tischdecken und blitzeblankem Glas und Silber. Am Service gibt es rein gar nichts auszusetzen. Die elegant angerichteten, klassischen Speisen werden mit großer Sorgfalt und Liebe zum Detail zubereitet. Zudem gibt es ein großes Weinangebot.

199 E4 San Marco 4648, Calle dei Fabbri 041/522 54 79; www.anticacarbonera.it Di–Sa 12.30–14.30, 19.30–21.30 Uhr; zwei Wochen im Jan. geschl. Rialto

Caffè Florian €–€€ (➤ 59)

Caffè Quadri €–€€€
Das Quadri, ein weiteres berühmtes venezianisches Café an der Piazza San Marco, wurde originalgetreu hergerichtet. Wandbemalungen mit Motiven der Stadt zieren das Café im Innern. Von den Räumen im Obergeschoss blicken Sie auf die Piazza. Das elegante Restaurant trägt das Buona-Accoglienza-Gütesiegel (➤ 39).

199 F4 San Marco 120, Piazza San Marco 041/522 21 05; www.quadrivenice.com Caffè: Di–So 9–24; Restaurant: Di–So 12–14, 19.15–22 Uhr San Marco

Centrale €€
Das kleine Restaurant, in dem man bis spät an mit venezianischem Glas eingedeckten Tischen speist, zählt zu den elegantesten Venedigs. Schlichte Umgebung, tadellose Bedienung, innovative Meeresfrüchte- und Fischkreationen.

199 D3 San Marco 1659, Piscina Frezzeria 041/296 06 64; www.centrale-lounge.com Di–So 18.30 bis 2 Uhr San Marco

Osteria ai Rusteghi €
Venedig ist bekannt für seine *panini* und *tramezzini* (belegte Brötchen und Sandwiches). In dieser beliebten alteingesessenen *osteria* können Gäste gleich aus über 30 Variationen wählen und dazu ein Gläschen oder eine ganze Flasche Wein aus dem umfangreichen Weinsortiment genießen. Oder sie lassen sich die Köstlichkeiten, die von Scampi und Rucola über Ei und Spargel bis zu Steinpilzen und Rind reichen, draußen auf dem *campo* munden.

194 A1 San Marco 5513, Campiello del Tintor 041/523 22 05 Mai–Sept. Mo–Fr 10–21.30 Uhr; Okt.–April Mo–Sa 10–21 Uhr Rialto

Paolin Gelateria €

Eine der ältesten und besten *gelaterie* mit kleiner, feiner Auswahl. Das Fruchteis – Aprikose, Melone, Erdbeere, Zitrone – schmeckt erfrischend und nicht zu süß.
198 B3 San Marco 2962/A, Campo Santo Stefano 041/522 55 76 Sommer 9–23 Uhr; Winter Di–So 8–20.30 Uhr Accademia, San Samuele

Pasticceria Rosa Salva €

Im Rosa Salva trinken die Venezianer morgens ihren Cappuccino und essen eine *brioche* (Croissant) dazu, ein Stück Kuchen oder ein *tramezzino* (Dreieck-Sandwich). Leckere Kuchen und venezianisches Gebäck gibt es aber auch zum Mitnehmen (mehrere Filialen).
199 E4 San Marco 951, Ponte Ferai, Calle Fiubera 041/521 05 44 Mo–Sa 8–20 Uhr Rialto

Teamo €

Diese schnittige Café-Weinbar besticht mit klaren, modernen Linien und einer Mischung aus alten und neuen Materialien. Entspannen Sie sich hier mit einem Getränk und einem Snack, wenn Ihnen nach einer Mittagspause oder einem Aperitif am frühen Abend ist! Mittags können Sie aus *cicchetti* oder einfachen Gerichten wählen oder sich einen Teller aus diversen Sorten Rauchfleisch und Käse der Gegend zusammenstellen.
198 C4 San Marco 30124, Ria Terà della Mandola 041/277 08 50 tägl. 8–22 Uhr Sant'Angelo/Giglio

OSTERIE, TRATTORIE UND *RISTORANTI*

Da Fiore €–€€

Das Fiore bietet eine hervorragende Auswahl an *cicheti* (frittierten Sardinen), *baccalà* (Stockfisch), Wurst und Gemüse – die man bei einem Glas Wein am Tresen verzehrt. Sie können natürlich auch an einem der Tische Platz nehmen.
198 B3 San Marco 3461, Calle delle Botteghe 041/523 53 10 Mi–Mo 11.30–14.30, 18.30–21.30 Uhr San Samuele, Accademia

Do Forni €€

Das beliebte Restaurant bietet Gästen zwei verschiedene Speisezimmer: die klassische Variante mit gestärkten Leinentischdecken und eleganter Einrichtung oder den rustikalen Charme von Holztischen. Eine der Spezialitäten sind Scampi in Champagner an Tagliatelle.
199 F4 San Marco 457, Calle dei Specchieri 041/523 06 33 tägl. 12–15, 18–23 Uhr San Zaccaria

Harry's Bar €€€ (➤ 62)

Vini da Arturo €€

Das schmale, getäfelte Restaurant wird von Einheimischen *il vagone* (der Eisenbahnwaggon) genannt und ist oft ebenso voll. Hier geht man hin, um exzellente Fleischgerichte zu genießen, u. a. das vermutlich beste Filet der Stadt. Als *antipasti* gibt es interessante Salatkombinationen, von den hausgemachten Desserts empfiehlt sich Tiramisu und die göttliche Schokoladenmousse. Keine Kreditkarten.
199 D4 San Marco 3656, Calle di Assassini 041/528 69 74 Mo–Sa 12.30–14.30, 19.30–22.30 Uhr; die letzten 2 Wochen im Feb. und Aug. geschl. San Angelo/Rialto

Vino Vino €–€€

Die Weinstube zieht besonders zur Mittagszeit viele Gäste an, denn hier kann man rasch eine Kleinigkeit essen und dazu ein Glas oder eine Flasche Wein trinken. Es gibt ein bis zwei *primi* (erste Gänge; Nudeln oder Reis) und einige *secondi*, Gemüse und Salat. Die Desserts sind sehr lecker. Das Vino Vino hat lange auf, viele Gerichte sind dann aber nicht mehr zu bekommen.
199 D3 San Marco 2007/A, Ponte delle Veste 041/241 76 88; www.vinovino.co.it Mi–Mo 10–24 Uhr San Marco

Wohin zum ... Einkaufen?

Die Straßen um San Marco bieten alles: von weltbekannten Modelabels über venezianisches Kunsthandwerk hin zu den klassischen Touristenfallen. Starten Sie Ihre Shoppingtour bei San Marco (wenn nicht anders angegeben).

KUNST, KUNSTHANDWERK UND ANTIQUITÄTEN

In den **Giardini ex-Reali**, am Ufer direkt hinter der Piazza San Marco gelegen, finden Sie Buden, in denen Künstler ihre Kohle- und Aquarellskizzen oder Ölbilder feilbieten. Etwas höherwertigere Kunst bekommen Sie in den Antikläden in der **Calle delle Botteghe**, auf der Nordseite des Campo Santo Stefano. Hier befindet sich **Antiquus** (San Marco 313, Calle delle Botteghe, Tel. 041/520 63 95), eine wahre Fundgrube voller Antiquitäten und altem Schmuck wie den bekannten Haarspangen und Ohrringen in Form des venezianischen Mohrs. Ganz in der Nähe verkauft **Gaggio** (San Marco 3441–3451, Calle delle Botteghe, Tel. 041/522 85 74) Kleidung, Kissen, Taschen, Hüte und Schals aus handbedrucktem Seidenbrokat und -samt. In der San Samuele finden Sie **Livio de Marchi** (San Marco 3157/A, Calle San Samuele, Tel. 041/528 56 94), wo man Dinge des alltäglichen Lebens wie Bücher, Bleistifte oder zerknitterte Jeans in Form handlicher Holzskulpturen erstehen kann. Strickkünstler zieht es zu **Lellabella** (San Marco 3718, Calle della Mandola, Tel 041/522 5152) und deren großem Angebot an Garn aus Wolle, Kaschmir und Angora oder auch mit Fell oder Flitter besetzt. Farbenprächtig geht es auch bei **Venetia Studium** (San Marco 2403, Calle Larga XXII Marzo, Tel. 041/522 9281) zu, wo sich plissierte Seide im Fortuny-Stil und gemusterte Samtschals stapeln (mehrere Filialen in der Stadt). In derselben Straße befindet sich **Petra** (San Marco 2424, Calle Larga XXII Marzo, Tel. 041/523 181 25) mit einem Schatz an seltenen Büchern, alten Drucken und Karten.

BÜCHER UND PAPIER

Legatoria Piazzesi (San Marco 2551, Campiello della Feltrina, Tel. 041/522 1202) und **Ebrû** (San Marco 3471, Campo Santo Stefano, Tel. 041/523 8830, www.alberto vallese-ebru.com) verkaufen Gegenstände, die mit Papier bezogen sind. Letztere führen auch Bücher, Alben und Rahmen aus handmarmoriertem und geprägtem Papier. Für ausgefallenes Design eignet sich die **Carteria Tassotti** (San Marco 5472, Calle de la Bissa, Tel. 041/528 1881), für Alltagsbedarf die **Cartoleria Testolini** (San Marco 4744/46, Calle dei Fabbri, Tel. 041/522 9265), in der **Libreria Studium** (San Marco 337/C, Calle Canonica, Tel. 041/522 2382) finden Sie Karten, Reiseführer und andere Literatur in Englisch, z. B. die Straßenkarte *Calli, Campielli e Canali*, die die Nummern der *sestiere* verzeichnet.

MODE

Haute-Couture-Shopping macht immer Spaß – hier eine Auswahl an großen Modelabels rund um San Marco. **Emporio Armani** (San Marco 9989, Calle dei Fabbri, Tel. 041/523 78 08); **Laura Biaggiotti** (San Marco 2400, Calle Larga XXII Marzo, Tel. 041/520 34 01); **Fendi** (San Marco 1474, Campo San Moisè, Tel. 041/277 85 32); **Gucci** (San Marco 2413, Calle Larga XXII Marzo, Tel. 041/522 91 19); **Bruno Magli** (San Marco 1302, Calle Vallaresso, Tel. 041/522 72 10); **Mandarina Duck** (San Marco 193,

Mercerie dell'Orologio, Tel. 041/522 33 25); **Prada** (San Marco 1469, Salizzada San Moisè, Tel. 041/528 39 66); **Botteghe Veneta** (San Marco 1337, Calle Vallaresso, Tel. 041/522 8489); **Gianni Versace** (San Marco 1462) Campo San Moisè, Tel. 041/520 01 76); **JB Guanti** für Handschuhe (San Marco 4821, Salizzada San Giovanni Crisostomo, Tel. 041/522 8633).

GLAS, PERLEN UND SCHMUCK

Pauly (San Marco 1468, Piazza San Marco, Tel. 041/520 3118) kreiert einzigartige, handgefertigte Glasobjekte, bei **Venini** (San Marco 314, Piazzetta dei Leoncini, Tel. 041/522 4045), ebenso eine Top-Adresse, bekommen Sie Glas in modernen Formen. Venezianische Perlen können Sie bei **Perle e Dintorni** (San Marco 3740, Calle della Mandola, Tel. 041/520 5068) als Ketten und einzeln kaufen, oder Sie lassen sich eine individuelle Kette vor Ort fertigen. Schmuck aus Edelstahl und Halbedelsteine gibt es bei **Nomination** (San Marco 4609, Calle Goldoni, Tel. 041/520 1344); das **Ethnos** nahebei (San Marco 2958, Tel. 041/528 9988) bietet Ketten aus Glaskugeln und Quartz oder Amethyststücken.

HAUSHALTSWAREN, TISCH- UND BETTWÄSCHE

Elegante italienische Bett- und Tischwäsche finden Sie bei **Frette** (San Marco 2070/A, Calle Larga XXII Marzo, Tel. 041/522 4914). Genauso schön, aber billiger shoppen Sie bei **TSL Venezia** (San Marco 3324, Salizzada San Lio, Tel. 041/2777 7641; Filialen am Rialto und der Strada Nuova). Kissen und Stoffe aus Samt und Brokat bietet **Bevilacqua** (San Marco 2520, Campo S Maria del Giglio, Tel. 041/528 75 81), bei **Domus** (San Marco 4746, Calle dei Fabbri, Tel. 041/522 6259) bekommen Sie Utensilien für Küchen und Esszimmer im italienischen Stil. Hübsche Dekokeramik aus ganz Italien gibt es bei **Rigattieri** (San Marco 3535/36, Calle dei Frari, Tel. 041/277 1223).

Wohin zum ... Ausgehen?

Die Piazza San Marco ist abends der ideale Ort, um entspannt im Freien zu sitzen. Die Bands der wunderbaren Cafés wetteifern miteinander, die schönen Gebäude sind in ein sanftes Licht getaucht.

Im Winter lohnt sich ein Besuch im **Teatro la Fenice** (San Marco 1965, Campo San Fantin, Tel. 041/786 511, www.teatrolavenice.it; ➤ 42) der fabelhaften Opernproduktionen als auch der Ausstattung des Hauses wegen. Im Sommer sollte man sich eine Aufführung im Open-Air-Theater **Teatro Verde** auf San Giorgio Maggiore (Tel. 041 528 99 00, www.cini.it) ansehen.

Venezianische Orchestermusik aus dem 18. Jh. kann man in der **Scuola Grande di San Teodoro** (San Marco 4810, Salizzada San Teodoro, Tel. 041/521 02 94; www.imusiciveneziani.com) und der **Ex-Chiesa di San Vidal** (San Marco 2862/B, Campo San Vidal, Tel. 041/277 05 61, www.interpretiveneziani.com) erleben – manchmal tragen die Musiker sogar historische Kostüme. Buchen Sie Ihre Karten für **Fenice**, **San Teodoro** und **San Vidal** online!

Wer lieber Jazz oder zeitgenössische Musik mag, geht für einen Drink ins **Bàcaro Jazz** (San Marco 5546, Salizzada del Fontego dei Tedeschi, Tel. 041/528 52 49) oder trinkt im **Torino@Notte** (San Marco 459, Campo San Luca, Tel. 041/522 39 14) zu Jazz und lateinamerikanischen Rhythmen sein Bier.

Castello

Erste Orientierung

Castello, der größte *sestiere* (Stadtteil) Venedigs, zieht sich von San Marco und Cannaregio im Westen bis zu den Inseln San Pietro und Sant'Elena im Osten. Der Name leitet sich von *castello* ab, der alten Festung, die einst auf San Pietro stand. Bis 1807 bildete die Insel mit ihrer Kathedrale das religiöse Zentrum der Stadt, seitdem ist jedoch San Marco die Hauptkirche Venedigs. In Castello standen hingegen Industrie und Handwerk im Mittelpunkt, denn auf der großen Werft, dem Arsenale, liefen jahrhundertelang Kriegs- und Handelsschiffe vom Stapel. Heute bietet Castello interessante Sehenswürdigkeiten, historische Kirchen und Museen sowie versteckte Ecken, die einen guten Eindruck vom venezianischen Alltag vermitteln.

An der Riva degli Schiavoni drängen sich Touristen und Souvenirstände. Hier beginnt der lange Kai Castellos, an dem man bis zur ruhigen, grünen Insel Sant'Elena entlangwandern kann. Im östlichen Abschnitt liegt – nach wie vor im militärischen Sperrgebiet – der Arsenale, der nach Westen hin von schmalen Gassen, gen Osten vom Arbeiterviertel rund um die Via Giuseppe Garibaldi begrenzt wird, einem der authentischsten Gebiete Venedigs. Nördlich der Riva führen enge Gassen über Brücken und belebte *campi* (Plätze) zur großen Kirche Santi Giovanni e Paolo und den Fondamente Nuove. Von dort

Seite 67: Vom Wasser reflektiert – der Palazzo
Links: Beschützer des Arsenale

★ Nicht verpassen!

1. Riva degli Schiavoni ➤ 72
2. Scuola di San Giorgio degli Schiavoni ➤ 74
3. Kirche Santi Giovanni e Paolo ➤ 76

Nach Lust und Laune!

4. Hotel Danieli ➤ 78
5. San Giovanni in Bràgora ➤ 78
6. Arsenale ➤ 78
7. Museo Storico Navale ➤ 79
8. Giardini Pubblici ➤ 79
9. Museo Diocesano d'Arte Sacra ➤ 80
10. San Zaccaria ➤ 80
11. San Giorgio dei Greci ➤ 81

Rechts: Am Eingangstor zum Arsenale

aus schaut man auf den nördlichen Teil der Lagune. Die Museen und übrigen Kirchen in Castello blicken auf eine lange Geschichte zurück, und noch immer gibt es viele alteingesessene Handwerksbetriebe, die einen Erkundungsgang lohnen. Abends können Sie in einem der guten Restaurants essen und danach von der Riva aus den Blick auf die Stadt genießen.

An einem Tag

Die folgende Route ist eine Möglichkeit, wie Sie einige der interessantesten Sehenswürdigkeiten von Castello an einem Tag abklappern können. Nutzen Sie die Karte (► 68f) zur Orientierung, die einzelnen Highlights werden im Folgenden (► 72ff) näher beschrieben.

9 Uhr

Beginnen Sie Ihren Rundgang an der breiten **1 Riva degli Schiavoni** (links; ► 72f) mit einem herrlichen Panoramablick über das Markusbecken. Die Seufzerbrücke (► 72) lässt sich am besten am frühen Morgen fotografieren, bevor sie zu voll ist.

10 Uhr

Spazieren Sie von der Riva aus nordwärts über den Campo Bandiera e Moro mit der Kirche **5 San Giovanni in Bràgora** (► 78) und bewundern Sie die Carpaccio-Gemälde in der **2 Scuola di San Giorgio degli Schiavoni** (► 74f).

11.15 Uhr

Gehen Sie zurück zur Riva und dann nach Osten zur Via Giuseppe Garibaldi, einer Straße aus dem 19. Jahrhundert im Herzen Castellos. Schauen Sie sich auf halbem Weg die Garibaldi-Statue an der gleichnamigen Straße an, und schlendern Sie weiter zu den Marktständen und Gemüsebooten am Kai.

12 Uhr

Halten Sie es wie die Einheimischen: Essen Sie in der Trattoria dai Tosi (Castello 738, Secco Marina, Tel. 041/ 523 71 02) zu Mittag.
Die Pizzeria mit Ristorante im Arbeiterviertel bietet eine willkommene Abwechslung zu den üblichen Touristenlokalen.

13.30 Uhr

Legen Sie in den 8 **Giardini Pubblici** (oben; ➤ 79f) eine kleine Pause ein. In Teilen des Parks findet im Zweijahresabstand (jeweils in den ungeraden Jahren) die Biennale Internazionale d'Arte statt (➤ 16f, 42), eine Ausstellung zeitgenössischer Kunst.

14.30 Uhr

Fahren Sie mit dem *vaporetto* von den Giardini um die Ostspitze Castellos herum an den Inseln Sant'Elena und San Pietro vorbei, zwei Orte, die durchaus einen Erkundungsgang wert sind. Steigen Sie am Ospedale Civile aus und gehen Sie nach Süden.

15.30 Uhr

Nehmen Sie sich Zeit für die Dominikanerkirche 3 **Santi Giovanni e Paolo** (➤ 76f), einen imposanten Sakralbau, in dem immerhin 25 Dogen bestattet wurden. Große Grabmäler erinnern an bedeutende venezianische Persönlichkeiten wie Pietro Mocenigo. Auf dem *campo*, auf dem Verrocchios Reiterstandbild (➤ 76f) steht, können Sie sich bei einem Cappuccino entspannen.

17 Uhr

Gehen Sie über den Campo Santa Maria Formosa, den 9 **Campo San Zaccaria** (➤ 80) und 10 **San Giorgio dei Greci** (➤ 81) zurück zur Riva. Wenn Sie Labyrinthe mögen, werden Sie im Gewirr der Gässchen Ihren Spaß haben.

20 Uhr

Belohnen Sie sich und essen Sie in einem der besten Fischrestaurants Venedigs zu Abend, im Corte Sconta (Castello 3886, Calle del Pestrin, Tel. 041/522 70 24).

1 Riva degli Schiavoni

Der breite Uferstreifen der Riva degli Schiavoni führt vom Dogenpalast am Markusbecken entlang zum Rio Ca' di Dio und weiter bis zur Insel Sant'Elena. Nach Osten hin ändert die reizvolle Promenade ihren Namen und wird nacheinander zur Riva di Ca' di Dio, zur Riva San Biagio und Riva dei Sette Martiri.

Einheimische und Urlauber tummeln sich gern an der Riva degli Schiavoni, die zu den Verkehrsknotenpunkten der Stadt gehört. Hier legen *vaporetti* ab, die in andere Teile Venedigs oder zu weiter entfernten Inseln fahren. Schlendern Sie an den Souvenirständen vorbei, schlecken Sie ein – ziemlich überteuertes – Eis oder genießen Sie einen der besten Panoramablicke auf die Stadt.

Der Name der Riva erinnert an die Slawen (*schiavoni*), die hier in den frühen Tagen der Republik landeten. Bis 1780 befand sich an der Stelle der heutigen Promenade ein schmaler Kai, an dem zahlreiche Boote und Gondeln anlegten. Nachdem man ihn verbreitert und mit istrischem Stein gepflastert hatte, wurde er rasch zu einer der beliebtesten Flaniermeilen.

Beginnen Sie Ihren Rundgang an den Stufen des **Ponte della Paglia (Strohbrücke)**, an dem einst schlichte, aus Binsen gefertigte Boote ankerten. Von hier aus blicken Sie genau auf die **Ponte dei Sospiri (Seufzerbrücke)**, die seit ihrer Erbauung 1602 den Dogenpalast mit den Neuen Gefängnissen verband (➤ 53ff).

Passieren Sie zwei weitere Brücken, so erreichen Sie die Kirche **Santa Maria della Visitazione**, besser bekannt als La Pietà oder auch »Vivaldi-Kirche« (➤ Kasten gegenüber). Nach dem Tod des Komponisten begann man mit dem Bau, der jedoch erst 1760 fertiggestellt wurde. Die Fassade wurde 1906 hinzugefügt. Heute ist die Kirche in erster Linie ein Veranstaltungsort

Unten: Geschäftiges Markttreiben in der Riva degli Schiavoni

für Barockkonzerte. 2007 wurde sie wegen notwendiger Restaurationsarbeiten geschlossen und ist es bis heute geblieben.

KLEINE PAUSE

Lassen Sie die überteuerten Bars an der Riva links liegen und gehen Sie in die traditionelle Trattoria **Alla Rivetta** (Castello 4625, Ponte San Provolo, Tel. 041/528 73 02).

---

200 C3–201 D3

Santa Maria della Visitazione (La Pietà)
Riva degli Schiavoni **wegen Restaurierung geschl.**

VIVALDI UND DIE VENEZIANISCHE MUSIK

Die Musik Antonio Vivaldis (1678–1741) ist untrennbar mit der Geschichte Venedigs und der Kirche La Pietà verbunden. Der kränkliche Knabe wurde dort für das Priesteramt ausgebildet und erhielt später wegen seiner roten Haare und seines roten Gewandes den Spitznamen *il prete rosso* (der rote Priester). Ab 1703 arbeitete er im Ospedale della Pietà, einem Findel- und Waisenheim, als Geigenlehrer. Er schrieb eine Reihe von Stücken, welche die dort lebenden Mädchen während der Messen vor einem begeisterten Publikum aufführten. Vivaldi wurde dadurch berühmt und konnte sich fortan ganz dem Komponieren widmen. Er starb 1741 in Wien, blieb der Pietà jedoch bis zu seinem Tod stets verbunden.

RIVA DEGLI SCHIAVONI: INSIDER-INFO

Top-Tipps: Den Touristenscharen entkommen Sie nur, wenn Sie die Riva **frühmorgens oder spätabends** aufsuchen.

- **Prüfen Sie sorgfältig Fahrtrichtung und Nummer**, bevor Sie einen *vaporetto* besteigen – viele Linien legen hier an und es geht oft hektisch zu.

2 Scuola di San Giorgio degli Schiavoni

Von den drei venezianischen *scuole* (➤ 114f) mit ihren noch erhaltenen Kunstschätzen ist die Scuola degli Schiavoni mit Sicherheit die schlichteste und zieht vielleicht gerade deshalb so viele Besucher an. Das kleine, innen etwas schummrige, aber sehr anheimelnde Gebäude liegt versteckt neben einer Brücke an einem Seitenkanal. Es birgt einige der schönsten Bilderzyklen des berühmten Renaissancemalers Carpaccio.

Ab 1420 beherrschte Venedig die Region Dalmatien (heute Kroatien). Seit jener Zeit lebten viele *schiavoni* (Slawen) in der Lagunenstadt, und schließlich bildeten sie eine so große und wohlhabende Gemeinde, dass sie den Rat baten, eine eigene Bruderschaft gründen zu dürfen; die einzige, der nur Menschen gleicher Herkunft angehören durften. 1451 entstanden die Scuola und ein Versammlungssaal neben der Kirche San Giovanni in Malta. Im Jahre 1502 beauftragte man Vittore Carpaccio (➤ 22), der bereits mit seinem Zyklus zum Leben der hl. Ursula (➤ 127) Berühmtheit erlangt hatte, das Gebäude mit Szenen aus dem Leben der dalmatischen Schutzpatrone, der Heiligen Georg, Trifon und Hieronymus, zu verzieren.

Die harmonische Renaissancefassade der Scuola di San Giorgio degli Schiavoni

Szenen der Schutzpatrone

Drei Bilder widmete der Maler dem **hl. Georg**. Das erste von links zeigt ihn, wie er inmitten einer von grausig verstümmelten Leichen übersäten Landschaft den Drachen tötet. Vom rechten Bildrand aus schaut die Königstochter zu, die dem Drachen hatte geopfert werden sollen. Vor den Toren der Stadt macht Georg im zweiten Bild der Bestie ein Ende, ehe er die Eltern der Prinzessin durch Taufe zum Christentum bekehrt. Das *Tryphonswunder* hinter dem Altar stellt den hl. Tryphon dar, der seinerseits eine Fürstentochter aus den Klauen eines Dämons in Gestalt eines Basilisken befreit. *Die Berufung des hl. Matthäus* und *Jesus auf dem Ölberg* haben keinen Bezug zur dalmatischen Geschichte.

Die rechte Wand der Halle widmet sich dem Leben des **hl. Hieronymus**, der zu den Kirchenvätern zählt und die Bibel ins Lateinische übersetzte. Auf dem ersten Bild führt Hieronymus einen Löwen, der sich die Pfote an einem Dorn verletzt hat, ins Kloster, während die übrigen Mönche entsetzt fliehen. Der Legende nach wurde der Löwe zum treuen Gefährten und ständigen Begleiter des Heiligen, nachdem

SCUOLA DI SAN GIORGIO DEGLI SCHIAVONI: INSIDER-INFO

Top-Tipps: Lassen Sie Ihren Augen Zeit, sich an das gedämpfte Licht in der Scuola zu gewöhnen.

- Gehen Sie ins **Obergeschoss**, um das emsige Treiben einer Bruderschaft einmal von innen zu beobachten.

Außerdem: Die Bilder hingen ursprünglich im oberen Stockwerk und befinden sich erst seit 1551 an Ort und Stelle. Sie sind **nicht chronologisch** in der Reihenfolge ihrer Entstehung geordnet. Die beiden ersten Bilder auf der linken Seite (1507) und das Bild links hinter dem Altar (1508) sind dem hl. Georg gewidmet. Dann folgt das *Tryphonswunder* (um 1508). Es schließen sich die beiden ältesten Gemälde (1501–02) an, die Jesus auf dem Ölberg und die Berufung des Apostels Matthäus zeigen. Ganz rechts befindet sich der Hieronymuszyklus (1502).

Oben: ***Der hl. Georg im Kampf gegen den Drachen*** **von Vittore Carpaccio (Ausschnitt)**

dieser ihn verarztet hatte. Das trauernde Tier ist auch auf dem nächsten Gemälde zu sehen, das den Tod des Heiligen zeigt. Auf dem letzten Bild wird Augustinus, der inmitten typischer Symbole der Renaissancekultur mit seinem kleinen weißen Hund in seinem Studierzimmer sitzt, die Vision vom Tod des hl. Hieronymus zuteil.

Besonders beeindrucken die zahlreichen Details, die jedem Zentimeter der großflächigen Darstellungen eigene Bedeutung und eigenen Charme verleihen. Wer die Bilder einmal gesehen hat, erinnert sich meist noch lange Zeit danach an Einzelheiten.

KLEINE PAUSE

Gönnen Sie sich einen leckeren venezianischen Snack im nördlich der Scuola gelegenen **Alle Alpi da Dante** (Castello 2877, Corte Nuova, Tel. 041/528 51 63).

200 C4 · Castello 3259/A, Calle dei Furlani · 041/522 88 28 · Mo 14.45–18, Di–Sa 9.15–13 und 14.45–18, So 9.15–13 Uhr · preiswert · 1, 2, 41, 42, 51, 52, San Zaccaria

3 Kirche Santi Giovanni e Paolo

Die große gotische Kirche Santi Giovanni e Paolo steht auf einem der weitläufigsten Plätze Venedigs. Von dem wunderbaren, L-förmigen *campo* aus können Sie die Architektur der Kirche und die prachtvolle Renaissancefassade der Scuola Grande di San Marco in Ruhe auf sich wirken lassen. Auch das Reiterstandbild des Söldnerkommandanten Colleoni (unten), die Läden und Bars am Platz und der Kanal, der an einer Seite entlangführt, haben ihren Reiz.

Neben der Frari (➤ 112f) ist Santi Giovanni e Paolo die größte gotische Kirche Venedigs. Sie entstand zwischen 1246 und 1430 für den Dominikanerorden und wird auch »Pantheon Venedigs« genannt, weil hier jahrhundertelang die Totenfeiern für die Dogen stattfanden. Viele Dogen und weitere bekannte Persönlichkeiten wurden hier beigesetzt. Der Blick auf den großen, nur von einigen Säulen untergliederten **Innenraum** ist völlig unverstellt. Grabmäler bedeutender venezianischer Renaissancekünstler säumen die Wände, viele stammen aus der Werkstatt Lombardo. Maler wie Giovanni Bellini (1430–1516), Lorenzo Lotto (1480–1556; ➤ 22) und Veronese (1528–88; ➤ 22) hinterließen ihre Spuren.

Reiterstandbild von Colleoni

Der *condottiere* (Söldnertruppenführer) Bartolomeo Colleoni (1400–76) vermachte der Republik Venedig seinen gesamten

Andrea Verrocchios Reiterstandbild des Bartolomeo Colleoni

LEBEND GEHÄUTET
Schauen Sie sich das Marcantonio-Bragadin-Denkmal an. 1571 musste sich der Venezianer bei Famagusta den Türken ergeben. Sie häuteten ihn bei lebendigem Leibe und trugen die mit Stroh ausgestopfte Hülle seiner Haut durch die Stadt, ehe sie den Leichnam nach Konstantinopel brachten. Schließlich wurde er nach Venedig überführt, wo seine Urne heute steht.

Gedämpft fällt das Licht ins Innere von Santi Giovanni e Paolo

Besitz, forderte dafür jedoch ein Reiterstandbild seiner Person vor der Basilica di San Marco. Die Venezianer freuten sich über das Geld, dachten aber gar nicht daran, einen Ortsfremden auf ihrem Hauptplatz zu würdigen, und stellten die Statue deshalb nicht vor der Kirche, sondern vor der Scuola Grande di San Marco auf.

Das Standbild des stolz und kriegerisch wirkenden Condottiere stammt von dem Florentiner Andrea Verrocchio (1435–88) und gilt als eines der schönsten Norditaliens. Errichtet wurde das Denkmal schließlich im Jahre 1496.

Scuola Grande di San Marco

Die Familie Lombardo schuf den größten Teil der berühmten Fassade der Scuola Grande di San Marco, einer der bedeutendsten *scuole* (➤ 114f) Venedigs. 1495 entstanden die mächtigen trompe-l'œil-Tafeln aus Marmor mit Szenen aus dem Leben des hl. Markus. In den Gebäuden hinter der Fassade befindet sich heute ein Krankenhaus, weshalb permanent Besucher, Patienten, Pfleger und Ärzte ein- und ausgehen.

KLEINE PAUSE

Die Bars am Campo Santi Giovanni e Paolo empfehlen sich.

---

194 C2 · Campo Santi Giovanni e Paolo · 041/523 59 13 · Mo–Sa 7.30–19, So 15–18 Uhr · preiswert · 41, 42, 51, 52, 13, Fondamenta Nuove; 41, 42, 51, 52, Ospedale

SANTI GIOVANNI E PAOLO: INSIDER-INFO

Top-Tipp: Das Innere ist düster, kommen Sie daher lieber an einem **sonnigen Tag.**

Unbedingt: Pietro-Mocenigo-Grabmal ■ Morosini-Grabmal ■ Vendramin-Grabmal ■ Marcello-Grabmal ■ Eck-Grabmal ■ *Der hl. Vinzenz Ferrer* von Giovanni Bellini ■ Deckengemälde von Veronese in der Cappella del Rosario ■ *Der hl. Antonius Pierozzi verteilt Almosen* von Lorenzo Lotto

Nach Lust und Laune!

Die gotische Fassade des prachtvollen Hotels Danieli aus dem 19. Jahrhundert

4 Hotel Danieli

Tausende von Touristen gehen täglich am Luxushotel Danieli (➤ 37) vorbei, doch einen Aufenthalt können sich nur wenige leisten. Die Zimmer sind mit Antiquitäten möbliert, spiegelglatter Marmor bedeckt die Böden, Fortuny-Gobelins hängen an den Wänden. Das Hotel wurde im 19. Jahrhundert im gotischen Palazzo Dandolo eröffnet, an den sich der Name des Hotels anlehnen könnte. Vielleicht bezieht er sich aber auch auf Giuseppe dal Niel, der im 19. Jahrhundert illustre Gäste anzog. Dickens, Proust, Georges Sand, Balzac und Wagner übernachteten hier, natürlich auch Staatsgäste und berühmte Persönlichkeiten aus aller Welt. 1948 entstand an dieser Stelle – erstmals seit dem 12. Jahrhundert – ein nüchterner Anbau aus Stein.

200 B3 Castello 4196, Riva degli Schiavoni 041/522 64 80 1, 2, 41, 42, 51, 52, San Zaccaria

5 San Giovanni in Bràgora

An einem ruhigen Platz steht San Giovanni in Bràgora, ein schlichter gotischer Sakralbau, der 1475 an der Stelle einer älteren Kirche entstand. Bekannt wurde San Giovanni als Taufkirche des Komponisten Antonio Vivaldi (➤ 73), dessen Name im Taufregister zu lesen steht. Werfen Sie einen Blick auf die Bilder von Alvise und Bartolomeo Vivarini und die zwei Gemälde von Cima da Conegliano (um 1460–1508) – besonders auf dessen *Taufe Christi* über dem Altar mit Landschaftsdetails aus der Heimat des Künstlers.

201 D3 Campo Bandiera e Moro 041/ 520 59 06 Mo–Sa 9–11, 15.30 bis 17.30, So 9–11, 15.30–17 Uhr frei 1, 41, 42, Arsenale

6 Arsenale

Der Arsenale, die große Werft Venedigs, bildete lange Zeit den ökonomischen Mittelpunkt der Stadt. Hier wurden ab dem 12. Jahrhundert die berühmten venezianischen Langschiffe gebaut, ausgestattet und repariert. Das Wort *arsenale* leitet sich vom arabischen Begriff *Dar Sina'a* (Arbeitsplatz) ab. Während der Blütezeit waren hier 16 000 Arbeiter tätig, die innerhalb weniger Stunden ein

ganzes Schiff zu bauen vermochten. 1917 wurde die Werft still-gelegt; nach wie vor ist sie – von wenigen Ausnahmen abgesehen – militärisches Sperrgebiet. Die große Corderia (Seilerei) dient während der Biennale (➤ 16f) als Ausstellungsraum. Das mächtige Tor, das von Gambello entworfen wurde, war Venedigs erstes klassisches Renaissance-Bauwerk; es entstand 1460. Zwei der vier Löwen zu beiden Seiten des Tores kamen 1687 als Beutestücke aus Athen nach Venedig. Beachten Sie die seltsamen

Glänzendes Beispiel eines Festkahns

Schriftzeichen an der Flanke des größeren Tieres: Es handelt sich um Runeninschriften norwegischer Söldner aus dem 11. Jahrhundert.

201 E3 Campo dell'Arsenale Corderia: während der Bienniale für Ausstellungen 1, 41, 42, Arsenale Corderia (Seilerei): je nach Ausstellung

7 Museo Storico Navale

Nirgendwo sonst erfahren Sie so viel über die einstige Seemacht wie in diesem Museum (Bild oben). Die Sammlung präsentiert Modellschiffe, nautische Instrumente, Uniformen, Kanonen, Torpedos und vieles mehr. Den Grundstock des 1815 eröffneten Museums bildeten die Schiffsmodelle des Arsenale, hinzu kamen Erinnerungsstücke der venezianischen Flotte und andere Objekte. Zu den Glanzstücken gehören die Gondeln, darunter ein Bucintoro (jene Festgondel, von der aus der Doge am Himmelfahrtstag die Verbindung Venedigs mit dem Meer feierte) und die letzte Privatgondel Venedigs, die Peggy Guggenheim gehörte (➤ 132f).

201 E2 Castello 2148, Campo San Biagio 041/520 02 76 Mo–Sa 8.45 bis 13.30 Uhr preiswert 1, 41, 42, Arsenale

8 Giardini Pubblici

Bei den Giardini Pubblici, dem Stadtpark Venedigs, sollten Sie den Maßstab etwas niedriger ansetzen als bei den Grünanlagen anderer Städte. Napoleon ließ für den Park ein Sumpfgebiet trockenlegen und einige

FÜR KINDER

- Wenn Ihre Kinder sich austoben wollen, sind Sie in den **Giardini Pubblici** und im Parco delle Rimembranze genau richtig.
- Die Modellschiffe und Gondeln im **Museo Storico Navale** sind bei fast allen Altersgruppen beliebt.
- Aufopferungsbereite Eltern können mit ihren fußballbegeisterten Sprösslingen am Sonntagnachmittag ein Heimspiel auf dem **Campo Sportivo** auf Sant'Elena besuchen.

DEKADENTES KLOSTER
Zu **San Zaccaria** gehörte ein Benediktinerkloster, in das viele reiche Venezianer ihre Töchter steckten, um die Mitgift zu sparen. Entsprechend wenig fromm ging es dort zu, denn die jungen Damen dachten gar nicht daran, ihren Lebenswandel zu ändern. Besonders berüchtigt waren die Salons, die sie während der Besuchszeiten abhielten. Einen Eindruck davon vermittelt Guardis Bild *Der Nonnensalon* in der Ca' Rezzonico (► 130f).

Kirchen abreißen. In der Anlage stehen mehrere große Pavillons der Biennale (► 16f, 42), doch bleibt genügend Platz, um sich unter schattigen Bäumen auf dem Rasen oder den überall verstreuten Bänken niederzulassen und bei einem Picknick die wunderbare Aussicht zu genießen.

202 B2 ✉ Giardini Pubblici frei 1, 2,41, 42, 51, 52, Giardini

9 Museo Diocesano d'Arte Sacra

Die Sammlung des Museo Diocesano d'Arte Sacra (Diözesanmuseum für Sakralkunst) bietet bei jedem Besuch etwas Neues, denn sie umfasst Kunstwerke, die ihrer Restaurierung harren, Stücke aus geschlossenen Kirchen und wieder aufgefundene Kirchenschätze. Im Untergeschoss sind Skulpturen, Silber- und ähnliche Objekte, im oberen Stockwerk wechselnde Ausstellungen zu sehen. Viele Besucher kommen auch, um den schönen Kreuzgang aus dem 14. Jahrhundert, den einzigen romanischen der Stadt, zu bewundern.

200 A4 ✉ Castello 4312, Ponte della Canonica ☎ 041/522 91 66 Mo–Sa 10 bis 16 Uhr frei 1, 2, 41, 42, 51, 52, San Zaccaria

10 San Zaccaria

Nur wenige Schritte von der belebten Riva entfernt, steht die Kirche San Zaccaria, ein besonders schönes Beispiel für die typisch venezianische Verschmelzung von Architektur der Gotik und Renaissance. Die Kirche entstand im 9. Jahrhundert für die sterblichen Überreste des hl. Zacharias, des Vaters von Johannes dem Täufer. Im Laufe der Zeit wurde die Kirche mehrfach umgebaut – zum letzten Mal 1440 – und erweitert.

Giovanni Bellinis berühmte *Madonna mit Kind und Heiligen* spielt mit Licht und Farben

Sie vereint deshalb Elemente unterschiedlicher Epochen, vom gotischen Innenraum bis hin zur überwiegend im Stil der Renaissance gehaltenen Fassade. Im Innern bedecken Gemälde aus dem 17. und 18. Jahrhundert nahezu jeden Zentimeter Wand. Über dem zweiten Altar auf der linken Seite hängt Giovanni Bellinis heitere *Madonna mit Kind und Heiligen* (1505). Durch das rechte Querschiff gelangt man in die Athanasius- und die Tarasiuskapelle, in der ein früher Tintoretto und drei

schöne Altarstücke von Antonio Vivarini (1415–76; ➤ 22) und Giovanni d'Alemagna aus dem 15. Jahrhundert hängen. In der permanent überschwemmten Krypta aus dem 10. und 11. Jahrhundert liegen acht Dogen aus dem Früh- und Hochmittelalter begraben. Sie lässt außerdem eindrucksvoll erkennen, wie stark der Wasserpegel in den vergangenen Jahrhunderten gestiegen ist.

200 B4 · Campo San Zaccaria · 041/522 12 57 · Mo–Sa 10–12, 16–18, So 11–12, 16–18 Uhr · preiswert · 1, 2, 41, 42, 51, 52, San Zaccaria

11 San Giorgio dei Greci

Seit dem 11. Jahrhundert lebten Griechen in Venedig, darunter viele Gelehrte, Schriftsteller und Kaufleute. Nach der Eroberung Konstantinopels durch die Türken im Jahre 1453 nahm ihre Zahl stark zu, und 1526 erhielten sie die Erlaubnis, eine eigene Kirche mit Kolleg zu errichten. Auf diese Weise entstand an einem Seitenkanal San Giorgio dei Greci, deren schiefer Glockenturm heute zu den Wahrzeichen Venedigs gehört. Mit dem *matroneo*, der Empore für Frauen, und der Ikonostasis, die den Chor vom Kirchenschiff trennt, besitzt das Gebäude zwei typische Elemente eines griechisch-orthodoxen Sakralbaus. Ikonen zieren die Innenwände, viele stammen von dem Kreter Michael Damaskinos, einem Zeitgenossen El Grecos. Links von der Kirche stehen zwei von Baldassare Longhena (➤ 23) erbaute Häuser.

200 C4 · Fondamenta dei Greci · 041/523 95 69 · Mi–Mo 9–11, 14.30–16.30 Uhr · frei · 1, 2, 41, 42, 51, 52, San Zaccaria

WUSSTEN SIE DAS?

In der **Ca' di Dio (Haus Gottes)** am *arsenale pontile* (Schiffsableger) an der Riva übernachteten im Mittelalter Pilger, bevor sie zur Reise ins Heilige Land aufbrachen. Daher hat das Haus seinen Namen. In der Kirche **Sant' Antonin** bei der Scuola di San Giorgio degli Schiavoni trug sich ein tragisches Ereignis zu. Hier wurde im Jahre 1819 ein Elefant erschossen. Er war aus einem Zirkus an der Riva ausgebrochen und suchte ausgerechnet in der Kirche Zuflucht, wohin ihn Soldaten des Arsenale verfolgten und töteten.

Der schiefe Turm von San Giorgio dei Greci

Wohin zum ... Essen und Trinken?

Preise
Die Preise gelten pro Person für ein Essen ohne Getränke:
€ unter 35 Euro €€ 35–55 Euro €€€ über 55 Euro

BÀCARI, BARS UND *GELATERIE*

Al Giardinetto €€

Familie Bastianelli ist zu Recht stolz auf ihr kleines Restaurant, das klassische venezianische Küche aus saisonalen und frischen Zutaten hübsch angerichtet serviert. Probieren Sie *sarde in saor* (süßsaure Sardinen), *granseola* (Seespinne), *canestrelli* (Jakobsmuscheln) und köstliche Meeresfrüchte-Antipasti an Zitrone und Sellerie, bevor Sie sich Risotto, Pasta und Grillfisch oder -fleisch munden lassen. Der weinberankte Hof ist im Sommer ein echtes Plus!

200 A4 Castello 4928, Ruga Giaffo 041/528 53 32 Fr–Mi 12.30–15, 19.30–22 Uhr San Zaccaria

Dal Pampo (Osteria Sant'Elena) €–€€

Mischen Sie sich unter die vielen Einheimischen, die sich hier Pasta und diverse Fleisch- und Fischgerichte schmecken lassen. Fragen Sie nach dem Tagesspecial und trinken Sie einen roten *sfuso* (Fasswein) dazu. Im Sommer können Sie im Freien essen.

202, bei C1 Castello 24, Calle Generale Chinotto 041/520 84 19 Fr–Mi 12–14.30, 19.30–21 Uhr Sant'Elena

Enoteca Mascareta €

Die beliebte Weinstube gehört zum Mascaròn (Nr. 5525 am Ende der Straße), eine der besten *osterie* Venedigs. Sie können Ihren Wein im Stehen trinken und dazu leckeren Käse und *salumi* (italienische Wurst) aus verschiedenen Regionen Italiens oder *crostini* mit *lardo* und Radicchio (geröstetes Brot mit Radicchio und Speck) probieren. Die Venezianer nehmen hier gern einen Aperitif ein.

200 B5 Castello 5183, Calle Lunga Santa Maria Formosa 041/523 07 44 Mo–Sa 18–1 Uhr; 24. Dez.–15. Jan. geschl. Rialto

OSTERIE, TRATTORIE UND *RISTORANTI*

Al Covo €€–€€€

Das Al Covo ist in Venedig eines der erfolgreichsten Restaurants, ein Mekka für italienische wie ausländische Gourmets. Es verfügt über mehrere kleine Räume und Tische im Freien. Serviert werden leichte Versionen der traditionellen venezianischen Fischgerichte und Meeresfrüchte, z. B. *baccalà mantecato* (Stockfisch in Sahne) mit watteweicher weißer Polenta oder *fritto misto* mit Lagunenfisch, Polenta und Gemüse. Die Pasta ist hausgemacht wie auch die köstlichen Desserts. Dazu gibt es Weine aus dem Veneto, Friaul und dem Trentino.

201 D3 Castello 3968, Campiello della Pescaria 041/522 38 12 Fr–Di 12.45–14, 19.30–22 Uhr (Küche); 2 Wochen im Aug. und 15. Dez.–15. Jan. geschl. Arsenale

Alle Testiere €€–€€€

Das Alle Testiere gehört zur Gruppe der Buona-Accoglienza-Restauants (► 39). Es hat nur 25 Plätze und bietet täglich wechselnde Gerichte (keine feste Karte), in erster Linie frischen, schnörkellos zubereiteten Mittelmeerfisch und Meeresfrüchte wie *canastrelli* (Jakobsmuscheln), *cozze* (Muscheln), *coda di rospo* (Seeteufel), *granseola* (Seespinne) und – während der Saison – *moeche*

(Taschenkrebse). Ergänzt werden die Speisen mit frischen Kräutern und verschiedenem Gemüse. Ein guter Wein rundet das Mahl ab.
200 A5 Castello 5801, Calle del Mondo Nuovo 041/522 72 20; www.veneziaristorante.it Di–Sa 12–14.30, 19–22.30 Uhr; Ende Juli–Mitte Aug. und Neujahr geschl. Rialto

Antica Trattoria Bandierette €€

Dieses reizende, traditionelle Restaurant versteckt sich nahe der Kirche Santi Giovanni e Paolo. Sein familiäres Ambiente sowie die sorgfältig ausgewählten und zubereiteten Speisen bilden eine schöne Harmonie. Die Auswahl an klassischen Gerichten wie *sarde in saor* (Sardinen in süß-saurer Marinade), *spaghetti alle vongole* (Spaghetti mit Venusmuscheln), *fritto misto* (gemischter frittierter Fisch) sowie gegrilltem Fisch ist groß. Auch für Fleisch ist gesorgt.
195 D1 Castello 6671, Barbaria delle Tolle 041/522 01 69 Mo 12.30–15, Mi–So 12.30–15, 19.30–22 Uhr Fondamente Nuove

Corte Sconta €€€

Es gibt kaum etwas Schöneres, als an einem warmen Sommertag ein ausgedehntes Mittagessen im schattigen Garten dieses wunderbaren Restaurants einzunehmen. Zu Recht ist das Corte Sconta für seine *antipasti* berühmt, ein wahrer Reigen sorgfältig zubereiteter Köstlichkeiten, die überwiegend auf Fisch basieren. Kosten Sie Krabben und Muscheln, frische Anchovis und winzige Garnelen, allesamt auf venezianische Art zubereitet. Die leichte, aromatische Pasta und die Gnocchi sind hausgemacht, der Fisch wird frittiert, gegrillt oder pochiert. Fragen Sie nach Weinen und den Empfehlungen des Hauses.
201 D3 Castello 3886, Calle del Pestrin 041/522 70 24 Di–Sa 12.30–14, 19.15–21.30 Uhr; 7. Jan.–7. Feb. und Mitte Juli–Mitte Aug. geschl. Arsenale

Osteria Ale Do Marie €–€€

Sie ist und bleibt eine authentische, einheimische Institution und mag genau deshalb einen Besuch interessant machen. Die Speisekarte wechselt, denn hier bekommen die Gäste fangfrischen Fisch der Saison, einfach zubereitet. Immer zu bekommen natürlich: *sarde in saor* und *spaghetti alle vongole*. Günstiges Mittagsmenü für Touristen.
201 D4 Castello 3129, Calle de l'Olio 041/296 04 24 Di–So 12.30–15, 19.30–22 Uhr Celestia

Osteria Oliva Nera €€€

Die schlichte Osteria mit ihrer lockeren Atmosphäre ist ein Paradebeispiel für eine neue Generation venezianischer Restaurants. Traditionsgerichte werden hier zeitgemäß und innovativ gekocht, zu den Spezialitäten gehören Venusmuscheln mit wilden Steinpilzen und mit Thymian geschmortes Lamm (*porcini*). Der Service ist freundlich und ist Ihnen bei der Menü- und der Weinauswahl behilflich.
200 C4 Castello 3417/18, Calle della Madonna 041/522 21 70 Fr–Di 12–14.30, 18.30–22 Uhr San Zaccaria

Wohin zum ... Einkaufen?

Castello vereint geschäftiges Treiben in den Läden für den alltäglichen Bedarf der Anwohner rund um San Lio und eigenwillige Kunsthandwerks- und Geschenkeläden – einige davon im Osten des *sestiere*. Bummeln Sie vom *vaporetto*-Anleger am Rialto gen Osten oder steigen Sie am Arsenale aus und gehen Sie nach Norden und Westen.

Die Salizada San Lio ist eine der Haupteinkaufsstraßen in Castello. Hier befindet sich **Ratti** (Castello 5825, Tel. 041/240 46 00), *der* Laden Venedigs für Haushaltswaren und Küchenausstattung, Porzellan und Geschirr aller Art. Ein Stück die Straße hinauf verkauft **Silvia** (Castello 5540, Tel. 041/5238568) jede Menge Lederwaren und -schuhe zu guten Preisen. Wolle und Kurzwaren im Überfluss hat **Resmini Passamanerie** (Castello 5784, Tel. 041/523 51 41). Die Calle della Banda am Fuß der Salizada beherbergt eine Filiale von **Il Papiro** (Castello 5275, Tel. 041/522 3648), wo Sie eine wunderbare Auswahl an marmorierten und geprägten Papierwaren wie Gäste- und Notizbücher, Rahmen und Ordner in leuchtenden Farben erwartet.

Ganz in der Nähe (in der 5370) befindet sich das beste Spielwarengeschäft der Stadt: **Lanterna Magica** (Tel. 041/528 19 02). Hier können Sie pädagogisch wertvolle Spiele und Spielzeug aus aller Welt und knuffige Plüschtiere erstehen. Gehen Sie von hier aus über den Campo Santa Maria Formosa zu **Papier Mâché** (Castello 5175, Calle Lunga Sta Maria Formosa, Tel. 041/522 99 95), die moderne Masken nach traditioneller Herstellung fertigen. In derselben Straße finden sich auch die **Libreria Acqua Alta** (Castello 5176, Calle Lunga Sta Maria Formosa, Tel. 041/296 08 41), die sich auf Themen rund um Venedig spezialisiert hat, sowie **Al Campanil** (Castello 5184, Calle Lunga Sta Maria Formosa, Tel. 041/523 57 34), in dem man ungewöhnlichen, feinen, hübschen Glasschmuck erstehen kann.

Weiter nach Süden geht es zu **Anticlea Antiquariato** (Castello 4719/A, Calle San Provolo), eine winzige Fundgrube antiker Perlen und Stoffe, in der der Besitzer Ketten und Ohrringe direkt für Sie und nach Ihren Wünschen anfertigt. Noch ein Stück südlich bietet **Paolo Rossi** (Castello 4685, Campo San Zaccaria) schöne Replikate von römischen und antiken Glaswaren an. **Arabesque Barbieri** (Castello 3403, Ponte dei Greci, Tel. 041/522 81 77) ist ein Paradies für Schals und Stolen in schönen Stoffen und Farben. Östlich entlang der Riva kann man morgens die irdischen Genüsse des Markts an der Via Garibaldi genießen, wo man frische und preiswerte Ware erstehen kann.

Wohin zum ... Ausgehen?

In Castello bieten sich zwei besonders schöne Orte voll Atmosphäre, die sich für einen Abendspaziergang und einen Drink eignen, an: der Campo Santa Maria Formosa, auf dem im Sommer oft Livekonzerte stattfinden, und die Riva degli Schiavoni mit ihren Bars, von denen man die Lagune überblickt.

Musik aus dem 18. Jahrhundert vor einer bezaubernden Kulisse aus dem 17. genießen Sie in der **Fondazione Querini Stampalia** (Castello 5252, campiello Querini Stampalia, Tel. 041/272 14 11; www.querinistampalia.it). Barocke Musik hören Sie regelmäßig in der Kirche **Santa Maria Formosa** (campo Santa Maria Formosa; Tel. 041/984 252). Vivaldi wird montags, mittwochs und freitags gespielt, von Januar bis August. Eine andere Art venezianischer Musik kann man bei **Giorgione** (Castello 1533, via Garibaldi, Tel. 041/522 87 27) hören, wenn Lucio Bisutto traditionellen Folk spielt. Direkt am Ufer liegt das **Melograno** (Castello 1643, Riva VII Martiri, Tel. 041/241 41 96), wo samstagabends exzellente Jazzbands auftreten.

Der angesagteste Nachtclub ist **Club 947** (Castello 4337, Campo SS Filippo e Giacomo, Tel. 041/522 92 93), ein exklusives Club-Restaurant mit internationalem Publikum. Das **L'Olandese Volante** (Castello 5658, Campo San Lio, Tel. 041/528 93 49) hingegen, eine typische Studentenkneipe mit guter Bierauswahl und Tischen draußen auf dem Campo, stellt eine entspannte Alternative dar.

Cannaregio und San Michele

Erste Orientierung

Der Name des Canal di Cannaregio kommt entweder von *canne* (Schilf), das an den Ufern wuchs, oder der Wasserlauf galt früher als *canal regio*, als »Königskanal«, weil er zu den Hauptkanälen Venedigs gehörte. Bis zum Bau des Eisenbahndamms, der die Stadt seit 1846 mit dem Festland verbindet, war der Kanal das Haupttor zur Stadt. Er führt vom nördlichen Teil der Lagune geradewegs durch den *sestiere* und mündet in den Canal Grande, der seinerseits die Südgrenze bildet. Der Stadtteil endet im Westen am Bahnhof Santa Lucia. Im Osten liegt eines der ältesten Viertel Venedigs, während sich nördlich die *fondamente* (Kais) erstrecken. Sie weisen zu den Inseln im Norden, darunter San Michele mit dem Friedhof der Stadt.

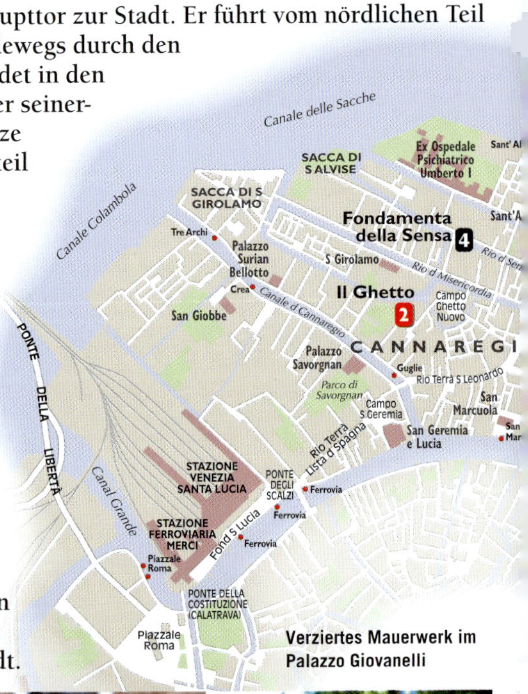

Verziertes Mauerwerk im Palazzo Giovanelli

★ Nicht verpassen!

1. Ca' d'Oro ➤ 90
2. Il Ghetto ➤ 92
3. Madonna dell'Orto ➤ 94

Seite 85: Blauregen ziert eine Wand in Cannaregio

Nach Lust und Laune!

4. Fondamenta della Sensa ➤ 96
5. Campo dei Mori ➤ 96
6. Gesuiti ➤ 96
7. Isola di San Michele ➤ 97
8. Santa Maria dei Miracoli ➤ 97

Ein florierender hiesiger Markt

Cannaregio blickt auf eine lange Geschichte zurück und wartet mit schönen Palazzi und Kirchen auf. Im Osten steht Santa Maria dei Miracoli, ein Schmuckstück der Renaissance. An eine ganz andere Zeit erinnert die Ca' d'Oro, eines der erlesensten gotischen Stadthäuser Venedigs, das ganz in der Nähe der breiten Geschäftsstraße Strada Nuova zu finden ist. Diese von Touristen wie Einheimischen oft proppenvolle Straße wurde 1871 als Verbindungsstraße zwischen Rialto und Bahnhof angelegt. Weiter nördlich verbinden schmale Gassen mit kleinen Läden, einfachen Häusern und Handwerksateliers mehrere große, parallel angelegte Kanäle. Diese ruhige, unscheinbare Gegend wartet jedoch mit einer besonders hübschen Kirche auf, der Madonna dell'Orto. Nur zehn Gehminuten von den den Bahnhof umgebenden kitschigen Souvenirständen und Unterkünften im unteren Preissegment entfernt, glaubt man sich hier in eine andere Welt versetzt. Am Rand dieses Stadtteils liegt das alte Ghetto, eines der geschichtsträchtigsten und faszinierendsten Viertel Venedigs.

An einem Tag

Die folgende Route ist eine Möglichkeit, wie Sie einige der interessantesten Sehenswürdigkeiten von Cannaregio und San Michele an einem Tag abklappern können. Nutzen Sie die Karte (➤ 86f) zur Orientierung, die einzelnen Highlights werden im Folgenden (➤ 90ff) näher beschrieben.

9 Uhr

Fahren Sie früh mit dem Boot zur **1 Ca' d'Oro** (➤ 90f). Gebäude und Sammlung des Museums sind gleichermaßen sehenswert. Genießen Sie den Blick von den Loggien im Obergeschoss auf den Canal Grande (links).

10.30 Uhr

Spazieren Sie die Strada Nuova hinauf, eine der Hauptstraßen der Stadt, die vom Bahnhof bis in die Nähe des Rialto führt. Als man die Einkaufsstraße im 19. Jahrhundert anlegte, mussten viele kleine Gässchen weichen.

11 Uhr

Zeit für einen Kaffee an einer der *fondamente* (Kais) mit Blick auf den Canal di Cannaregio, neben dem Canal Grande der einzige echte Kanal Venedigs. Laufen Sie weiter zum Campo del Ghetto Nuovo im Herzen des **2 Ghettos** (rechts; ➤ 92f). Die Führung durch das Ghetto, das zu den am wenigsten besuchten, aber faszinierendsten Vierteln gehört, lohnt sich.

13 Uhr

Essen Sie im Al Bacco (Cannaregio 3054, Fondamenta delle

Cappuccine, Tel. 041/717 493) zu Mittag, einer *osteria* abseits vom Touristenrummel mit schönem Hof.

14.30 Uhr

Spazieren Sie entlang der 4 **Fondamenta della Sensa** (➤ 96) und über den 5 **Campo dei Mori** (unten; ➤ 96) zur hübschen gotischen Kirche 3 **Madonna dell'Orto** (➤ 94f) mit den berühmten Gemälden Tintorettos.

16 Uhr

Besteigen Sie bei der Kirche einen *vaporetto* und fahren Sie zu den Fondamente Nuove. Wenn Sie noch Energie für eine Kirche haben, besuchen Sie Santa Maria Assunta, meist **Gesuiti** genannt (➤ 96), die durch üppigen Marmordekor bestickt (oben). Fahren Sie dann mit dem Boot weiter nach 7 **San Michele** (➤ 97). Die Friedhofsinsel bildet einen Kontrast zum hektischen Treiben der Stadt.

18 Uhr

Fahren Sie zurück zur Stadt, und laufen Sie nach Südwesten – vorbei an vielen netten Restaurants. Die Fiaschetteria Toscana (Cannaregio 5719, Salizzada San Giovanni Crisostomo, Tel. 041/ 528 52 81) ist eine gute Adresse (unbedingt im Voraus reservieren).

20 Uhr

Von Mitte September bis Mitte Juni können Sie den Tag mit einem Besuch im Kasino, **Casinò Municipale** (➤ 102), in einem schönen Renaissance-Palazzo ausklingen lassen.

1 Ca’ d’Oro

Die prächtigsten Häuser Venedigs säumen den Canal Grande, doch auch unter ihnen sticht die wunderbare Fassade der Ca’ d’Oro (Goldenes Haus) deutlich hervor. Das schönste und aufwendigste Beispiel eines gotischen Stadthauses in Venedig beherbergt heute die Sammlung der Galleria Franchetti. Zwar wurde das Innere des Palazzo immer wieder umgestaltet, doch kann man sich den alten Zustand immer noch gut vorstellen.

Oben: Die Fassade der Ca’ d’Oro gehört zu den großen Wahrzeichen Venedigs

Im Jahre 1420 gab der Kaufmann und Patrizier Marino Contarini diesen großen Palazzo in Auftrag, dessen gotischer Zierrat – unter anderem Spitzbogenfenster, Türmchen und Marmorschmuck – sich deutlich an den Dogenpalast (► 53ff) anlehnt. Zwischen 1421 und 1431 wurde der Palast erbaut; die **Fassade** verzierte man reich mit Zinnoberrot, Ultramarin und Goldblatt (daher der Name des Hauses), den teuersten Farben, die zur damaligen Zeit erhältlich waren. Leider begann schon wenig später der Niedergang – der Palazzo wechselte mehrfach den Besitzer und drohte schließlich zu verfallen. Seine schlimmsten Stunden erlebte das Gebäude 1847, als der russische Fürst Trubetzkoy es als Geschenk für seine Geliebte, die Balletttänzerin Maria Taglioni, erwarb. Er ließ die Freitreppe abreißen, verkaufte das Brunnenhaus und entfernte die Marmorfassade. Verzweifelt versuchte der britische Kunstkritiker John Ruskin (1819 bis 1900), der zu jener Zeit in Venedig lebte, Skizzen von dem Gebäude anzufertigen, ehe es sein Aussehen völlig veränderte.

WUSSTEN SIE DAS?
Der hl. Sebastian war ein beliebtes Motiv bei den Malern der Renaissance, weil der Märtyrer von Pfeilen durchbohrt gestorben war. So konnten sie eine fast nackte Gestalt malen und ihre Kunst in der anatomischen Darstellung beweisen.

Die Rettung

Ende des 19. Jahrhunderts nahte die Rettung, als der Kunstmäzen und -sammler Baron Franchetti das Gebäude kaufte, Treppe und Brunnen wieder einsetzen ließ und seine Sammlungen hier unterbrachte. 1916 vermachte er das Haus dem Staat.

Das **Erdgeschoss** mit dem zum Wasser hin gebauten Eingangsportal vermittelt einen guten Eindruck davon, wie die Palazzi am Canal Grande im Mittelalter aufgebaut waren. Die untere Ebene umfasste einst Lagerräume, einen kleinen Lustgarten, einen Hof mit Brunnen und eine Treppe, die Zugang zu den oberen Stockwerken mit Verwaltungsräumen und Privatgemächern bot.

Unten links: Die Schatten der Loggia bilden ein Muster auf der Ca' d'Oro

Unten rechts: Ausschnitt einer Außentreppe

Die Sammlung

Die luftigen Räume im ersten und zweiten Stock nimmt heute die **Galerie** ein, beide Etagen besitzen Loggien mit Blick auf den Canal Grande. Im Zentrum der Sammlung steht Andrea Mantegnas letztes Werk (1431–1506) *Heiliger Sebastian*. Sehenswert sind auch die Skulptur *Doppelporträt* von Tullio Lombardo (um 1455 bis 1532) sowie Freskenfragmente von Giorgione (➤ 22) und Tizian (➤ 22) aus dem Fondaco dei Tedeschi (➤ 171). In den Münz- und Medaillenvitrinen befindet sich ein interessantes Porträt des Sultans Mohammed II. von Gentile Bellini (➤ 22).

KLEINE PAUSE

Essen Sie in der **Trattoria Ca' d'Oro all Vedova** (»Witwenhaus«) zu Mittag, einem alteingesessenen *Bàcari* (Cannaregio 3912, Ramo Ca' d'Oro, Tel. 041/528 53 24).

---

193 E2 · Cannaregio 3932, Ca' d'Oro · 041/522 23 49; Buchung 041/520 34 54; www.cadoro.org · Mo 8.15–14, Di–So 8.15–19.15 Uhr · mittel · 1, Ca' d'Oro

CA' D'ORO: INSIDER-INFO

Top-Tipps: Besuchen Sie das Museum **am Morgen** und schauen Sie von der Loggia aus zu, wie die Händler ihre Waren am Canal Grande entladen!

- Das **Kombiticket** der Gallerie dell'Accademia (➤ 126ff) gilt auch für die Galerie Ca' d'Oro.
- Der **Museumsshop** bietet eine überdurchschnittlich gute Auswahl an Büchern, Postern und Karten.

Muss nicht sein! Verbringen Sie nicht zu viel Zeit mit den Bildern von Tintoretto und Tizian. Andernorts in Venedig gibt es **bessere Werke** dieser Künstler.

2 Il Ghetto

Der Begriff *ghetto* ist venezianisch, und alle jüdischen Ghettos auf der Welt wurden nach dieser kleinen Insel in Cannaregio benannt. Das Dialektwort *geto* bezog sich auf die dort ansässige Eisengießerei. Heute gehört das Viertel zu den faszinierendsten Teilen Venedigs.

Seit dem 14. Jahrhundert durften Juden für ca. 15 Jahre in Venedig wohnen und ihren Lebensunterhalt als Geldverleiher, Lumpensammler, später auch als Ärzte und Musiker verdienen. Erst ab 1516 gestattete man ihnen unter zahlreichen Auflagen, sich dauerhaft in der Stadt niederzulassen.

Diskriminiert und geduldet

An den Zugangsbrücken sperrten schwere Eisengitter die Insel mit der ehemaligen Gießerei von Sonnenuntergang bis zur Morgendämmerung ab. In dieser Zeit durfte – abgesehen von Ärzten, die Patienten besuchten – kein Jude das Ghetto verlassen. Tagsüber konnten sich die Mitglieder der Gemeinde frei bewegen, mussten jedoch ein Erkennungszeichen tragen. Sie besaßen ein beschränktes Recht auf Privatbesitz und mussten hohe Abgaben zahlen. Davon abgesehen, ging es ihnen in Venedig jedoch besser als in vielen anderen europäischen Städten, weshalb immer wieder Flüchtlinge aus anderen Ländern zureisten. Zunächst ließen sich Aschkenazim und Levantiner aus dem Osmanischen Reich nieder, dann strömten spanische und portugiesische Sephardim herbei. Jede Immigrantengruppe errichtete eine eigene Synagoge, sodass es 1575 bereits fünf Synagogen gab, von denen zwei noch heute genutzt werden.

Die ständige Überfüllung des Ghettos stellte ein großes Problem dar, auch nachdem man den Juden erlaubt hatte, sich außerhalb der Grenzen des ursprünglichen Ghettos anzusiedeln. Nacheinander entstanden das Ghetto Vecchio (1541) und das Ghetto Nuovo (1633), und da der Platz dennoch nicht ausreichte,

Links: Dekorative Glaswaren, feilgeboten im Ghetto Vecchio

Il Ghetto bleibt spirituelles, soziales sowie kulturelles Zentrum der heute noch rund 500 Personen zählenden jüdischen Gemeinde

baute man Häuser mit bis zu sieben Stockwerken und Synagogen mussten in bereits existierende Gebäude integriert werden.

Nach der Auflösung der Republik 1797 wurde auch das Ghetto aufgelöst und es gab keine Beschränkungen mehr für venezianische Juden, die 1866 die vollen Bürgerrechte erhielten. 1943 wurden 200 Juden aus Venedig in Konzentrationslager deportiert.

Campo del Ghetto Nuovo

Der **Campo del Ghetto Nuovo** liegt im Herzen des Ghettos. Schmale, hohe Gebäude säumen den ruhigen, weitläufigen Platz, den man über drei Brücken erreicht. Außer dem **Museo Ebraico (Jüdisches Museum)** befinden sich hier ein Buchladen, eine Bibliothek, eine Bäckerei und ein Kindergarten. An einer Wand an der Ecke des Platzes erinnern mehrere Relieftafeln an den Holocaust, dem so viele Juden aus allen Ghettos Europas zum Opfer fielen.

KLEINE PAUSE

Im Museumscafé gibt es koschere Snacks; alternativ besuchen Sie Venedigs einziges koscheres Restaurant, das **Gam-Gam** (► 100).

192 A5

Museo Ebraico

192 B4 · Cannaregio 2902b, Campo del Ghetto Nuovo · 041/715 359; www.ghetto.it · Juni–Sept. So–Fr 10–19 Uhr; Okt.–Mai So–Fr 10–16.30 Uhr (Fr evtl. auch früher geschl.); Synagogenführungen stündl. ab 10.30 Uhr · preiswert · 1, 2, San Marcuola; 41, 42, 51, 52, Guglie

IL GHETTO: INSIDER-INFO

Top-Tipps: Eine **Führung** durch das Museum und die Synagogen lohnt sich in jedem Fall. So lernen Sie vieles kennen, was Sie sonst nicht sehen würden.

- Die Führungen finden im **stündlichen Rhythmus** statt. Kommen Sie frühzeitig, da es sehr voll werden kann.

Etwas außerhalb: Der **alte jüdische Friedhof** von 1386 befindet sich in der Nähe der Kirche San Nicolò (► 151) am Lido.

3 Madonna dell'Orto

Die hübsche gotische Kirche Madonna dell'Orto liegt ganz versteckt im Norden von Cannaregio. Zu Recht wird sie auch Tintoretto-Kirche genannt, denn der berühmte Maler (1518–94) lebte hier in ihrer Nähe, schmückte sie mit einigen seiner schönsten Werke aus und wurde schließlich in ihr beigesetzt.

Die im 14. Jahrhundert gegründete Kirche war ursprünglich dem hl. Christophorus, dem Schutzpatron der Reisenden, geweiht, denn die Venezianer hofften, er würde ein Auge auf die Gondolieri haben, die regelmäßig Passagiere von und zu den weiter nördlich gelegenen Inseln übersetzten. Der Heilige verlor jedoch an Bedeutung, als man 1377 eine angeblich wundertätige Statue der Jungfrau mit Kind in einem benachbarten *orto* (Gemüsegarten) fand und in die Kirche brachte. Die Madonna steht bis heute in der **San-Mauro-Kapelle**, während die Skulptur des hl. Christophorus das Eingangsportal bewacht. Die gesamte Kirche wurde zwischen 1399 und 1473 aus Backstein neu gebaut und erhielt bei

Oben: Tintorettos großflächige Gemälde zieren seine Grabstätte, die Kirche

Links: Die Zwiebelkuppel der Kirche Madonna dell'Orto

HOCHWASSERKATASTROPHE

Im November 1966 stieg das Wasser in einigen Teilen der Stadt über zwei Meter hoch und verursachte gewaltige Schäden. Aus aller Welt flossen Spendengelder zusammen und verschiedene Länder übernahmen finanzielle Patenschaften für die Instandsetzung einzelner Gebäude. Die britische Stiftung »Venice in Peril Fund« trug dabei hauptsächlich zur Restaurierung des Dogenpalasts sowie der Kirchen San Nicolò dei Mendicoli in Dorsoduro und Madonna dell'Orto bei.

dieser Gelegenheit auch ihre wohlproportionierte **Fassade** mit der **Zwiebelkuppel** und dem schlanken **Glockenturm**.

Dramatische Szenen

Zwei große Gemälde hängen im **Altarraum**. Es handelt sich um *Die Anbetung des Goldenen Kalbs* und *Das Jüngste Gericht*. Die dramatisch gestalteten Szenen voller Licht und Bewegung illustrieren hervorragend, wie der Künstler Tintoretto seine Bilder komponierte. In dem bärtigen Mann, der das Kalb trägt, soll Tintoretto sich selbst dargestellt haben, seine Frau posierte angeblich für die blau gekleidete Dame in seiner Nähe. In der **Apsis** hängen *Die Enthauptung des hl. Christophorus* und *Die Kreuzvision des hl. Petrus*, beide mit zahlreichen wirbelnd umherfliegenden Engeln. Das mystische Gemälde *Maria im Tempel* im rechten Seitenflügel steht zu diesen Bildern in deutlichem Kontrast. In der **Contarini-Kapelle** im linken Seitenflügel befindet sich schließlich noch ein Porträt der hl. Agnes, die den Sohn eines römischen Präfekten zum Leben erweckt – ein unbedingtes Muss für jeden echten Tintoretto-Liebhaber.

KLEINE PAUSE

Laufen Sie fünf Minuten zum Rio della Sensa. Hier können Sie im Fischrestaurant **Al Bacco** (Cannaregio 3054, Fondamenta delle Cappuccine, Tel. 041/71 74 93) essen.

193 D5 Campo Madonna dell'Orto 041/275 04 62; www.chorusvenezia.org Mo–Sa 10–17 Uhr preiswert 41, 42, 51, 52, Madonna dell'Orto

MADONNA DELL'ORTO: INSIDER-INFO

Top-Tipps: Vergessen Sie über den Tintorettos nicht das **Altarstück** (1494) aus der Frührenaissance von Cima da Conegliano in der ersten Kapelle auf der rechten Seite. Es zeigt die Heiligen Johannes den Täufer, Markus, Hieronymus und Paulus.

- In der ersten Kapelle von links hing einst eine wunderschöne **Muttergottes** von Giovanni Bellini. Sie wurde 1993 gestohlen, doch hofft man auf wundersame Wiederkehr des Bildes.

Nicht verpassen! Eine einfache Tafel in der Kapelle rechts neben dem Chor ziert **Tintorettos Grab**.

Außerdem: ***Das Jüngste Gericht*** belegt die Fähigkeit der Renaissancemaler, Religion und klassischen Mythos zu verbinden. Charon, der Fährmann der Unterwelt, setzt hier mit seinem Nachen die Seelen der Verstorbenen über.

Nach Lust und Laune!

4 Fondamenta della Sensa

Drei parallel verlaufende Kanäle durchziehen den nördlichen Teil Cannaregios. Die Fondamenta della Sensa führt am mittleren der drei entlang und endet an einem hübschen Platz, dem Campo dell'Abbazia. Hier begegnen Sie dem echten Venedig – mit Wäsche, die zum Trocknen vor den Fenstern hängt, Fassaden, von denen der Putz bröckelt, Bars und Restaurants, die fast nur von Einheimischen besucht werden. Auf den ruhigen Seitenkanälen trainieren die Teilnehmer in den Wochen vor der großen Regatta (▶ 19) ihre Rudertechnik. Auch die übrigen *fondamente* in der Nähe verdienen einen Besuch: Besonders reizvoll ist die Fondamenta della Misericordia mit vielen kleinen Geschäften.

192 B5 ✉ Fondamenta della Sensa
41, 42, 51, 52, Madonna dell'Orto

5 Campo dei Mori

Der Name des eigenartig geformten Campo dei Mori bezieht sich vermutlich auf die mittelalterlichen Steinskulpturen dreier Mauren an den Gebäuden, die allesamt wehende Gewänder und Turbane tragen. Vermutlich handelt es sich um Darstellungen der Kaufmannsbrüder Mastelli, die aus dem südgriechischen Morea – im Dialekt *mori* – stammten. Eine der Statuen verlor im Laufe der Zeit ihre Nase, die durch eine Kopie aus Eisen ersetzt wurde. Zu Füßen dieser im Volksmund »Signor Antonio Rioba« genannten Figur legten unzufriedene Venezianer früher nachts ihre Kritik ab. Ein vierter Maure befindet sich am Eck der *fondamenta*, bei Nr. 3399, direkt an der Tür von Tintorettos Haus.

193 D5 ✉ Campo dei Mori 41, 42, 51, 52, Madonna dell'Orto

6 Gesuiti

Wenn Sie üppig überladenen Barockdekor mögen, sollten Sie die Jesuitenkirche Santa Maria Assunta, kurz Gesuiti genannt, besuchen. Da die Jesuiten dem Papst stets sehr nahestanden, verbot man ihnen im 17. Jahrhundert 50 Jahre lang den Zutritt zur Stadt. Erst im Jahre 1715 beauftragten sie den Architekten Domenico Rossi mit dem Bau der Kirche. Diese statteten sie so pompös aus, dass man sie entweder lieben oder verabscheuen muss. An jeder Ecke wurde grüner und weißer Marmor zu tuchartigen Gebilden geschnitzt. Der Altarbaldachin ist Berninis Meisterwerk im Petersdom zu Rom nachempfunden. Über dem ersten Seitenaltar von links hängt eine Nachtszene von Tizian mit dem Titel *Martyrium des hl. Laurentius.*

Eine Maurenstatue an der Außenwand von Tintorettos Haus in Campo dei Mori

194 B4 Campo dei Gesuiti 041/528 65 79 Mo–Sa 10–12, 16–18, So 16–18 Uhr frei 12, 13, 41, 42, 51, 52, Fondamenta Nuove

7 Isola di San Michele

San Michele ist kein trister, sondern ein friedvoller, gut gepflegter und mit Blumen übersäter Ort. Betreten Sie den Friedhof durch den eleganten Convento di San Michele in Isola, den die Franziskaner 1460 errichten ließen. Zur gleichen Zeit entstand auch die hübsche Kirche aus weißem istrischem Stein, der erste Renaissance-Sakralbau Venedigs.

Der Friedhof gliedert sich in verschiedene, nach Konfessionen geordnete Abschnitte. Wenn Sie Gräber berühmter Persönlichkeiten sehen möchten, sollten Sie die letzte Ruhestätte des berühmten russischen Ballettimpresarios Sergej Diaghilew (1872–1929) und das Grab des russischen Komponisten Igor Strawinsky (1882–1971) in der orthodoxen Sektion aufsuchen. Auf dem protestantischen Friedhof liegt der amerikanische Dichter Ezra Pound (1885–1972), der seine letzten Lebensjahre in Venedig verbrachte. Weniger berühmte Verstorbene werden übrigens heute bereits nach zehn Jahren auf andere Friedhöfe verlegt.

195 E5 San Michele Okt.–März tägl. 7.30–16.30 Uhr; April–Sept. 7.30–18 Uhr 12, 13, 41, 42, 71, 72, Cimitero

8 Santa Maria dei Miracoli

Die Kirche Santa Maria dei Miracoli, ein Schmuckstück der Renaissance, liegt versteckt zwischen den schmalen Kanälen und Straßen im Osten Cannaregios. Sie wurde zwischen 1481 und 1489 für ein wundertätiges Marienbild, das über dem Altar hängt, von Niccolò di Pietro erbaut.

Pietro Lombardo (1433–1515) und seine Söhne entwarfen die Kirche und schufen auch einen großen Teil der Innenausstattung. Schauen Sie sich das Gebäude erst von außen an und beachten Sie die verschiedenen Nuancen des Marmors an den Wänden und die eleganten Pfeiler. Die Basreliefs im Innern gehören zu den schönsten in ganz Venedig. Besuchen Sie die Kirche an einem sonnigen Tag,

TINTORETTO

Jacopo Robusto (1518–94), der Sohn eines *tintore* (Seidenfärbers), wurde zeitlebens Tintoretto (kleiner Färber) genannt. Er wuchs in Cannaregio auf, wo er auch lebte und starb. Fast alle seine großen Kunstwerke hängen in Venedig. Sie sind berühmt für das Spiel mit Licht und Farben, der Bewegung der Figuren und der kräftigen Pinselführung. »Die Formen Michelangelos und die Farben Tizians« schrieb Tintoretto auf die Wand seines Ateliers, und daran hielt er sich. Seine schönsten Bilder befinden sich in der Scuola Grande di San Rocco (► 114f), der Kirche Madonna dell'Orto (► 94f) und der Accademia (► 126ff).

Ein Schmuckstück: Die Renaissancekirche Santa Maria dei Miracoli

MARCO POLO
Wenn Sie unweit des Rialto durch Cannaregio spazieren, halten Sie Ausschau nach dem Corte Seconda del Miliòn, in dem Marco Polo nach seiner Rückkehr aus dem Fernen Osten lebte. Er bekam den Spitznamen Il Milione, nachdem die Berichte über seine Abenteuer in dem Buch *Il Milione* erschienen waren. Er war über Land durch ganz Asien bis an den Hof des Mongolenherrschers Kublai Khan gereist, um dort mit Zucker, Gewürzen, Seide und Baumwolle zu handeln. Fast 20 Jahre lebte er als Gouverneur in Yangzhou. 1295 kehrte er nach Venedig zurück. Hier starb er 1324.

wenn Licht in den Innenraum fällt und den Marmor erleuchtet. Die Altarstufen und die Balustrade sind mit einzelnen Figuren und einer Verkündigungsszene gestaltet; die Säulen des Nonnenchors ziert filigraner Flachreliefschmuck. An der Kassettendecke sehen Sie 50 gemalte Prophetenbüsten.

194 B2 · Campo Santa Maria Nuova
041/275 04 62; www.chorusvenezia.org
Mo–Sa 10–17 Uhr · preiswert
1, 82, Rialto

Wohin zum …
Essen und Trinken?

Preise
Die Preise gelten pro Person für ein Essen ohne Getränke.
€ unter 35 Euro €€ 35–55 Euro €€€ über 55 Euro

BÀCARI, BARS UND *GELATERIE*

Ai Canottieri €€
Dieses solide, traditionelle Restaurant mit Terrazzoboden, Holztäfelung und schlichtem Gedeck ist der ideale Ort für ein köstliches Fischgericht. Als Vorspeisen werden Rohfischgerichte wie marinierter Schwertfisch gereicht, es folgen Pastagänge wie Spaghetti *alle vongole* (mit Venusmuscheln und Peperoncini) oder *garganelli* mit Tomaten, Zucchini und Basilikum an Seeteufelsauce. Brassen und Wolfsbarsche werden gegrillt serviert. Probieren Sie auch die knusprig leichte *frittura mista*. Wenige, aber feine Weine und hausgemachte Desserts runden Ihr Dinner vortrefflich ab.
191 D4 ✉ Cannaregio 690, Fondamenta San Giobbe ☎ 041/717 999 ⌚ Di–Sa 12.30–14.30, 19.30–23, So und Mo 12.30 bis 14.30 Uhr ⛴ Tre Archi

Al Bacco €–€€
Ein kuschliges Restaurant, in dem man im Winter in einem gemütlichen Speiseraum, an langen Sommerabenden im luftigen Hinterhof essen kann. Die kurze Speisekarte besteht v. a. aus typisch venezianischen Fischgerichten wie Tintenfisch an Polenta, wunderbaren Spaghetti *agli caparozzoli* (Muscheln), *sarde in saor* (süßsauer marinierte Sardinen) und perfekt gegrilltem Fisch. Viele Einheimische essen im Al Bacco, dessen Besitzer ein wahrer Hüne ist – ein prima Platz, um die Welt um sich herum zu beobachten.
192 A5 ✉ Cannaregio 3054, Fondamenta Capuzine ☎ 041/717 493 ⌚ Di–So 12–15, 19–22 Uhr ⛴ San Marcuola

Bar Algiubagiò €
Während Sie an der Fondamenta Nuove auf Ihren *vaporetto* zu den umliegenden Inseln warten, können Sie hier ein leckeres Sandwich oder einen Imbiss zu sich nehmen. Zur Auswahl stehen viele verschiedene *tramezzini* (dreieckige Sandwiches) und Sandwichrollen mit Paprika, Mortadella oder *porchetta* (Schweinebraten), die Sie sich drinnen oder an Außentischen schmecken lassen können. Zwei Häuser weiter gibt es tolles Eis.
194 C4 ✉ Cannaregio 5039, Fondamenta Nuove ☎ 041/523 60 84; www.algiubagio.com ⌚ tägl. 6.30–21 Uhr ⛴ Fondamenta Nuove

Bar Pasticceria Ballarin €
Wenn Sie um den Rialto herum bummeln gehen, sollten Sie eine Pause in dieser gemütlichen Bar und Pasticceria machen und sich einen Espresso gönnen. Kosten Sie eines dieser luftig leichten, traditionell venezianischen *biscotti* (Gebäck)!
193 F1 ✉ Cannaregio 5794, Salizzada San Giovanni Crisostomo ☎ 041/528 52 73 ⌚ tägl. 7.30–20.30 Uhr ⛴ Rialto

OSTERIE, TRATTORIE UND *RISTORANTI*

Diana €–€€
Mit seinen hübsch an einem Nebenkanal angelegten Sitzgelegenheiten eignet sich dieses Restaurant ganz besonders für ein Mittagessen an einem warmen, sonnigen Frühjahrs- oder Herbsttag. Fleisch- sowie Fischgerichte stehen auf der Karte; zu Letzteren, der wahrscheinlich besten Wahl, gehören u. a. gelungene *spaghetti alle vongole* und ausgezeichnete gegrillte *orata* (Brasse). Je nach

Budget kann man zwischen zwei Touristenmenüs wählen.

192 C5 ✉ Cannaregio 2519f, Fondamenta della Misericordia ☎ 041/715 977 Di–So 12.30–15, 19.30–22 Uhr Orto

Fiaschetteria Toscana €€–€€€

Albino und Mariuccia Busatto führen eines der besten Restaurants in Venedig. Der Name des Lokals bezieht sich nicht auf die Küche, sondern auf den Standort, denn hier befand sich einst eine Entladestelle mit Lagerraum für toskanische Weine. Die gemütliche Gaststube wird im Sommer durch Tische im Freien erweitert. In der Fiaschetteria können Sie vorzügliche venezianische Gerichte aus frischen saisonalen Zutaten probieren, z. B. *sfogi in saor* (kleine Seezungen mit Zwiebeln, Rosinen und Pinienkernen in Vinaigrette) mit Polenta, oder aber *granseola* (Seespinne), beträufelt mit leichtem Olivenöl aus Ligurien. Auf der Karte stehen vor allem Fisch und Meeresfrüchte, aber auch hervorragendes Rindfleisch aus der Toskana und eine Auswahl von über 30 Käsesorten. Weinkenner kommen mit Sicherheit auf ihre Kosten. Runden Sie das Essen mit einem köstlichen Dessert ab. Die Busattos begründeten die Ristoranti della Buona Accoglienza (➤ 39).

193 F1 ✉ Cannaregio 5719, Salizzada San Giovanni Crisostomo ☎ 041/528 52 81; www.veneziaristoranti.it Mi 19.30–21.30, Do–Mo 12.30–14.30, 19.30–21.30 Uhr; 2 Wochen im Sommer geschl. Rialto

Gam-Gam €

Das Gam-Gam ist das einzige koschere Restaurant Venedigs. Es liegt in einer kleinen Straße am Rand des alten jüdischen Ghettos und bietet eine große Auswahl traditioneller jüdischer und israelischer Gerichte, die vielleicht eine willkommene Abwechslung zur italienischen Küche darstellen. In dem freundlichen, modern ausgestatteten Lokal mit hellem Holz fühlen Sie sich bestimmt wohl. Kosten Sie Gemüse oder Salat, *humus*, Falafel, gegrillte Auberginen sowie Grillhähnchen und natürlich Schnitzel. Die Küche ist durchgehend geöffnet.

191 E4 ✉ Cannaregio 1122, Sottoportego del Ghetto Vecchio ☎ 041/715 284; www.jewishvenice.org 12–22 Uhr; Fr zwei Stunden vor Sabbat, Sa (außer im Winter Sa abends) und an jüdischen Feiertagen geschl. San Marcuola, Ponte delle Guglie

La Colombina €

Diese *enoteca* mit Speiseangebot steht seit ihrer Eröffnung ganz oben auf der Beliebtheitsskala. Gern schauen die Köche und Sommeliers der Stadt nach getaner Arbeit auf ein Glas Wein und einen Imbiss herein, denn die Küche hat ungewöhnlich lang geöffnet. Hier geht es freundlich und entspannt zu. Die Gerichte bereitet Inhaberin Biba selbst zu. Es gibt eine exzellente Auswahl an Käse und *salumi*, das Gemüse stammt überwiegend aus dem hauseigenen Garten. Ihr Mann Alberto besorgt Wein aus ganz Italien, um die Speisen abzurunden. Probieren Sie hausgemachte Nudeln, *bruschetta* oder frischen Fisch zum Wein. Am Wochenende müssen Sie reservieren.

192 C4 ✉ Cannaregio 1828, Campiello dell'Anconeta (Cinema Italia) ☎ 041/275 06 22 Mo–Sa 18.30–2 Uhr (Küche 20.30 bis 1 Uhr) San Marcuola

Osteria Anice Stellato €–€€

Netter Familienbetrieb in rustikalem Ambiente, bei Venezianern sehr beliebt. Die Nudeln mit frischen Meeresfrüchten schmecken genauso gut wie die Fleischgerichte, die oft mit exotischen Gewürzen verfeinert werden. Die Weinkarte bietet einfache Ausschankweine sowie gute Tropfen.

191 F5 ✉ Cannaregio 3272, Fondamenta della Sensa ☎ 041/720 744 Di–So 12.30–14.30, 19.30–22 Uhr San Marcuola

Osteria l'Orto dei Mori €€–€€€

Ein zu Recht erfolgreicher Neuling im mit Restaurants sonst eher spärlich gesegneten Norden Cannaregios. Das Interieur erweckt den Eindruck einer jahrealten Institution – mit Holzvertäfelung, die für eine warme

Atmosphäre sorgt, und mit blitzenden Gläsern gedeckten Tischen. Doch die Speisekarte stammt eindeutig aus dem 21. Jh. und verleiht den traditonellen venzianischen Gerichten eine moderne Note. Hier werden nur frischeste und erlesenste Zutaten der Saison – Tiefgekühltes kommt nicht auf den Tisch – serviert.

✚ 193 D5 ✉ Cannaregio 3386, Campo dei Mori ☎ 041/524 36 77 ◷ Mi–Mo 12.30–15.30, 19.30–22 Uhr ⛴ Orto

Trattoria Cea €

Dieses typisch venezianische Speiselokal und davon gibt es nicht mehr viele, ist bei den Venezianern seit jeher sehr beliebt. Sollten Sie die Trattoria aufsuchen, sind Sie möglicherweise der einzige ausländische Gast. Doch es lohnt sich: Das Mittagsmenü wird zu einem hervorragenden Preis-Leistungs-Verhältnis angeboten. Alternativ wählen Sie à la carte aus dem kleinen, aber feinen Fischangebot. Für *baccalà mantecato* (Stockfischmus) sind Sie hier genau richtig.

✚ 194 B3 ✉ Cannaregio 5422/A, Campiello Widman, ☎ 041/523 75 40 ◷ Mo–Sa 12.30 bis 15, 19.30–21.30 Uhr ⛴ Fondamente Nove

Vini Da Gigio – Da Paolo

€€–€€€

Authentische venezianische Küche und Top-Weinangebot zu adäquaten Preisen in einem der besten Restaurants Venedigs, das sich mit dem Buona-Accoglienza-Gütezeichen (➤ 39) rühmen darf. In ansprechendem, rustikal angehauchtem Ambiente schauen Sie durch die Fenster auf einen ruhigen Seitenkanal. Saisonale Gerichte können sein: *schie* (Garnelen) auf cremig-weißer Polenta kalte *polipetti* (Minitintenfische) oder schwarz-graue *gnocchetti* (Kartoffelklößchen), mit Tintenfischtinte gefärbt in Krabbensauce. Meeresfrüchte dominieren, doch gibt es auch Fleisch. Die Desserts sind eine Sünde wert. Unbedingt reservieren!

✚ 193 E3 ✉ Cannaregio 3628, Calle della Stua, Fondamenta San Felice ☎ 041/528 51 40; www.veneziaristorante.it ◷ Di–Sa 12–14.30, 19.30–22.30, So 12–14.30 Uhr ⛴ Ca' d'Oro

Wohin zum ... Einkaufen?

Die Straßen, die vom Bahnhof durch Cannaregio bis zu Santi Apostoli führen, sind als Strada Nuova bekannt. Hier dominieren geschäftige Marktbuden, die von Kleidung über Eisen- bis zu Haushaltswaren alles anbieten. Sie finden hier auch vortreffliche Delikatessläden.

Zu diesen gehört **Giovanni Volpe** (Cannaregio 1143, Calle del Ghetto Vecchio, Tel. 041/715 178), eine altertümliche, koschere Bäckerei mitten im Ghetto, in der man exzellentes Brot bekommt. Holen Sie sich etwas davon für ein Picknick, die restlichen Zutaten bekommen Sie bei **Billa**, dem Supermarkt in Venedig mit dem größten Warenangebot (Cannaregio 3659, Strada Nuova, Tel. 041/523 80 46). Wer Kaufhäuser mag, sollte sich das einzige seiner Art nicht entgehen lassen: **Coin** (Cannaregio 5787, Salizada S Giovanni Crisostomo, Tel. 041/520 35 81). Ausgefallene und Designerschuhe gibt es bei **Mori e Bozzi** (Cannaregio 2367, Rio Terà Maddalena, Tel. 041/715 261), während Kaschmirfreunde bei *Virginia Preo* (Cannaregio 5800, Salizzada San Giovanni Crisostomo, Tel. 041/522 86 51) fündig werden. Das **Papillon** (Cannaregio 4555, Salizzada del Pistor, Tel. 041/523 93 18) ist der einzige Berufsbekleider Venedigs. Hier finden Sie Baumwollhosen, -jacken und Kleider mit Karos oder Blumenprint. Daneben lädt **Peter's Teahouse** (Cannaregio 4553, Tel. 041/5289 776) ein, Tee aus aller Herren Länder zu probieren.

Wohin zum ... Ausgehen?

Cannaregio ist der einzige *sestiere* mit einem aktiven Nachtleben, von den Venezianern Nuova Bohemia genannt. Bars, *osterie*, Kneipen und Restaurants mit internationaler Küche säumen den Rio della Misericordia, einen Kanal, der von der Fondamenta della Misericordia zur Fondamenta Coletti führt.

An der Fondamenta della Misericordia liegt das mexikanische **Iguana Café** (Cannaregio 2515, Tel. 041/713 561, Di–Sa 11.30–15, 18–1 Uhr, So Mittagstisch), eine Cocktailbar, in der Sie Margaritas, Tequila, Corona-Bier und mexikanisches Essen bekommen. Wenige Schritte weiter können Sie im **Sahara** (Cannaregio 2519, Tel. 041/721 077, Di–Sa 19.30 Uhr bis Mitternacht, So Mittagstisch) Livemusik hören und dazu Couscous, Falafel, *shawarma*-Kebabs und einen preiswerten *spritz* genießen.

Das **Al Paradiso Perduto** (Cannaregio 2540, Tel. 041/72 05 81, Mo bis Di, Do–Sa 19–2 Uhr, So mittags), groß, chaotisch und fröhlich, bietet preisgünstiges venezianisches Essen und mehrmals pro Woche Livemusik (von Reggae bis Jazz), Lesungen und Vernissagen.

An der Fondamenta degli Ormesini erfreut sich der **Pub Da Aldo** (Cannaregio 2710, Tel. 041/71 58 34, Mo–Sa 11–15 und 21–2 Uhr) großer Beliebtheit. Das junge Publikum genießt die reiche Auswahl an preiswerten Bieren ebenso wie den Trubel.

Wenn Sie einen Teller Pasta essen möchten, bevor Sie sich ins Getümmel stürzen, empfiehlt sich die **Trattoria Antica Mola** (Cannaregio 2800, Tel. 041/717492, tägl. 12–13.30 und 18.30–22 Uhr; im Aug. geschl.) mit Terrasse und Garten sowie guter Hausmannskost zu vernünftigen Preisen.

Das **Alla Bagatela** (Cannaregio 2924, Tel. 041/71 78 88, Mo–Sa) öffnet zwar erst um 21 Uhr, bietet dafür jedoch bis spät in die Nacht hinein Satelliten-TV, Computerspiele sowie Essen und Getränke auf einer großen Terrasse.

Der absolute *In*-Laden für einen Aperitif vor dem Essen auf der Fondamenta delle Cappuccine ist **Bea Vita** (Cannaregio 3082, Tel. 041/71 81 98, Mo–Sa) – gönnen Sie sich einen *spritz* und einen Snack.

Die kleine Trattoria **Ae Gondolette** (Cannaregio 3016, Tel. 041/71 75 28, Mo–Fr Mittagstisch) hat einen kleinen schattigen Garten.

Casanova Music Club (Cannaregio 158/A, Rio Terrà Lista di Spagna, Tel. 041/275 01 99) ist eine kleine Bar und Disco, die jeden Abend ein anderes Musikgenre bedient: Mainstream, Techno, House, Hip-Hop und Latino. Zwischen 18 und 20 Uhr ist Happy Hour, morgens ist das Internetcafé geöffnet.

Venedigs **Casinò Municipale** ist weltberühmt. Der Hauptsitz befindet sich im luxuriösen Palazzo Vendramin-Calergi (Rio Terrà della Maddalena, Tel. 041/529 71 11, Automaten tägl. ab 11, Tische tägl. 15–2.30 Uhr, *vaporetto:* San Marcuola). Auf dem Festland gibt es eine Filiale unweit des Flughafens in der Ca' Noghera. Ziehen Sie Abendkleidung an und vergessen Sie Ihren Ausweis nicht!

Es gibt zwei sehr gute Theater: das **Malibran** (Cannaregio 5873, Calle dei Milion, Tel. 041/78 66 03, Kartentel. 041/899 90 90 90; www.teatrolafenice.it) und das **Teatrino Groggia** (Cannaregio 3161, Calle del Capitello, Tel. 041/524 46 65). Beide führen gelegentlich Stücke oder Konzerte in englischer Sprache auf.

San Polo und Santa Croce

Erste Orientierung

Der obere Teil des Canal Grande umschließt San Polo und das angrenzende Santa Croce. Beide Stadtteilnamen beziehen sich auf dort stehende Kirchen. In beiden Vierteln gibt es eher wenig berühmte Sehenswürdigkeiten, dafür können Sie hier den venezianischen Alltag und die reizvolle Atmosphäre der Stadt erleben. Der Legende nach siedelten die ersten Bewohner Venedigs auf den Inseln am sogenannten Rivus Altus (oberes Ufer), später wurde daraus die heute übliche Bezeichnung Rialto. Dort geht es besonders lebhaft zu.

Die Märkte des Rialto und die umliegenden Straßen gehören zu den Touristenmagneten Venedigs. Boutiquen reihen sich hier an Souvenirläden und Geschäfte mit Lederaccessoires, dazwischen verkaufen Fischhändler, Bäcker und Metzger ihre Waren. Etwas weiter westlich steht die Kirche Santa Maria Gloriosa dei Frari mit sehenswerten Kunstschätzen. Die benachbarte Scuola Grande di San Rocco birgt einen berühmten Gemäldezyklus von Tintoretto. Wenn Sie durch enge Gässchen und über sonnige Plätze nach Norden spazieren, gelangen Sie zum nördlichsten Punkt des Canal Grande. Das Viertel rund um den Piazzale Roma ist allerdings nicht besonders reizvoll. Schlendern Sie lieber durch kleine Seitenstraßen zurück oder folgen Sie dem Lauf des Canal Grande bis zur reizvollen Ca' Pesaro, in der sich heute zwei interessante Museen befinden. In diesem Teil Venedigs können Sie auch den Abend verbringen: Wenn die Märkte schließen, öffnen in San Polo einige der schönsten und traditionsreichsten Bars und Restaurants der Stadt.

★ Nicht verpassen!

1. Rialto und Rialtobrücke ➤ 108
2. Mercato di Rialto ➤ 110
3. Santa Maria Gloriosa dei Frari ➤ 112
4. Scuola Grande di San Rocco ➤ 114

Nach Lust und Laune!

5. Ca' Pesaro ➤ 116
6. Palazzo Mocenigo ➤ 116
7. Campo San Polo ➤ 117

Seite 103: An der Rialtobrücke

Rechts: Steinerne Wandtafel
Unten: Einkaufsvergnügen in San Polo

An einem Tag

Die folgende Route ist eine Möglichkeit, wie Sie einige der interessantesten Sehenswürdigkeiten von San Polo und Santa Croce an einem Tag abklappern können. Nutzen Sie die Karte (➤ 104f) zur Orientierung, die einzelnen Highlights werden im Folgenden (➤ 108ff) näher beschrieben.

9 Uhr

Beginnen Sie den Tag an der **1 Rialtobrücke** (➤ 108f), der bis zum 19. Jahrhundert einzigen Brücke über den Canal Grande. Erkunden Sie anschließend die **Märkte** (links; ➤ 110f) und die umliegenden Straßen, die noch immer die Namen der einst ausschließlich dort gehandelten Waren tragen. Kaufen Sie alles für ein kräftiges Picknick ein oder streifen Sie durch die Souvenirläden und Boutiquen der Umgebung.

10.30 Uhr

Werfen Sie einen Blick in die Kirche San Giacomo di Rialto (➤ 110), die angeblich am selben Tag des Jahres 421 gegründet wurde wie die Stadt selbst. Trinken Sie danach einen Cappuccino an der Fondamenta del Vin (➤ 109) oder in einer der Dutzend Bars in der Umgebung des Marktes.

11 Uhr

Laufen Sie nach Nordosten zum **6 Palazzo Mocenigo** (➤ 116). Das prachtvolle Stadthaus aus dem 19. Jahrhundert mit freskenverzierten Räumen ist bei Touristen wenig bekannt. Wandern Sie dann durch die Gassen zwischen der Kirche San Stae und dem Bahnhof bis

zum schattigen Giardino Papadopoli, einem ehemals privaten Park am Rand des Canal Grande.

12.30 Uhr

Bummeln Sie durch die Einkaufsstraßen nach Osten zum 7 **Campo San Polo** (vorherige Seite unten; ➤ 117), Venedigs zweitgrößtem Platz.

13 Uhr

Ruhen Sie sich aus, und essen Sie eine Kleinigkeit in einer der vielen Bars dieses Viertels. Schlecken Sie ein Eis aus einer der *Gelaterie* an der Frari.

14 Uhr

Auf dem Campo dei Frari steht die große Kirche 3 **Santa Maria Gloriosa dei Frari** (links; ➤ 112f), ein gotischer Sakralbau mit sehenswerten Kunstwerken.

15.30 Uhr

Bewundern Sie einige der Bilder Tintorettos in der 4 **Scuola Grande di San Rocco** (➤ 114f), die zu den bedeutendsten Kunstschätzen Venedigs gehören. In der Kirche San Rocco auf der rechten Seite der Scuola gelegen können Sie weitere Gemälde des Künstlers betrachten.

17.30 Uhr

Schlendern Sie südwärts zum Campo San Pantalon mit der gleichnamigen Kirche aus dem 17. Jahrhundert. San Pantalon besitzt vermutlich das weltweit größte Ölgemälde auf Leinwand, ein Deckengemälde von Fumiani, das in 40 Trompe l'œil-Darstellungen die Geschichte des hl. Pantaleon erzählt.

19 Uhr

Mit dem *vaporetto* geht es von San Tomà über den Canal Grande zur Haltestelle San Silvestro. Essen Sie in der allseits beliebten Trattoria alle Madonna zu Abend (San Polo 594, Calle della Madonna, Tel. 041/522 38 24).

1 Rialto und Rialtobrücke

Der Rialto flattert als Postkartenmotiv jährlich millionenfach in Briefkästen in aller Welt. Der erste unmittelbare Anblick gleicht daher meist einem Déjà-vu-Erlebnis. Manche Urlauber empfinden die Brücke (Ponte di Rialto) und die umliegenden Straßen als zu touristisch, dennoch steht das historische Viertel weit oben auf der Liste der Sehenswürdigkeiten Venedigs.

Das Wort »Rialto« stellt eine Verstümmelung von *rivo alto* (oberes Ufer) dar. Tatsächlich lag das Gebiet einst höher als viele andere Teile der Lagune und war daher weniger stark vom Hochwasser bedroht. Hier befand sich deshalb die älteste Siedlung Venedigs. Im 10. und 11. Jahrhundert legte man das umliegende Gebiet nach und nach trocken, um Raum zu gewinnen. 1097 zog der Hauptmarkt von der anderen Seite des Canal Grande an seinen heutigen Ort und entwickelte sich bald zu einem der wichtigsten ökonomischen Zentren Europas. Im 12. Jahrhundert führte eine Bootsbrücke von einem Ufer zum andern; sie wurde im 13. Jahrhundert durch die erste von insgesamt drei Holzbrücken ersetzt.

WUSSTEN SIE DAS?
Die Rialtobrücke überspannt mit 28 m Breite und 7,5 m Höhe den Canal Grande, unter dem schon die alten Galeeren durchfahren konnten. Bis zum Bau des Ponte dell'Accademia (1854) ließ sich der Canal Grande nur hier zu Fuß überqueren. Die Accademia-Brücke wurde 1932 durch Holz ersetzt, die Bahnhofsbrücke 1934 aus Stein erbaut und die jüngste Fußgängerbrücke 2008 eröffnet.

Die »Wall Street des Mittelalters«

Während sich in San Marco das politische Zentrum der Republik befand, konzentrierten sich am Rialto Güter und Finanzen. Im Mittelalter kontrollierten venezianische Kaufleute von hier die Geschäfte zwischen Westeuropa und dem Fernen Osten, aus dem

Ein Abendbummel am Canal Grande lohnt sich

RIALTO UND RIALTOBRÜCKE: INSIDER-INFO

Top-Tipps: Nehmen Sie die **äußeren Stufen** der Brücke, um dem größten Gedränge zu entkommen, und **beobachten Sie den Bootsverkehr von ihrer Mitte aus.**

- Steigen Sie entweder in San Silvestro aus und laufen Sie durch die **weniger frequentierte *Calle***, oder in Rialto Mercato, wo Sie direkt zum Markt gelangen.
- In den **Läden am Rialto** können Sie preisgünstig Kleidung, Schuhe und Accessoires erstehen.

sie die begehrten Gewürze und Seidenstoffe importierten. Auch die Büros der Reeder, die Vertretungen großer europäischer Banken und die Niederlassungen internationaler Handelsgesellschaften lagen in diesem Bezirk. Nachdem Vasco da Gama Ende des 15. Jahrhunderts das Kap der Guten Hoffnung umrundet hatte, verloren die Venezianer ihre Monopolstellung im Handel mit dem Fernen Osten, und der Rialto verlor an Bedeutung. 15 Jahre später zerstörte ein Feuer große Teile des Viertels, das jedoch rasch wieder aufgebaut wurde. Nur **San Giacomo** (► 110) blieb verschont.

Oben: Einheimische und Touristen im Gedränge der engen Gassen des Rialto

Architekturwettbewerb

Die heutige **Brücke** entstand zwischen 1588 und 1591. An einer Ausschreibung im Jahre 1524 hatten sich u. a. Palladio, Sansovino und eventuell Michelangelo beteiligt. Den Zuschlag erhielt jedoch der Venezianer Antonio da Ponte für seine kühne einbogige Marmorkonstruktion. Läden und Arkaden kamen erst später hinzu.

Unterhalb der Brücke erstreckt sich die **Fondamenta del Vin**, an der einst Weinfässer ausgeladen wurden. Sie gehört zu den wenigen Abschnitten des Canal Grande, an denen man direkt am Wasser entlanglaufen und auch einkehren kann.

KLEINE PAUSE

Kommen Sie in den Genuss lokaltypischer Atmosphäre, wie sie die **Trattoria Antico Dolo** (San Polo 778, Ruga Vecchia, Tel. 041/522 65 46) zu bieten hat, und essen Sie dort fantasievolle *cicheti* (Snacks) oder ein ganzes Menü.

193 F1 Rialto I, Rialto/San Silvestro/Rialto Mercato

2 Mercato di Rialto

Durch und durch venezianisch geben sich die Rialtomärkte. Bahnen Sie sich Ihren Weg zwischen feilschenden Hausfrauen hindurch, hören Sie den Angebotsrufen der Händler zu, genießen Sie den Duft von Fisch, Fleisch, Obst und Gemüse und lassen Sie sich durch das Labyrinth der alten *calle* (Gässchen) treiben. Spätestens hier wird einem klar, dass Venedigs Reichtum aus dem Handel hervorging.

Einst reisten Kaufleute aus ganz Europa zum Rialto, um dort mit Edelsteinen, Gold, Silber, Gewürzen und Seide zu handeln. Die Einheimischen kauften derweil in den umliegenden Straßen ein, die bis heute die Namen der dort gehandelten Produkte tragen. Die Verkäufer versorgten sich im Gewirr der winzigen Straßen mit Wasser aus Brunnen, denen ebenfalls viele Orte ihre Bezeichnung verdanken. Nach wie vor sind Schmuckhändler ansässig auf der Brücke (➤ 108f), aber verkauft werden heute vorrangig Lebensmittel.

Auf der Seite von San Polo liegt rechts hinter der Rialtobrücke der **Campo San Giacomo** mit dem Obstmarkt. Außerdem steht hier eine der ältesten Kirchen Venedigs. Der Legende nach wurde **San Giacomo di Rialto** am 25. März 421, dem Tag der Stadtgründung, geweiht. Der Grundriss in Form eines griechischen Kreuzes und der Portikus blieben erhalten. Im

Innern recken sich alte griechische Marmorsäulen mit Kapitellen aus dem 11. Jahrhundert empor. Die Uhr über der Tür kam im 15. Jahrhundert hinzu und ging seither fast immer falsch.

Herrliches Sortiment

Auf dem benachbarten **Campo Battisti** stapeln sich Obst und Gemüse an den Ständen. Die Metzger verkaufen unter anderem das in Italien beliebte Pferdefleisch. Dahinter folgt der **Campo della Pescarìa**, der Fischmarkt. Ganz in der Nähe finden Sie Backwaren, *alimentari*, Pasta, Trockenfrüchte und Bohnen, Käse, Tee, Kaffee und Gewürze – denken Sie hier an ein Souvenir!

KLEINE PAUSE

Stellen Sie auf dem Markt oder in einem der Lebensmittelläden ein Picknick zusammen und genießen Sie es auf einem ruhigen *campo*. Einkehren können Sie in einigen der ältesten *bàcari* Venedigs, z.B. im **Da Pinto** (San Polo 367, Campo delle Beccarie, Tel. 041/522 45 99).

Oben: Reges Treiben an einem Stand im Rialto

Links: Lieferung aller erdenklichen Waren

193 E2 ✉ Campo San Giacomo di Rialto, Campo Battisti, Campo della Pescarìa und angrenzende Straßen 🕐 Markt. 7.30–12.30 Uhr ⛴ 1, San Silvestro, 1, 2, Rialto

MERCATO DI RIALTO: INSIDER-INFO

Top-Tipps: Denken Sie daran, der Fischmarkt bleibt **montags geschlossen.**

- Bummeln Sie kurz nach **Morgengrauen** über den Markt, wenn die Frachtkähne ankommen und die Händler ihre Waren auspacken.
- Achten Sie beim Obst- und Gemüsekauf auf das **Nostrano**-Etikett, ein Gütezeichen für Erzeugnisse aus der Region, die überwiegend von der Garteninsel Sant'Erasmo (► 152) stammen.

Geheimtipp: Auf dem Campo San Giacomo steht gegenüber der Kirche ein Säulenstumpf bei einer Treppe, die von einer knienden Figur gestützt wird. Bei dieser Figur handelt es sich um den **Gobbo di Rialto**, den Buckligen von Rialto. Im Mittelalter wurden Übeltäter nackt unter Stockschlägen von der Piazza San Marco bis hierher getrieben – als Alternative zum Kerker.

Muss nicht sein! Meiden Sie die mit Kitsch vollgestopften, überteuerten **Souvenirstände** an der Rialtobrücke.

3 Santa Maria Gloriosa dei Frari

Im Herzen eines typisch venezianischen Gassenlabyrinths steht die 1250 geweihte Franziskanerkirche (*frari* bedeutet im venezianischen Dialekt »Mönche«). Die heute 98 Meter lange, 46 Meter breite und 28 Meter hohe höhlenartige gotische Kirche entstand überwiegend im 14. und 15. Jahrhundert. Das zweitgrößte Gotteshaus der Stadt beherbergt bedeutende Gemälde, Denkmäler und Skulpturen sowie die Grabmäler einiger der berühmtesten Venezianer.

Im hinteren Teil des **Hauptschiffs** befindet sich das Grabmal Tizians aus dem 19. Jahrhundert. Ihm gegenüber birgt das ursprünglich für Tizian bestimmte Monument das Herz des Bildhauers Antonio Canova (1757–1822). Unweit des Hauptaltars steht das Foscari-Denkmal. Es erinnert an den gleichnamigen Dogen aus dem 15. Jahrhundert, der 34 Jahre lang regierte. Ein prachtvoller **Lettner** aus dem 15. Jahrhundert trennt den **Coro dei Frati (Mönchschor)** vom Hauptschiff. Die 124 hölzernen Chorstühle von Marco Cozzi (1468) sollten Sie wegen der darauf dargestellten Stadtansichten genauer betrachten. Der Komponist Monteverdi (1567–1643) wurde in einer Kapelle links vom Hochaltar beigesetzt. Donatellos (um 1386–1466) *Johannes der Täufer* in der Kapelle rechts vom Hochaltar ist das einzige venezianische Werk des Florentiner Meisters.

Die Gemälde sind die größten Kunstschätze der Kirche, wobei Tizians dynamische *Himmelfahrt Mariens* über dem Hochaltar, seine *Madonna di Ca' Pesaro* auf der linken Seite des

TIZIAN

Tiziano Vecellio, bekannt als Tizian, wurde 1487 geboren und beherrschte die Malerei Venedigs im 16. Jahrhundert bis zu seinem Tod während der Pestepidemie von 1576. Seine Porträts und Bilder zu mythologischen Themen waren in ganz Europa bekannt; seine berühmtesten Werke hängen in Venedig. Die *Himmelfahrt Mariens* (1518) in der Frari, eines der größten Gemälde der Welt, ist ein Meisterwerk der Pinselführung und Farbgebung. Tizian beherrschte diese Techniken wie kein anderer und sie erreichen ihren Höhepunkt in der unvollendeten *Pietà* in der Accademia. Er war das einzige Pestopfer, das innerhalb der Stadtmauern beigesetzt wurde.

Oben: Tizians berühmte *Himmelfahrt Mariens*

Links: Das geschnitzte hölzerne Chorgestühl verdient eingehendere Betrachtung

Schiffs und Giovanni Bellinis ruhig-erhabenes Triptychon der *Jungfrau mit Kind mit den Heiligen Nikolaus, Petrus, Benedikt und Markus* in der Sakristei besonders hervorstechen.

KLEINE PAUSE

Gehen Sie zum Campo San Polo für eine Pizza bei **Da Sandro** (San Polo 1473, Campiello dei Meloni, Tel. 041/523 48 94) oder ein Menü im gleichnamigen Restaurant gleich gegenüber.

197 F5 **Campo dei Frari** **041/275 04 62; www.chorusvenezia.org**
Mo–Sa 9–18, So 13–18 Uhr **preiswert** **1, 2, San Tomà**

SANTA MARIA GLORIOSA DEI FRARI: INSIDER-INFO

Top-Tipp: Machen Sie, nachdem Sie die Kirche betreten haben, eine kurze **Pause im hinteren Teil** der Kirche, um sich zu orientieren und den Raum in seiner Gesamtheit wahrzunehmen.

Ein Muss!
- Tizians ***Himmelfahrt Mariens*** und ***Madonna di Ca' Pesaro***
- **Chorgestühl** von Marco Cozzi
- Donatellos ***Johannes der Täufer***
- Giovanni Bellinis ***Jungfrau mit Kind und Heiligen***

Außerdem Das rings um zwei Kreuzgänge erbaute ehemalige Franziskanerkloster beherbergt seit 1815 das **Archivio di Stato (Staatsarchiv)**. In den rund 300 Räumen lagern die offiziellen Dokumente zur venezianischen Stadtgeschichte – insgesamt über 15 Millionen Bücher und Manuskripte.

4 Scuola Grande di San Rocco

Venedig hat einige Kunstschätze zu bieten, doch selbst hier nimmt Tintorettos phantastischer Gemäldezyklus in den Sälen der Scuola Grande di San Rocco eine Sonderstellung ein. Der Künstler gewann den für den Hauptsitz der reichsten *scuola* des 15. Jahrhunderts ausgeschriebenen Wettbewerb, indem er statt einer Skizze ein fertiges Gemälde vorlegte, das er durch 54 weitere Bilder innerhalb von 23 Jahren ergänzte. Das meisterhafte Ergebnis seiner Arbeit sollten Sie unbedingt ansehen.

Der aus Frankreich stammende hl. Rochus, der Pestkranke pflegte und Hunde mochte, war im mehrfach von der Pest heimgesuchten und zudem hundefreundlichen Venedig stets sehr beliebt. 1478 wurde eine Bruderschaft mit seinem Namen gegründet. Die Scuola entstand zwischen 1516 und 1560 und wurde zwischen 1564 und 1587 von Tintoretto (► 22, 97) ausgestaltet.

Gemäldezyklus

Die ältesten Gemälde befinden sich in der **Sala dell'Albergo (Sitzungssaal)** im Obergeschoss. Hier hängt das Bild *Der hl. Rochus im Glorienschein*, mit dem Tintoretto den Wettbewerb gewann. **Die Kreuzigung**, eines der faszinierendsten Werke des Künstlers, beeindruckte den Kritiker Ruskin so stark, dass er sie »über jede Interpretation und jedes Lob erhaben« glaubte. Die angrenzende **Obere Halle** schmückte Tintoretto mit Szenen aus dem Alten Tes-

DIE VENEZIANISCHEN *SCUOLE*

Bei den *scuole* (Schulen) handelte es sich um Laien-Bruderschaften, die sich unter den Schutz eines Heiligen stellten und karitative Einrichtungen unterhielten. Später unterstanden sie dem Staat und vertraten die Interessen verschiedener Gruppen innerhalb der Bürgerschaft. Im 16. Jahrhundert gab es in Venedig sechs *scuole grandi* (große Schulen) und über 200 *scuole piccole* (kleine Schulen). Jede der großen Schulen besaß eigene Gebäude, die in der Regel eine Eingangshalle, einen Kapitelsaal und einen *albergo* (Sitzungssaal) umfassten. Gemäldezyklen bildeten den Dekor und unterstrichen den Reichtum der *scuola*. Die Scuola di San Rocco blieb auch unter Napoleon bestehen und tritt bis heute alljährlich zusammen.

tament an der Decke und einem Zyklus zum *Leben Jesu* an den Wänden. Auch hier zeugt das Zusammenspiel von Komposition, Licht und Farben vom Genie des Künstlers. Unterhalb der Gemälde sehen Sie allegorische Holzfiguren wie eine Karikatur Tintorettos direkt unter dem Bild *Jesus im Garten Gethsemane*. Als der Künstler mit den Arbeiten an der **Halle im Erdgeschoss** begann, war er bereits über 60 Jahre alt. Geradezu impressionistisch wirken *Die Verkündigung* und *Die Flucht nach Ägypten*.

Oben: Die prachtvolle Haupthalle der Scuola

Links: Bartolomeo Bons Fassade der Scuola

Unten: Tintorettos Meisterwerke

KLEINE PAUSE

Da Sandro (San Polo 1473, Campiello dei Meloni, Tel. 041/523 48 94) ist gut von San Rocco oder der Frari zu erreichen.

197 E4 Campo San Rocco 041/523 48 64; www.scuolagrandesanrococo.it Mo–Sa 10–17 Uhr teuer 1, 2, San Tomà

SCUOLA GRANDE DI SAN ROCCO: INSIDER-INFO

Top-Tipps: Wenn Sie die Gemälde in ihrer Entstehungsreihenfolge betrachten möchten, müssen Sie in der Sala dell'Albergo **neben der Oberen Halle beginnen.**

- Am Kartenschalter können Sie einen **Audioguide** leihen, der über die Scuola und die Gemälde informiert. Außerdem liegen **Raumpläne und Infoblätter** aus.
- Benutzen Sie die in den verschiedenen Räumen vorhandenen **tragbaren Spiegel**, um Details der Deckengemälde genauer zu betrachten.

Nicht verpassen! Die **Gemälde Tizians und anderer Künstler** im Erdgeschoss verdienen eine Betrachtung.

Nach Lust und Laune!

DAS ÄLTESTE GEWERBE DER WELT
Ponte delle Tette, der Name einer Brücke nahe des Campo San Polo, bezieht sich auf die Prostituierten, die hier einst mit entblößten Brüsten auf ihre Freier warteten. 1509 gingen in Venedig über 11 650 Frauen diesem Gewerbe nach. Der Venezianer Marin Sanudo veröffentlichte eine Liste mit Adressen und Preisen von 210 Freudenmädchen. Nach dieser hätte es 1200 Scudi gekostet, sich mit allen zu vergnügen.

Barock vom Feinsten: die Ca' Pesaro

5 Ca' Pesaro

Seine Pracht verdankt der Palazzo Pesaro – meist nur Ca' Pesaro – Baldassare Longhena (► 23), der 1628 begann, diesen barocken Palast zu erbauen, und Antonio Gaspari, der ihn im Jahre 1710 vollendete. Seit dem frühen 20. Jahrhundert beherbergt er zwei Museen: Die **Galleria d'Arte Moderna (Museum für moderne Kunst)** umfasst eine Sammlung mit Werken des späten 19. und des 20. Jahrhunderts. Das **Museo d'Arte Orientale (Museum für Fernöstliche Kunst)** zeigt japanische Kunst der Edo-Zeit (1600 bis 1868), die der Conte di Borbone im 19. Jahrhundert zusammentrug.

193 D2 Santa Croce 2070, Fondamenta Ca' Pesaro 041/721 127; www.museicivicveneziani.it
Di–So 10–17 Uhr mittel
1, San Stae

6 Palazzo Mocenigo

Dieser prächtige Palazzo wurde im 17. Jahrhundert für eine der einflussreichsten Familien der Stadt erbaut, die nicht weniger als sieben Dogen stellte. Der größte Saal, der *portego*, zieht sich über die gesamte Länge des Gebäudes. Das Vorzimmer ist mit kostbarer roter Seide und Spiegeln aus dem 18. Jahrhundert ausgestattet. Der Palazzo Mocenigo beherbergt das Museo del Tessuto e del Costume, ein Museum für Stoffe und Kostüme mit eleganten Seidengewändern, unbequemen Korsetts und hochhackigen Schuhen, die von der Liebe der Italiener zur *bella figura* zeugen.

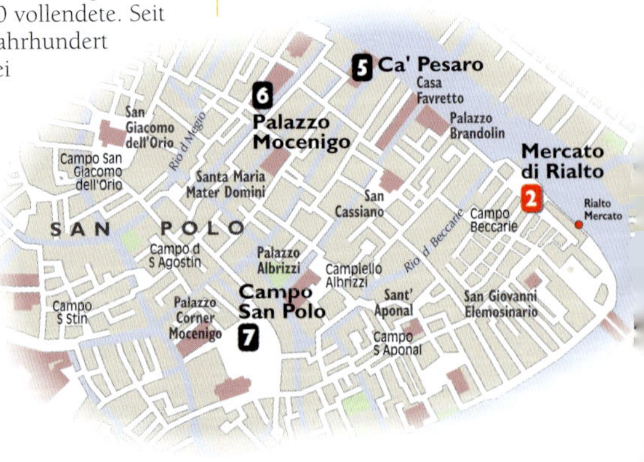

Bäume werfen ihre Schatten auf das verwitterte Stuckdekor am Campo San Polo

7 Campo San Polo

Der größte Platz auf der Westseite des Canal Grande liegt an einer der Hauptstraßen vom Rialto zur Accademia. Schöne Palazzi säumen den beliebten Treffpunkt, an dem immer eine Menge los ist. In früherer Zeit fanden auf dem ziegelgepflasterten Platz religiöse Feste, Stierkämpfe und Theatervorführungen statt. Im Sommer dient er heute als Freilichtkino, allabendlich drängen sich bei den Vorstellungen rund 1000 Menschen.

Bis 1761 führte an der Ostseite ein Kanal entlang, dessen Verlauf noch deutlich an der gewundenen Linie der Palazzi zu erkennen ist. Besonders sehenswert sind die Palazzi Soranzo, zwei gotische Stadthäuser, und der Palazzo Corner Mocenigo aus dem 16. Jahrhundert. Die Kirche **San Polo** erhebt sich abseits des Platzes mit Blick auf den Rio di San Polo. Sie wurde im 19. Jahrhundert stark umgebaut, besitzt jedoch noch schöne Überbleibsel aus dem 15. Jahrhundert. Zwei steinerne Löwen ruhen an der Basis des 1362 erbauten, frei stehenden Glockenturms. Im Innern birgt das Kreuzoratorium einen Kreuzweg mit 14 Stationen, den Giandomenico Tiepolo, der Sohn von Giambattista Tiepolo, gestaltete.

192 C1 Kirche San Polo ✉ Campo San Polo ☎ 041/275 04 62; www.chorusvenezia.org Mo–Sa 10–17 Uhr preiswert 1, 2, San Tomà, 1, 2, San Silvestro

192 C2 ✉ Santa Croce 1992, Salizzada San Stae ☎ 041/721 798; www.museicivicivenezianі.it Di–So 10–16 Uhr Kombiticket für den Palazzo Ducale, das Museo Civico Correr, Museo dell'Arte Vetraria und Museo del Merletto sowie den Palazzo Mocenigo möglich: mittel 1, 2, San Stae

BRUNNEN UND WASSER

Jeder venezianische *campo* besitzt seinen Brunnen. Sie entstanden, bevor man Trinkwasser über einen Aquädukt vom Festland auf die Inseln leitete. Jeder Brunnen umfasst eine fünf Meter tiefe, mit Sand gefüllte Zisterne, die mit einer wasserundurchlässigen Schicht ausgekleidet ist. Im Zentrum steht der gemauerte Brunnenschacht, der durch winzige Drainagelöcher mit dem Sand verbunden ist. Dringt Regenwasser in die Erde ein, wird es durch den Sand gefiltert und fließt dann in den Schacht, durch den man es nach oben pumpen kann.

Wohin zum ... Essen und Trinken?

Preise
Die Preise gelten pro Person für ein Essen ohne Getränke.
€ unter 35 Euro €€ 35–55 Euro €€€ über 55 Euro

BÀCARI, BARS UND *GELATERIE*

Antica Osteria Ruga Rialto €

Im Gebiet rund um die Rialtomärkte gibt es eine Vielzahl reizvoller *bàcari*. Das Ruga Rialto bietet eine phantastische Auswahl an typisch venezianischen *cicheti* (Snacks), darunter *sarde fritte* (frittierte Sardinen) und *polpette* (Frikadellen). Mittags schmeckt auch ein Teller Spaghetti *al nero* (mit Tintenfischtinte), dazu ein Glas Hauswein.

193 E1 San Polo 692, Ruga Rialto 041/521 12 43 tägl. 11–15, 18–24 Uhr San Silvestro

Bottega del Caffè Dersut €

Durch riesige Fenster blickt man in das atmosphärisch gestaltete, moderne Café, wo Sie Ihren ganz speziellen Kaffee an der Bar oder auf einem der gemütlichen Sofas genießen können. Diesen gibt es nämlich in den verschiedensten Variationen – geschmacklich wie optisch –, viele sind mit Sahne verfeinert. Oder bestellen Sie einen nach Ihren individuellen Wünschen zubereiteten Gemüse- oder Fruchtcocktail. Die angebotenen Kuchen und das Gebäck sind zudem eine Versuchung wert und munden hervorragend zu einer Tasse Espresso.

197 F4 San Polo 3014, Campo dei Frari 041/303 21 59 Mo–Sa 18–20, So 20–1 Uhr San Tomà

Cantina Do Mori €

Das Do Mori, einer der historischen *bàcari* Venedigs, ist über 500 Jahre alt. Es befindet sich im Durchgang zwischen zwei schmalen Gassen und bietet eine riesige Weinkarte sowie eine reiche Auswahl an *cicheti* (Snacks), die an der langen Theke serviert werden (es gibt keine Sitzplätze). Kosten Sie ein *francobollo*-Sandwich (wörtlich: Briefmarke) mit einem Glas Prosecco.

193 E1 San Polo 429, Calle dei do Mori 041/522 54 01 Mo–Sa 8.30 bis 20.30 Uhr, 2 Wochen im August geschl. San Silvestro, Rialto

OSTERIE, TRATTORIE UND *RISTORANTI*

Antiche Carampane €€–€€€

Dieses der Gruppe Buona-Accoglienza (➤ 39) angehörende Restaurant liegt außerhalb des Touristenrummels und hat sich auf Fisch und Meeresfrüchte spezialisiert, die – wunderbar zubereitet und elegant angerichtet – in ansprechendem Ambiente serviert werden. Hier paart sich traditionelle Küche mit modernen Elementen, was sich in Gerichten wie *spaghetti alla granseola* (Spaghetti mit Seespinne), *cassopipa* (Spaghetti in pikanter Fischsauce) oder *branzino in salsa di peperoni* (Seebarsch an süßer Pfeffersauce) widerspiegelt. Die Weinkarte ist lang, und die Desserts sind leicht und phantasievoll.

193 D2 San Polo 1911, Ponte delle Tette 041/524 01 65; www.veneziaristorante.it Mo 19.30–22.30, Di–Sa 12.20–15, 19.30 bis 22.30 Uhr San Silvestro/Rialto Mercato

Il Refolo €–€€

Wunderschön an einem Kanal ganz in der Nähe einer der stimmungsvollsten *campi* Venedigs gelegen, gehört Il Refolo zu den besten Pizzerien der Stadt. Sie wird vom Sohn der Besitzer des Da Fiore geführt und serviert hervorragende Pizzen, beste Salatkreationen und schnörkellose und gut zubereitete

Fleisch- und Fischgerichte. Im Sommer sitzen Sie draußen am besten.
192 B2 Santa Croce 1459, Campiello del Piovan (bei Campo San Giacomo dell'Orio) 041/525 00 16 Di–So 12–14.45, 19–23 Uhr Riva di Biasio, San Stae

La Zucca €–€€

»Der Kürbis« ist eine freundliche Trattoria mit guter Hausmannskost, die überwiegend auf frischem Gemüse basiert. Nehmen Sie am Fenster oder im Freien Platz und probieren Sie Paprikaschoten mit Balsamico, Pasta mit sizilianischer Sauce, Grillhuhn in Zazikisauce oder eins der phantasievollen Desserts.
192 C2 Santa Croce 1762, Ponte del Megio, San Giacomo dell'Orio 041/524 15 70 Mo–Sa 12.30 bis 14.30, 19–22.30 Uhr San Stae

MuroVenezia Frari €–€€

Dunkles Holz und minimalistisches Design schaffen in dem tagsüber durchgehend geöffneten Bar-Restaurant ein Gefühl von Weite und Moderne. Die Karte bietet verschiedene Pizzen sowie die gängigen italienischen oder venezianischen Gerichte. Ideal eignet sich ein Besuch nach dem morgendlichen Sightseeing-Programm. Das MuroVenezia unterhält weitere Ableger in Rialto und am Campiello dello Spezier in Santa Croce.
197 F4 San Polo 2604 B/C, Rio Tera dei Frari 041/524 53 10 Fr–Mi 11–22.30 Uhr San Tomà

Trattoria Da Ignazio €€

Seit 50 Jahren bietet dieser Familienbetrieb hausgemachte venezianische Spezialitäten. Meeresfrüchte aus der Lagune, darunter frische *granseola* (Seespinne), *caparozzoli* (Venusmuscheln) und *capesante* (Jakobsmuscheln) werden serviert. Köstlich schmeckt auch Pasta mit *seppie* (Tintenfisch) in eigener Tinte oder mit gemischten Meeresfrüchten. Im Sommer sitzt man im schattigen Hof. Da Ignazio trägt das Buona-Accoglienza-Gütezeichen (➤ 39).
198 A5 San Polo 2749, Calle dei Saoneri 041/523 43 52 So–Fr 12.30–14.30, 19.30–22 Uhr San Tomà

Wohin zum ... Einkaufen?

Die Lebensmittel- und Fischmärkte am Rialto liegen im Herzen des lebhaften Stadtteils und sind eine Tour wert – auch wenn Sie nicht vorhaben zu kochen. In den umliegenden Straßen befinden sich jede Menge tolle Delikatessläden, wo man schnell schöne Mitbringsel findet. Die Straßen gen Süden in Richtung Frari eignen sich hingegen, um Kleidung, Leder- und Haushaltswaren in der mittleren Preisklasse zu erstehen. Santa Croce, nordwestlich vom Rialto, ist einer der ruhigsten Stadtteile – hier kaufen größtenteils Einheimische ein und die Preise sind entsprechend niedriger.

Die **Drogheria Mascari** (San Polo 381, Ruga Spezieri, Tel. 041/022 97 62) ist ein wunderbarer, traditioneller Lebensmittel- und Gewürzhändler und gehört zu den besten Läden in der Gegend um den Markt. Trockenfrüchte, Tee, Gewürze und Nüsse türmen sich neben Gläsern mit Trüffeln, köstlichen Keksen und Schokolade – hier kann man toll Geschenke einkaufen. Wem nach Pikantem ist, sollte die **Casa del Parmigiano** (San Polo 214/215, Erberia, Tel. 041/520 65 25) besuchen, eine alteingesessene *salumeria* (Wurstgeschäft) in Familienhand, die Schinken, *salame* (Salami) und Käse aus ganz Italien in Spitzenqualität verkauft. Auf Wunsch wird vakuumverpackt. Traditionelle venezianische Kuchen und Gebäck kann man bei **Premiata Pasticceria Rizzardini** (San Polo 1415, Campiello dei Meloni, Tel. 041/522 38 35) nicht nur kaufen, sondern direkt bei einem Kaffee verkosten. Gourmets werden **Aliani** (654 San Polo, Ruga Vecchia San Giovanni, Tel. 041/522 49 13) lieben: ein Feinkostladen, in dem Sie Schinken, Öl, Essig und Brot in Topqualität bekommen – allerdings recht teuer.

Wenn Sie lieber Kleidung kaufen möchten, gehen Sie Richtung San Polo zur Ruga Rialto, wo es tolle Lederwaren gibt. **Francis Model** (San Polo 773A, Ruga Rialto, Tel. 041/521 28 89) ist ein Familienunternehmen, das Taschen, Geldbörsen und Aktentaschen aus geschmeidigem Leder herstellt, die perfekt zu den eleganten und zeitlosen Stricksachen von **L'Erbavoglio** (San Polo 777/A, Ruga Rialto, Tel. 041/523 03 64) passen. Modische Jacken, Mäntel und Accessoires aus indischer Seide und feiner Wolle in leuchtenden Farben gibt es bei **Hibiscus** (San Polo 1061, Calle dell'Olio, Tel. 041/ 520 89 89). Dazu passen die leuchtenden *friulane* (venezianische Pantoffeln) aus Samt, Brokat und Filz von **Parutto** (669 San Polo, Ruga Rialto, Tel. 041/523 14 55). Ganz in der Nähe, am Campo Sant'Aponal, bietet **Valeria Bellisano** (San Polo 1226, Tel. 041/ 522 33 51) wunderschöne, originelle Hüte und Schals an. **Balocloc** (2134 Santa Croce, Calle Lunga, Tel. 041/524 05 51), einige Straßen weiter, ist ein ebenso guter Tipp. Für den venezianischen Touch in Ihrem Heim sorgt **Colorcasa** (San Polo 1989/1991, Calle della Madonneta, Tel. 041/523 60 71), eine Fundgrube für prächtige Stoffe, Kissen, Bettwäsche, Vorhänge und Quasten.

Bei **Tragicomica** (San Polo 2800, Calle dei Nomboli, Tel. 041/721 102) in der Nähe von San Tomà gibt es wunderschöne Masken; direkt gegenüber verkauft **Sabbie e Nebbie** (San Polo 2768, Tel. 041/71 90 73) Keramik im italienischen und orientalischen Stil, um die Ecke an der Calle Seconda dei Saoneri bei **Gilberto Penzo** (San Polo 2681, Tel. 041/719 372) sind Miniaturboote und Gondelbausätze zu haben.

Wohin zum ... Ausgehen?

San Polo und Santa Croce bieten auch nach Einbruch der Dunkelheit allerlei an Unterhaltung. Im Sommer spielt sich das meiste auf den beiden Plätzen San Giacomo dell'Orio und San Polo ab. Dort gibt es gut besuchte Cafés und Bars und San Polo verwandelt sich im Sommer in ein riesiges Open-Air-Kino.

Die Gegend wartet mit einigen schönen Veranstaltungsorten auf, an denen venezianische Musik des 18. Jahrhunderts gespielt wird. Die schönsten sind die **Scuola Grande San Giovanni Evangelista** (San Polo 2545, Campiello della Scuola, Tel. 041/718 234; www.scuolasangiovanni.it), wo im Winter auch Opern aufgeführt werden, und die **Scuola Grande di San Rocco** (Campo San Rocco, Tel. 041/523 48 64, www.scuolagrandesanrocco.it), ein passend opulenter Hintergrund für die dort erklingende Barockmusik. Auch die herrliche **Basilica dei Frari** veranstaltet ganz in der Nähe Konzerte – manchmal sogar kostenlos, so wie auch die stimmungsvolle, sehr alte Kirche **San Giacomo am Rialto** (Campo di San Giacometto, Tel. 041/ 426 65 59).

Blues- und Jazzbegeisterte gehen ins **Bagolo** (Santa Croce 1584, Tel. 041/347 36 65 06) am hübschen Campo San Giacomo dell'Orio; in der **Easy Bar** (Santa Croce 2119, Campo Santa Maria Mater Domini, Tel. 041/524 03 21) trifft man Studenten und junge Leute bei den regelmäßigen Rock- und Jazzabenden.

Dorsoduro und Giudecca

Erste Orientierung

Der Name Dorsoduro – »harter Rücken« – bezieht sich auf den festen Boden unter diesem Viertel. Der faszinierende *sestiere* (Stadtteil) mit seinen vielen historischen Gebäuden, sehenswerten Kirchen und malerischen Flecken wird im Nordosten vom Canal Grande und im Süden vom Canal della Giudecca, einem Tiefwasserkanal, begrenzt. Hier befinden sich auch die drei großartigen Kunstsammlungen Venedigs, die Gallerie dell' Accademia, die Collezione Peggy Guggenheim und die Punta della Dogana.

Im Osten des Bezirks wachen die imposante Kirche Santa Maria della Salute und die Punta della Dogana, das alte Zollhaus der Republik und heute bedeutendes Zentrum für zeitgenössische Kunst, über die Einfahrt zum Canal Grande. Die lang gestreckte *fondamenta* der Zattere führt von hier nach Süden am Canal della Giudecca entlang. Gleich dahinter liegt eines der schicksten Wohnviertel Venedigs mit stillen Plätzen, hübschen *rii* (kleinen Kanälen), Lebensmittelgeschäften und einer Reihe ausgezeichneter Restaurants. Westlich davon befindet sich die Accademia an der gleichnamigen Brücke, einer von vieren, die über den Canal Grande führen. Die Hauptstraße zieht sich von dort aus nach Westen zum

Links: Die Insel Giudecca
S. 123: Kirche Il Redentore auf Giudecca

★ Nicht verpassen!

1. Gallerie dell'Accademia ➤ 126
2. Ca' Rezzonico ➤ 130
3. Collezione Peggy Guggenheim ➤ 132

Seite 121: Ein Schrein auf der Fondamenta Briata im Dorsoduro

Nach Lust und Laune!

4. Squero di San Trovàso ➤ 134
5. Zattere ➤ 134
6. Campo Santa Margherita ➤ 134
7. Santa Maria della Salute ➤ 134
8. Punta della Dogana ➤ 134
9. La Giudecca ➤ 135

Campo Santa Margherita, einem prachtvollen, geschäftigen Platz, der den zentralen Treffpunkt des *sestiere* bildet. Nur wenige Minuten läuft man bis zum Canal Grande, an dem sich in diesem Abschnitt u. a. die Ca' Rezzonico erhebt. Die weniger gepflegten Straßen rund um die Kirche San Nicolò dei Mendicoli und die schlichteren Häuser Giudeccas bilden einen interessanten Kontrast.

An einem Tag

Die folgende Route ist eine Möglichkeit, wie Sie einige der interessantesten Sehenswürdigkeiten von Dorsoduro und Giudecca an drei Tagen abklappern können. Nutzen Sie die Karte (➤ 123f) zur Orientierung, die einzelnen Highlights werden im Folgenden (➤ 126ff) näher beschrieben.

8.30 Uhr

Besichtigen Sie die 1 **Gallerie dell'Accademia** (➤ 126ff) vor dem Hauptansturm der Massen. Venedigs bedeutende Gemäldegalerie gehört mit der Piazza San Marco zu den Hauptsehenswürdigkeiten der Stadt. Konzentrieren Sie sich auf Ihre Lieblingsepoche oder Ihren Lieblingsmaler, und nehmen Sie sich Zeit!

11 Uhr

Spazieren Sie am Rio di San Trovàso entlang bis zur *squero* (Gondelwerft; ➤ 134) und trinken Sie anschließend einen Cappuccino in einer Bar an den Zattere (rechts), von denen aus Sie direkt auf die Insel Giudecca blicken.

11.30 Uhr

Folgen Sie den 5 **Zattere** (➤ 134) entlang nach Westen, dann dem Rio di San Sebastiano, und laufen Sie weiter bis zur Kirche **San Nicolò dei Mendicoli** (➤ 175), einer der ältesten und reizvollsten Kirchen der Stadt. Erkunden Sie die umliegenden Straßen, in die sich nur wenige Touristen verirren.

12.30 Uhr

Besuchen Sie kurz vor Schluss den Markt auf dem 6 **Campo Santa Margherita**, dem zentralen Platz des Dorsoduro (➤ 134). Suchen Sie sich mittags eine Bar oder ein Restaurant am Platz aus und gönnen Sie sich zum Nachtisch ein Eis bei Causin, einer der besten Eisdielen der Stadt.

14 Uhr

Folgen Sie dem Rio di San Barnaba bis zur Gemüsebarke am Ponte dei Pugni. Die Ausstellung in der 2 **Ca' Rezzonico** (oben; ➤ 130f) über das Venedig des 18. Jahrhunderts vermittelt einen Eindruck vom Reichtum der Stadt.

15.30 Uhr

Fahren Sie mit dem *vaporetto* über den Canal Grande bis Salute, und besichtigen Sie dort eines der Wahrzeichen Venedigs, die Kirche 7 **Santa Maria della Salute** (➤ 134).

16 Uhr

Liebhaber moderner Kunst sollten die 3 **Collezione Peggy Guggenheim** (➤ 132f) besichtigen. Die Sammlung mit Meisterwerken der Avantgarde ist in einem unvollendeten Palazzo aus dem 18. Jahrhundert am Canal Grande untergebracht. Oder besuchen Sie für die herausragende Sammlung von Schätzen des 21. Jahrhunderts die herrlich umgebaute 8 **Punta della Dogana** (➤ 134f).

18 Uhr

Schlendern Sie zurück zum Ponte dell'Accademia. Verweilen Sie ein wenig auf dem Campo San Vio, einem der wenigen Plätze direkt am Canal Grande.

19 Uhr

Spazieren Sie über den Canala della 9 **Giudecca** (➤ 135) und die Insel, bevor Sie im Mistrà (Giudecca 212/A, Fondamenta San Giacomo, Tel. 041/ 522 07 43) zu Abend essen. Nehmen Sie ein Boot zurück und einen Digestif in einer Bar am Ufer ein.

1 Gallerie dell'Accademia

Meisterwerke venezianischer Maler können Sie in Kirchen, Museen und Galerien in der gesamten Stadt besichtigen, doch keiner dieser Orte kommt der Gallerie dell'Accademia an Bedeutung gleich. Jeder Saal birgt Gemälde der bedeutendsten venezianischen Künstler, die Darstellungen umfassen tief religiöse, aber auch durch und durch weltliche Aspekte des Lebens. Die 24 Räume lassen sich gut bewältigen; außerdem ist es reizvoll, diese Werke an ihrem Entstehungsort zu sehen.

Das Museum ist Teil der Accademia di Belle Arti und verdankt viele seiner Schätze Napoleon, der 1807 Hunderte von Kirchen und religiösen Institutionen säkularisierte und mit ihren Kunstschätzen die Accademia füllte, um den Studenten Anschauungsobjekte zu bieten. Heute gilt das Museum als eine der besten Gemäldesammlungen Europas. Drei einst sakrale Gebäude, die Scuola Grande della Carità, die dazugehörige Kirche Santa Maria und das Klostergebäude der Lateranensischen Kanoniker beherbergen heute

Gemälde von Bellini und Giorgione sind in Saal 23 ausgestellt

DIE BEDEUTENDSTEN MEISTERWERKE

Wenn Sie sich mit venezianischer Malerei nicht gut auskennen, sollten Sie v. a. die folgenden Bilder anschauen. Sie sind nicht nur schön, sondern illustrieren auch, wie sich das für venezianische Künstler typische Spiel mit Licht und Farben allmählich entwickelte. Die Reihenfolge der Bilder entspricht jener in den Sälen.

- Paolo Venezianos Polyptychon ***Marienkrönung*** – Saal 1
- ***Maria auf dem Thron im Kreise von sechs Heiligen*** von Giovanni Bellini – Saal 2
- ***Das Gewitter*** von Giorgione – Saal 5
- Veroneses ***Gastmahl im Hause des Levi*** – Saal 10
- ***Das Markuswunder*** von Tintoretto – Saal 10
- ***La Pietà*** von Tizian – Saal 10
- ***Die Entführung des hl. Markus*** von Tintoretto – Saal 10
- ***Veduten und Genrebilder*** von Canaletto, Guardi und Pietro Longhi – Saal 17
- Der Zyklus ***Die Wunder der heiligen Kreuzreliquie*** von Gentile Bellini, Carpaccio und anderen – Saal 20
- Carpaccios ***Ursulazyklus*** – Saal 21
- Tizians ***Mariä Tempelgang*** – Saal 24

Oben: Kunstwerke von Vivarini sind in Saal 24 zu sehen

die Sammlung. Sie sind miteinander verbunden, wurden komplett umgestaltet und bieten heute einen faszinierenden Einblick in 500 Jahre venezianische Malerei.

Byzantinische und internationale Gotik

Nehmen Sie sich einige Minuten Zeit für die frühen Bilder. Die klaren Formen der westlichen Gotik verschmelzen hier mit byzantinischem Gold und hinterlassen einen östlich gestimmten Gesamteindruck. Die prächtige *Marienkrönung* von Paolo Veneziano (➤ 22) lässt diese Tradition gut erkennen, wogegen Spuren einer im Stil naturalistischeren internationalen Gotik in den Tieren und Vögeln des gleichnamigen Gemäldes von Michele Giambono zu sehen sind, die in der ehemaligen Haupthalle der Scuola Grande hängen.

Bellinis *Madonna mit Kind*

Früh- und Hochrenaissance

In den nächsten Sälen werden Sie vermutlich etwas mehr Zeit verbringen. Die Renaissance begann in Venedig später als an anderen Orten. Mitte des 15. Jahrhunderts entwickelte die Familie Bellini (► 22) einen ganz eigenen venezianischen Stil, in dessen Mittelpunkt die Darstellung Mariens im Kreise von Heiligen, die so genannte *Sacra Conversazione*, stand. In der Accademia gibt es hierfür mehrere schöne Beispiele wie Giovanni Bellinis Altarbild für San Giobbe, *Maria auf dem Thron im Kreise von sechs Heiligen*, ein Gemälde in warmen Farben mit zahlreichen architektonischen Details. Bellinis Arbeiten wurden von denen seines Schwagers Andrea Mantegna beeinflusst, der als Meister der perspektivischen Darstellung in die Geschichte einging. In der Accademia hängt u. a. sein *Hl. Georg*. Die Familie Bellini prägte ihrerseits den jungen Giorgione (► 22), der in der Werkstatt Giovanni Bellinis lernte. Sein Bild *Tempest*, das noch immer viele Rätsel aufgibt, zeigt wie hier primär Landschaft und Licht eine außergewöhnliche Atmosphäre schaffen. Venezianische Porträtmaler wie Lorenzo Lotto (um 1480–1556), dem es vorzüglich gelang, die Stimmung seines Gegenübers in dessen Gesichtszügen widerzuspiegeln, setzten den Trend fort. Es folgen die Meister der Hochrenaissance: Tizian, Tintoretto und Veronese (➤ 22). Tizians *Mariä Tempelgang* in schimmerndem Blau und matten Marmorfarben hängt noch an seinem ursprünglichen Ort in der Sala dell'Accademia, dem letzten Raum des Museums. Tintoretto und Veronese sind dagegen in den Sälen vertreten, die dem Entstehungszeitpunkt ihrer Bilder entsprechen. Versäumen Sie nicht Veroneses *Gastmahl im Hause des Levi*. Ursprünglich hatte der Künstler das Abendmahl zeigen wollen, doch enthielt das Gemälde so viele weltliche und anstößige Details, dass er es umbenennen musste, um sich nicht der Ketzerei verdächtig zu machen. Tintorettos dramatische *Entführung des hl. Markus* bildet zu Veroneses Bild einen scharfen Kontrast.

Veduten, Landschafts- und Genrebilder

Mehrere Säle befassen sich mit bekannten Landschaftsmalern wie Canaletto, Guardi, Longhi und den Arbeiten von Giambattista Tiepolo (➤ 22). Die Genrebilder vermitteln einen Eindruck vom Alltag der Venezianer, die sich kurz vor dem Ende der Republik buchstäblich zu Tode feierten.

Die Zyklen

Die daran anschließenden Säle führen zurück ins 15. Jahrhundert und widmen sich zwei großen Bilderzyklen, dem *Wunder der heiligen Kreuzreliquie* und dem *Ursulazyklus*. Ersteren schuf Gentile Bellini gemeinsam mit Carpaccio und anderen Künstlern, die Geschichte der Hl. Ursula gestaltete Carpaccio allein. Beide Zyklen enthalten zahlreiche Andeutungen und typische Details wie Schiffe und Gondeln, bekannte Gebäude oder prachtvollen Zierrat. Leihen Sie sich an der Kasse einen Audioguide aus, um die Darstellungen zu verstehen.

KLEINE PAUSE

Gehen Sie am Rio di San Trovàso entlang zum **Al Bottegon** (Dorsoduro 2104, Fondamenta Nani, Tel. 041/522 79 11), wo Sie in schöner Atmosphäre exzellente *panini* essen und dazu einen Wein aus der umfangreichen Karte trinken können.

198 A2 · Campo della Carità · 041/522 22 47; Führungen: 041/520 03 45; www.gallerieaccademia.org · Mo–Fr 9–18, Sa 9–14 Uhr · teuer · 1, 2, Accademia

GALLERIE DELL'ACCADEMIA: INSIDER-INFO

Top-Tipps: Die **Audioguides** leiten Sie zu den Höhepunkten der Sammlung. Nehmen Sie auch einen **Raumplan** mit.

- **Es gibt auch deutsche Führungen.** Fragen Sie an der Kasse nach Uhrzeit und Details – einige behandeln nur bestimmte Künstler oder Epochen.
- Wenn Sie ein bestimmtes Bild unbedingt sehen möchten, erkundigen Sie sich vorher, ob der entsprechende **Raum an diesem Tag auch wirklich geöffnet** ist.
- **Kommen Sie ganz früh oder sehr spät**, um das größte Gedränge zu vermeiden.
- Das geringfügig teurere Kombiticket schließt den Besuch der **Ca' d'Oro** (➤ 90f) ein.

2 Ca' Rezzonico

Während des 18. Jahrhunderts, als die Republik Venedig in hedonistischen Konsum verfiel, waren die großen Palazzi am Canal Grande *der* Ort für Schwelgerei und Gelage. Um einen Hauch davon zu erhaschen, sollten Sie durch den Ca' Rezzonico streifen, einen riesigen und wundervollen Palast, der heute ein Museum für dieses Jahrhundert beherbergt. Die Prunkgemächer waren überbordend dekoriert mit Möbeln, Textilien, Glas und großen Gemälden und boten eine wunderbare Aussicht auf den Kanal. In den späten 1990ern wurden sie hervorragend restauriert und beschwören nun den Pomp der letzten Tage der Republik besser herauf als irgendein anderes Gebäude der Stadt.

1667 beauftragte die Bon-Familie den Architekten Baldassare Longhena (➤ 23) mit dem Bau des Palastes. Als dieser 1682 starb, war das Gebäude nur zum Teil fertig. Giorgio Massari übernahm das Projekt, doch die Gelder der Bons gingen schnell zu Ende. 1756 erst wurde der Bau durch den neureichen Rezzonico-Clan fertiggestellt, die darin bis 1810 lebten. Dann wurde es von wechselnden Besitzern übernommen, unter ihnen Pen Browning, dessen Vater – der Dichter Robert Browning – hier im Jahre 1889 starb. 1935 schließlich wurde es an die Gemeinde von Venedig verkauft und zum Museum.

Das Piano Nobile

Eine feierlich-anmutige Treppe führt vom Erdgeschoss hinauf zum Piano Nobile. So hieß in allen venezianischen Palästen der erste Stock, der traditionell zur Unterhaltung genutzt wurde. Der Ballsaal ist dabei architektonisch am interessantesten, nimmt er

Drei golden verschnörkelte Stühle unter einem Fresko

Ein Auschnitt aus dem Fresko *Mondo Novo*

doch eine Höhe von zwei Stockwerken des Gebäudes ein. Diese gestalterische Neuheit war eine Idee Massaris und einzigartig in Venedig. Der Raum wirkte nun riesig. Seine Erhabenheit wurde zudem betont durch Trompe-l'œil-Malereien an den Wänden, atemberaubende Deckenfreskos, blendendes Gold und Stuckdekorationen, überladen vergoldetes Holz und metallene Lüster. Von hier gelangte man in unzählige reich geschmückte und miteinander verbundene Räume, ein jeder mit edlen Möbeln, Stoffen und Wandteppichen dekoriert. Hervorzuheben sind Tiepolos (➤ 22) Deckengemälde in Thronsaal und Brautgemach, mehrfarbige Leuchter aus Muranoglas und überwältigende Möbel von Andrea Brustolon. Verpassen Sie nicht die Genrebilder, Gemälde von Francesco Guardi und Pietro Longhi (➤ 22) mit Szenen des täglichen venezianischen Lebens.

Die Gemälde

Der zweite Stock beherbergt die Quadreria, die Galerie, in der Sie zwei Gemälde von Canaletto (➤ 22) sehen können, die einzigen Werke des Malers in Venedig. Zu sehen sind auch Fresken, die Tiepolo zwischen 1759 und 1797 für seine eigene Villa in Zobenigo anfertigte, sehr persönliche Arbeiten, die er nicht im Auftrag, sondern zum Vergnügen malte. Am beeindruckendsten ist wohl das surreale und überraschend moderne *Mondo Novo* (Neue Welt).

KLEINE PAUSE

Holen Sie sich ein Getränk oder einen Snack im **Café im Erdgeschoss** (preiswert)!

197 F3 Dorsoduro 3136, Fondamenta Rezzonico 041/241 01 00; www.museicivicivenziani.it Mi–Mo 10–17 Uhr teuer 1, Ca' Rezzonico

CA' REZZONICO: INSIDER-INFO

Top-Tipps: Ist der **Wasserzugang** geöffnet, dann nutzen Sie ihn und kommen Sie herein, wie es die Besucher im 18. Jahrhundert taten.

- Benutzen Sie die mehrsprachigen **Informationstafeln** in den Räumen und erfahren Sie noch mehr über den Palast und seine Geschichte.
- Ca' Rezzonico verfügt über einen sehr guten **Service**: einen exzellenten Buch- und Geschenkeshop, eine angenehme Snackbar und komfortable WCs.
- Die **Gartenanlage** im Hof ist ein Himmel auf Erden – nehmen Sie sich Zeit.

Muss nicht sein! Die Galerie Egidio Martini im dritten Stock ist riesig und zweitklassig, der Apothekerladen aus dem 18. Jahrhundert ist allerdings einen Besuch wert.

3 Collezione Peggy Guggenheim

Die Sammlung Peggy Guggenheim in einem weiträumigen Palazzo mit Garten am Canal Grande zieht seit ihrer Eröffnung Besuchermassen an. 1949 brachte die exzentrische amerikanische Erbin, Mäzenin und Kunsthändlerin ihre Sammlung moderner Kunst des 20. Jahrhunderts hier unter und wohnte bis zu ihrem Tod 1979 selbst in dem Gebäude. Seitdem pflegt die Guggenheim Foundation die Sammlung und den Palazzo und veranstaltet Wechselausstellungen der Spitzenklasse.

1749 begann der Bau des Palazzo Venier dei Leoni, einem der eigenartigsten Gebäude am Canal Grande. Dem Besitzer ging das Geld aus, sodass statt des geplanten vierstöckigen Prunkbaus nur ein eingeschossiges Fragment entstand. Die Venezianer sprechen bis heute vom *Palazzo Nonfinito*, dem unvollendeten Palazzo.

Die Sammlung

Peggy Guggenheim hatte bereits in den 1920er-Jahren begonnen, Gemälde zu sammeln. Sie kaufte Bilder einer ganzen Generation abstrakter und surrealistischer Künstler und heiratete schließlich den Maler Max Ernst. In den 1940er-Jahren suchte sie in New York, London und Nizza nach geeigneten Räumen für ihre Sammlung, entschied sich schließlich jedoch für Venedig.

Die Dauerausstellung nimmt eine Reihe von Sälen mit Blick auf den Canal Grande ein. Sie führt zunächst durch den Garten, in

Marinis *Engel der Zitadelle* steht auf der Terrasse

COLLEZIONE PEGGY GUGGENHEIM: INSIDER-INFO

Top-Tipps: Die Sammlung gehört zu den beliebtesten Museen in Venedig, **kommen Sie frühzeitig!**

- Leihen Sie am Kartenschalter einen **Audioguide** aus, so erfahren Sie wichtige Details zu den Kunstwerken.
- Zum Museum gehört ein ausgezeichneter **Buch- und Geschenkeladen**.

Unbedingt Besuchen Sie **Peggy Guggenheims Grab** in der westlichen Ecke des Skulpturengartens.

Muss nicht sein! Wenn Sie aus Zeitgründen eine Auswahl treffen möchten, könnten Sie die **Sammlung Gianni Mattioli** auslassen.

Die Museumsfront am Canal Grande

dem Skulpturen von Künstlern wie Giacometti und Henry Moore stehen. Alle großen Avantgardeströmungen des 20. Jhs., vom Kubismus bis hin zum abstrakten Expressionismus und Konstruktivismus, sind vertreten. Einige Räume widmen sich einzelnen Künstlern wie Chagall, Pollock oder Klee. Auch die Möbel und Erinnerungsstücke von Peggy Guggenheim stehen noch hier.

Zu den bekanntesten Werken des Museums zählen Brancusis Skulptur *Vogel im Raum*, Max Ernsts *Einkleidung der Braut*, Victor Brauners *Surrealist*, Joan Mirós *Holländisches Interieur* , Henry Moores **Familie**, Picassos *Dichter* und Jackson Pollock's *Beschneidung*. Auch Kästen von Joseph Cornell und Mobiles von Alexander Calder gehören zu den Museumsstücken. Calder schuf das wunderschöne *Silberne Kopfteil*, das einst das Bett Peggy Guggenheims zierte. Das provokanteste Objekt ist und bleibt Marino Marinis Skulptur *Engel der Zitadelle*. Die Figur des nackten Reiters mit ausgebreiteten Armen steht auf der Terrasse und blickt auf den Canal Grande.

KLEINE PAUSE

Gönnen Sie sich eine kleine Erfrischung im **Museumscafé** (preiswert)!

198 B2 · Palazzo Venier dei Leoni, Fondamenta Venier · 041/240 54 11; www.guggenheim-venice.it · Mi–Mo 10–18; im Sommer Sa 10–22 Uhr · teuer · Museumscafé, -restaurant · 1, 2, Accademia

Nach Lust und Laune!

4 Squero di San Trovàso

Am Rio di San Trovàso befindet sich einer der wenigen noch tätigen *squeri* (Gondelwerften). Vom gegenüberliegenden Kai können Sie beobachten, wie die Gondeln gebaut und repariert werden. Unterhalb der Werft zweigt ein Seitenkanal ab, hier steht das geranienbehängte chalethafte Haus des Werftbesitzers. Viele Schiffbauer kamen aus den Alpen, so auch die Architektur. Neben Wartung und Reparaturen werden pro Jahr auch drei bis vier neue Gondeln gebaut.

197 E1 Rio di San Trovaso 51, 52, 61, 62, Zattere; 1, Accademia

5 Zattere

Zattere heißen die langen *fondamente* des Canale della Giudecca. 1519 entstanden die breiten Kaianlagen, die den Namen der *zattere* (Flöße) tragen, die einst hier anlegten. Genießen Sie die Umgebung mit großartigen Palazzi im Westen und den alten Salzspeichern und der Punta della Dogana im Osten. Im geschäftigen Zentrum finden Sie das **Nico** (➤ 135), eine der besten Eisdielen der Stadt, oder heuern ein *vaporetto* zur Insel Giudecca (➤ 135).

197 E1–199 D1 Fondamenta delle Zattere 2, 51, 52, 61, 62, Zattere

6 Campo Santa Margherita

Der eigentümlich geformte Platz mit seinem Markt, den schattigen Bänken, den Studenten, den Läden, Bars und Restaurants ist einer der lebhaftesten Venedigs – Tag wie Nacht. Er ist umgeben von alten Palazzi, der Kirche Santa Margherita (heute Konferenzsaal der Uni) und dem kleinen Gebäude in der Mitte, der Scuola dei Varoteri (Gerber).

197 D3 Campo Santa Margherita
1, Ca' Rezzonico

7 Santa Maria della Salute

Die großartige Barockkirche, die über den Eingang des Canal Grande wacht, wurde von Longhena entworfen und zwischen 1631 und 1681 erbaut, in Dankbarkeit für das Ende der Pest. Über dem Zentralraum der Kirche mit dem achteckigen Grundriss wölbt sich eine mächtige Kuppel. Eine Skulpturengruppe der Jungfrau Maria mit Kind, die Venedig von der Pest erlöst, umrahmt am Hauptaltar eine byzantinische Marienikone. Die schönsten Bilder hängen in der Sakristei: Meisterwerke von Tizian und Tintoretto. Die beste Zeit für einen Besuch ist um den 21. November zur Festa della Madonna della Salute.

199 D2 Campo della Salute
041/522 55 58 Kirche: April–Sept. tägl. 9–12, 15–18.30; Okt.–März 9–12, 15–17.30. Sakristei: Mo–Sa 10–11.30, 15–17, So 15 bis 17 Uhr Sakristei: preiswert 1, Salute

8 Punta della Dogana

Das einstige Zollhaus Venedigs, Punta della Dogana, öffnete 2009 als Museum für zeitgenössische Kunst seine Pforten. Es beherbergt die phantastische Kunstsammlung des französischen Multimillionärs François Pinault, der den Palast nach Plänen des für seine minimalistische Bauweise bekannten Architekten Tadao Ando aus Japan für 20 Millionen restaurieren ließ. Diesem gelang es, im

Innern des aus dem 17. Jahrhundert stammenden Baus eine Synthese aus Alt und Neu zu schaffen. Die Ausstellung zeigt absolut bahnbrechende und avantgardistische Kunstwerke der 1990er-Jahre und des frühen 21. Jahrhunderts, die sowohl etablierten als auch jungen Nachwuchskünstlern zuzuschreiben sind. Halten Sie nach den Werken von Rachel Whiteread, Jeff Koons und Cindy Sherman oder den Skulpturenarbeiten der Chapman-Brüder Ausschau.

199 D2 Dorsoduro 2, Campo di Salute 041/523 16 80; www.palazzograssi.it tägl. 10–19 Uhr teuer 1, Salute

9 La Giudecca

Jenseits des Canale della Giudecca erstreckt sich die gleichnamige Insel, die eine ganz eigene Atmosphäre ausstrahlt. Im Mittelalter errichteten hier reiche Bürger der Stadt ihre Sommerpaläste, später überbaute man die Lustgärten mit Fabriken und Arbeiterwohnungen. Heute rauchen die Schornsteine nicht mehr, und Giudecca hat sich zu einem preisgünstigen Wohnviertel mit dörflichem Charakter entwickelt. Palladio (➤ 23, 166) hinterließ auf der Insel gleich zwei Kirchen, Le Zitelle und die Pestkirche Il Redentore (1577–92). Während der Festa del Redentore im Juli (➤ 19), endet hier eine feierliche Prozession. Der riesige rote Klinkerbau im Westen der Insel ist das ehemalige Molino Stucky, einst eine Mühle, heute eins der schicksten Hotels.

Squero di San Trovàso

197 bei E1 Giudecca 2, 41

Santa Maria della Salute

Wohin zum ... Essen und Trinken?

Preise
Die Preise gelten pro Person für ein Essen ohne Getränke.
€ unter 35 Euro €€ 35–55 Euro €€€ über 55 Euro

BÀCARI, BARS UND *GELATERIE*

GROM €
Die Anfang des neuen Jahrtausends eröffneten Eiscafés der Gruppe GROM begeistern ihre Gäste mit feinstem, hochwertigem Eis aus frischen, sorgfältig ausgesuchten Zutaten. Das Eissortiment wechselt monatlich – je nachdem, was die Saison an Erzeugnissen zu bieten hat. Erwarten Sie also kein Erdbeereis im Dezember oder Mandarinengeschmack im Juli. Die Aromen sind unverfälscht, besonders zu empfehlen sind die Sorte Kaffee oder gesalzenes Karamelleis.
197 E3 Dorsoduro 2761, Campo San Barnaba 041/099 17 51 tägl. 10–22 Uhr Ca' Rezzonico

Internet Café Noir €
In diesem Café können Sie Ihre E-Mails abrufen, Musik hören, ein Bier trinken und dazu ein Sandwich essen und einfach entspannen. Auf der Karte stehen über 20 Teesorten, außerdem Eiskaffee, heiße Schokolade und Säfte. Das Café hat lange geöffnet. Entspannte Atmosphäre, freundliches Personal.
197 E4 Dorsoduro 3805, Calle San Pantalon 041/710 925 Mo–Sa 7–2, So 9–2 Uhr San Tomà

Nico €
Was gibt es Schöneres, als abends mit einem Eis in der Hand am Ufer entlangzuschlendern? Spazieren Sie mit einem solchen an den Zattere entlang, oder nehmen Sie auf dem romantischen Ponton vor der *gelateria* mit Blick über die Giudecca. Nico ist berühmt für seine *coppa gianduiotto* mit Schoko-Haselnusseis, aber auch das Fruchteis, z.B. Zitrone oder Erdbeere, lässt keine Wünsche offen. Auch Getränke sind hier zu haben, die für eine Erfrischung sorgen.
197 F1 Dorsoduro 922, Fondamenta delle Zattere ai Gesuati 041/522 52 93 Fr–Mi 7–23 Uhr; Ende Dez. geschl. Zattere

OSTERIE, TRATTORIE UND *RISTORANTI*

Al Bottegon (Cantinone gia Schiavo) €
Dieser ausgezeichnete *bàcaro* liegt am gleichen Kanal wie der berühmte *squero* (➤ 134) und zählt zu den besten der Stadt. Er ist so beliebt, dass die Gäste oft bis zur *fondamenta* hinaus stehen. Mittags bekommt man hier an der Bar oder den hinteren Tischen riesige *panini*, köstliche *cicheti* in allen Variationen und einfache Hauptgerichte. Seit drei Generationen in der Hand derselben freundlichen Familie, die sich mit Weinen bestens auskennt und Ihnen gerne eine eisgekühlte Flasche mit auf den Weg gibt.
197 F1 Dorsoduro 992, Fondamenta Nani 041/523 00 34 Mo–Sa 8–14.30, 16–21.30 Uhr Zattere, Accademia

Antica Osteria al Pantalon €€
Dieses lange, schmale Restaurant liegt an der Straße zur Frari. Eine gute Beleuchtung, die geschäftige Atmosphäre und die appetitlichen Schaufensterauslagen von Fisch und Meerestieren sind verlockend. Fisch wie auch Pasta- und Reisgerichte werden anspruchsvoll zubereitet und an schlichten Holztischen serviert. Lassen Sie sich beraten und reservieren Sie rechtzeitig, um dem

Ansturm besonders der Studenten zuvorzukommen.
197 E4 Dorsoduro 3958, Crosera San Pantalon 041/710 849 Mo–Sa 12.30–15, 19–22 Uhr San Tomà

Dona Onesta €–€€

Die »Ehrliche Frau« liegt hinter der Frari versteckt und ist seit Jahren äußerst beliebt. Neben den bekannten Leckereien finden Sie hier hervorragende Klassiker, die Sie probieren sollten! Kosten Sie den Reis mit Meeresfrüchten, den *insalata di mare* (Vorspeise aus Meeresfrüchten), die *sarde in saor* (süßsaure Sardinen) oder die *seppie alla veneziana*, ein gehaltvoller, in seiner Tinte gekochter Tintenfisch an Polenta. Wer Fleisch mag, bestelle sich *bresaola* (luftgetrocknetes Rindfleisch) und allerlei Kalb.
197 F4 Dorsoduro 3922 ,Ponte della Dona Onesta 041/710 586 Mo–Sa 12.30–14.30, 19.30–21.30 Uhr San Tomà

La Rivista €€

Elegant im Stil der 1930er-Jahre eingerichtet, lässt dieser Ableger des trendigen Ca' Pisani (➤ 37) erahnen, was man von der Bar zu erwarten hat: lockere Atmosphäre, frische Salate, kreative Hauptgänge, harmonisch zusammengestellte Käseplatten und einen gut sortierten Weinkeller! Die ideale Umgebung, um ein bisschen abzuschalten.
198 A2 Dorsoduro 979A, Rio Terà Foscarini 041/240 14 25 Di–So 12–15, 19–22.30 Uhr Accademia

Locanda Montin €€–€€€

Schon seit über 50 Jahren erfreut sich das Montin großer Beliebtheit bei betuchten Gästen und Touristen. In dieser Zeit hat es Höhen und Tiefen erlebt, aber auf die Küche ist stets Verlass und die Atmosphäre sowie der Service stehen in guter venezianischer Gastronomietradition. Auf der Karte finden Sie die üblichen Spezialitäten wie Spaghetti *alle vongole* (Spaghetti mit Venusmuscheln), Risotto *nero* (Risotto mit Tintenfischtinte), knusprig leichter *fritto misto* (gemischter Bratfisch) und Gemüse aus der Umgebung.
197 E2 Dorsoduro 1147, Fondamenta di Borgo 041/522 71 51 Do–Mo 12–15, 19–22 Uhr; 2 Wochen im Jan. sowie im Aug. geschl. Accademia, Zattere

Mistrà €–€€

Abseits des Trubels, aber gut ausgeschildert, befindet sich im Obergeschoss eines alten Lagerhauses zwischen Bootswerften auf der Südseite der Giudecca das Mistrà. Viele Einheimische genießen hier frischen Fisch, Meeresfrüchte und ligurische Spezialitäten sowie die tolle Sicht auf die Lagune. Mittags bietet die Karte etwas günstigere und einfachere Gerichte.
197 bei F1 Giudecca 212/A, Fondamenta San Giacomo 041/522 07 43 Mi–So 12–15, 19.30–22.30, Mo 12–15 Uhr Redentore

Osteria 1815 €–€€

Gleich am westlichen Ende der Zattere befindet sich die Osteria 1815, die das ganze Jahr über auch Tische im Freien aufgestellt hat. Unverblümt, aber dabei nicht anmaßend, blickt sie mit Stolz auf eine traditionell venezianische Küche zu ehrlichen Preisen. Freuen Sie sich auf ausgezeichneten, marktfrischen Fisch oder wählen eins der Fleischgerichte. Oder entscheiden sie sich für ein preisgünstiges Mittags- oder Abendmenü, das, verglichen mit jenen der überlaufeneren Restaurants der Stadt, hervorragend abschneidet.
196 C2 Dorsoduro 1518/A, Calle del Vento 041/520 57 99 Di–So 12 bis 22 Uhr San Basilio

Pizzeria Alle Zattere €

Sie möchten eine Pizza essen und dabei einen schönen Ausblick genießen? Für den Preis einer Margherita blicken Sie vom Kai vor dieser Pizzeria genau auf Giudecca. Die Karte ist eher für Touristen ausgelegt, aber der Ort ist fantastisch – besonders bei Sonnenuntergang.
198 A2 Dorsoduro 795, Rio Terrà Foscarini 041/520 42 24 Mi–Mo 12–15, 19–22 Uhr; 1. Dez.–10. Jan. geschl. Zattere, Accademia

Wohin zum ... Einkaufen?

Im noblen Dorsoduro gibt es eine Reihe interessanter Läden – für Gäste und wohlhabende Anwohner.

Wenn Sie von der Salute aus nach Westen gehen, schauen Sie beim **Antiquariato Oggetistica Claudia Canestrelli** (Dorsoduro 364A, Campiello Barbaro, Tel. 041/5227072) vorbei, einem winzigen Laden voll alter Drucke und Schmuck. Am Campo San Vio verkaufen **Susanna & Marina Sent** (Dorsoduro 669, Tel. 041/520 8136) hübschen Glasschmuck, Schals und andere Accessoires. Gegenüber bietet **Bac Art Studio** (Dorsoduro 862, Tel. 041/522 81 71) Fotografien von Venedig, gerahmte Drucke und originelle Kunst an. Ein paar Häuser weiter finden Sie in **Risuola di Giovanni Dittura** (Dorsoduro 871, Calle Nuova Sant'Agnese, Tel. 041/523 11 63) einen kleinen Schuhladen, der sehr billige *friulani*, Samtpantoffeln in leuchtenden Farben, anbietet. Ein Stück westlich der Accademia calle Toletta sind die **Libreria Toletta** und das **Toletta Studio** (Dorsoduro 1175/A, Tel. 041/523 20 34) beheimatet, *die* Quelle für Bild- und Kunstbände über Venedig. Am Campo San Barnaba befindet sich **Pantagruelica** (Dorsoduro 2844, Tel. 041/523 67 66), der wohl beste Feinkostladen der Stadt. In der Nähe liegt **Annelie** (Dorsoduro 2748, Calle Lunga Santa Barbara, Tel. 041/520 32 77), wo man tolle Bettwäsche bekommt. In der Maskenherstellung geben seit über 20 Jahren **Mondonovo** (Dorsoduro 3063, Rio Terà Canal, Tel. 041/52873 44) den Ton an.

Wohin zum ... Ausgehen?

Der Campo Santa Margherita ist das Zentrum des Nachtlebens in Dorsoduro. Viele Studenten beginnen den Abend in einer der Bars und ziehen dann weiter in beliebte Nachtclubs.

Dazu gehören **Round Midnight** (Dorsoduro 3012, Fondamenta dello Squero, Tel. 041/523 20 56), eine kleine Bar mit DJ und Disco an jedem Abend, und das etwas gediegenere **El Souk** (Dorsoduro 1056, Calle Corfu, Tel. 041/520 0371) in der Nähe der Accademia – hier sollte man vorbestellen. Wer den ganzen Abend am Campo verbringen möchte, dem empfiehlt sich **Il Caffé** (Dorsoduro 2963, Tel. 041/528 79 98), die wohl beliebteste Bar, die auch oft Livemusik zu bieten hat. Auch das **Margaret Duchamp** (Dorsoduro 3019, Tel. 041/528 62 55), ein schickes Café mit Tischen im Freien, oder die neu eröffnete **Chet Bar** (Dorsoduro 3026, Tel. 041/528 66 79), wo donnerstags, freitags und samstags Live-DJs auflegen, sind gute Tipps.

Manchmal werden in den wunderschönen Räumen der **Scuola Grande dei Carmini** (Dorsoduro 2617, Tel. 041/528 94 20) klassische Konzerte gegeben, dabei erklingt Musik des 18. Jahrhunderts, gelegentlich bekommt man auch Opern geboten. Orgelmusik ist in der **Salute** (Tel. 041/522 55 58) und **San Trovaso** (Tel. 041/296 06 30) zu hören. Das ultimative Konzerterlebnis ist ein Kammerkonzert im prächtigen Ballsaal der **Ca' Rezzonico** (➤ 130f).

Die Laguneninseln

Erste Orientierung

Venedig liegt in einer 550 Quadratkilometer großen Lagune. Ein Ring von Inseln umgibt das eigentliche Stadtgebiet, weitere Inseln bieten Schutz vor der offenen See. Einige dieser Inseln blicken auf eine lange Geschichte zurück, in der sie entweder als Industriestandorte oder als Sitz religiöser Institutionen eine wichtige Rolle spielten. Viele nutzte man für Festungen, Lager oder Arsenale, auf einigen befanden sich Krankenhäuser oder Hospize. Manche dienen noch immer als Bollwerke gegen das Meer, während auf anderen Obst und Gemüse für die Märkte am Rialto gedeiht. Die meisten sind nur einen Steinwurf von Venedig entfernt, einige jedoch liegen einsam in den romantischen Weiten der Lagune.

Wenn Sie einen Tag oder einen Nachmittag erübrigen können, sollten Sie einige Inseln im Norden der Lagune erkunden. Murano ist für die dort ansässigen Glasbläsereien berühmt, auf Burano werden in ganz Europa bekannte Spitzen hergestellt, und auf der einsamen Insel Torcello steht die byzantinische Basilica di Santa Maria Assunta. Von Torcello aus fahren Boote nach Südwesten an der Garteninsel Sant'Erasmo vorbei zum Lido, einer langen, schmalen Insel, die die Lagune von der Adria trennt.

Hier gibt es schöne Strände, ruhige Flecken und elegante *Fin-de-Siècle*-Hotels, aber auch Autos und Supermärkte. Weiter südlich schirmt Pellestrina Venedig gegen das Meer ab. Die *murazzi*, große Steinwälle direkt am Wasser, gehörten zu den letzten großen Bauprojekten, die die Republik gegen Ende des 18. Jahrhunderts realisierte. *Vaporetti* pendeln zwischen dem Lido und Venedig und fahren dabei an den Inseln der südlichen Lagune vorbei. Zu ihnen gehören San Lazzaro degli Armeni, eine armenische Klosterenklave und San Servolo mit seiner Restauratorenschule.

Murano hat ein eigenes Kanalsystem

★ Nicht verpassen!

1 Murano ➤ 144
2 Burano ➤ 146
3 Torcello ➤ 148

Nach Lust und Laune!

4 Lido di Venezia ➤ 150
5 San Lazzaro degli Armeni ➤ 151
6 Sant'Erasmo ➤ 152

Seite 139: Detail des Mosaikbodens in der Basilica dei Santi Maria e Donato von Murano

Innenraum der Basilica von Murano

An einem Tag

Die folgende Route ist eine Möglichkeit, wie Sie einige der interessantesten Sehenswürdigkeiten der Laguneninseln an einem Tag abklappern können. Nutzen Sie die Karte (➤ 141) zur Orientierung, die einzelnen Highlights werden im Folgenden (➤ 144ff) näher beschrieben.

9 Uhr

Mit dem *vaporetto* von den Fondamente Nove fahren Sie 15 Minuten nach **1 Murano** (➤ 144f). Steigen Sie an der Haltestelle Museo aus. Besuchen Sie eine der Glasfabriken, schauen Sie den Glasbläsern bei der Arbeit zu und besichtigen Sie den Verkaufsraum.

11 Uhr

Spazieren Sie über den Ponte Vivarini und genießen Sie an Muranos Canal Grande einen Kaffee oder ein Eis. Besichtigen Sie dann die Basilica dei Santi Maria e Donato (links; ➤ 144f), ein Schmuckstück des venezianisch-byzantinischen Baustils aus dem 12. Jh. mit wunderbaren Mosaiken. Im Museo dell'Arte Vetraria (Glasmuseum; ➤ 144) erfahren Sie mehr über die Geschichte des venezianischen Glases.

12.15 Uhr

Nehmen Sie an der Haltestelle Faro den *vaporetto* nach **2 Burano** (➤ 146f), lehnen Sie sich zurück und genießen Sie die 40-minütige Fahrt durch die nördliche Lagune.

13.15 Uhr

Gehen Sie auf Burano direkt zur Hauptstraße, der Via Baldassare Galuppi, und essen Sie in einem der Fischrestaurants zu Mittag, zum Beispiel im Familienbetrieb Da Romano (Via B Galuppi 221, Tel. 041/730 030).

14.30 Uhr

Machen Sie einen Verdauungsspaziergang durch die Straßen mit den bunt gestrichenen Häusern oder ruhen Sie sich auf einer Bank am Ufer aus.

Besichtigen Sie anschließend das Museo del Merletto (Spitzenmuseum; ➤ 147), um mehr über dieses alte Handwerk zu erfahren.

16 Uhr

Innerhalb von fünf Minuten sind Sie mit dem Boot dann in 3 **Torcello** (➤ 148f), der stimmungsvollsten Insel der nördlichen Lagune. Schlendern Sie über die grasbewachsene *piazza* und besichtigen Sie zwei sehenswerte Kirchen, die Basilica di Santa Maria Assunta aus dem 7. Jahrhundert (➤ 148) und Santa Fosca (rechts) aus dem 11. Jahrhundert. Danach bleibt noch Zeit für eine Erfrischung im Garten des berühmten Restaurants Locanda Cipriani (➤ 153) gegenüber der Basilika.

18 Uhr

Kehren Sie mit dem *vaporetto* über Treporti und Punta Sabbioni zurück nach Venedig. Die ruhige Fahrt führt vorbei an der Klosterinsel San Francesco del Deserto und der dünn besiedelten Garteninsel 4 **Sant'Erasmo** (rechts; ➤ 152), auf der viel Gemüse für die Märkte Venedigs angebaut wird.

20 Uhr

Vermutlich hat die Seeluft Sie hungrig gemacht. Wählen Sie ein Restaurant in der Nähe des Anlegers von San Marco. Verwöhnen Sie sich – wenn Sie mögen – mit einem Drink auf der Piazza San Marco, im exklusiven Caffè Florian etwa (➤ 59f), oder auch im Caffè Quadri (➤ 64). Das wunderschöne Ambiente dieser Lokale wird diesen Tag jenseits des Trubels perfekt abrunden.

10 Murano

Wenn Sie nur für eine Insel Zeit haben, sollten Sie Murano besuchen. Von den Fondamente Nove aus dauert die Fahrt nur wenige Minuten. Seit dem Mittelalter ist Murano das Zentrum der venezianischen Glasproduktion. Die Inselbewohner verstehen sich als selbstständige Gemeinde mit eigenem Charakter – und eigenem Canal Grande.

Meisterliche Hände bei der Arbeit

Auf dieser Insel leben rund 5000 Menschen, zu denen sich täglich zahlreiche Arbeiter vom Festland gesellen. Auf Murano dreht sich alles um das Glas, das hier seit 1291 hergestellt wird und die Inselbewohner nach wie vor ernährt. Alteingesessene Handwerksmeister – ein jeder ist spezialisiert auf ein bestimmtes Glas – weihen die Lehrlinge in die Geheimnisse der Glasbläserei ein.

Ein Museum, ein schwimmender Markt und eine Kirche

Zusätzliche Informationen bietet das **Museo del Vetro** (Glasmuseum) mit einer Ausstellung zur Geschichte der Glasproduktion auf Murano. Das Museum befindet sich im **Palazzo Giustinian**, einem wunderschönen Gebäude aus dem 17. Jahrhundert, das den Objekten den perfekten Rahmen verleiht. Die riesigen farbenprächtigen venezianischen Lüster sind nicht zu übersehen, doch sollten Sie auch der erlesenen Hochzeitsschale von Angelo Barovier und den farbigen Glasperlen, mit denen einst in aller Welt gehandelt wurde, Beachtung schenken.

Bummeln Sie durch das Zentrum Muranos, am kleinen **schwimmenden Markt** vorbei und an den Kanälen entlang, und übersehen Sie keinesfalls die **Basilica dei Santi Maria e Donato**, ein Kleinod aus dem 12. Jahrhundert. Der Säulengang an der Außenseite der Apsis gehört zu den typischen Elementen des venezianisch-byzantinischen Stils. Der Mosaikfußboden und das Apsismosaik der Jungfrau Maria im Innern entstanden um 1140.

KLEINE PAUSE

Mischen Sie sich unter die Glasarbeiter und essen Sie etwas in einer der umliegenden Bars oder gönnen Sie sich ein köstliches Fischmenü im Garten der **Antica Trattoria** (Fondamenta Cavour 18, Tel. 041/739 610) mit Blick auf Muranos Canal Grande.

Basilica dei Santi Maria e Donato
Campo San Donato April–Sept. Mo–Sa 8.30– 14, 16–18, So 16–18; Okt.–März Mo–Sa 9–12, 16–17.30, So 16–17.30 Uhr frei 12, 13, 41, 42

Museo del Vetro
Fondamenta Giustinian 8 041/739 586; www.museodelvero.org
April–Okt. Do–Di 10–18; Okt.–März 10–17 Uhr Eintritt im Kombiticket für den Dogenpalast (► 53ff) und das Museo Correr (► 59) enthalten: mittel DM, 41, 42

Modernes Murano-Glas, ausgestellt in einer der vielen Galerien der Insel

MURANO: INSIDER-INFO

Top-Tipps: Schlagen Sie Angebote für Gratis-Überfahrten nach Murano aus. Sie werden von den Glasfabriken veranstaltet und schließen eine Verkaufsvorführung ein, bei der Sie **nachhaltig zum Kauf aufgefordert** werden.

- Vermeiden Sie die **Kundenschlepper** rund um die großen Glasfabriken. Steigen Sie deshalb nicht bei den Haltestellen Colonna oder Faro aus, sondern bei Museo oder Venier. Diese Haltestellen liegen ohnehin näher an Ihrem Zielort.
- Wenn Sie etwas kaufen möchten, sollten Sie sofort zum **Geschäft eines renommierten Glasfabrikanten** gehen und die Billigläden links liegen lassen.
- **Billiges Glas** stammt mit ziemlicher Sicherheit nicht aus Murano. Nur echte Murano-Glasprodukte tragen das Siegel *Vetro Artistico Murano.*

Geheimtipp: In Muranos Pfarrkirche **San Pietro Martire** an der Fondamenta dei Vetrai (geöffnet tägl. 9–12 und 15.30–19 Uhr) hängen zwei schöne Gemälde von Giovanni Bellini, eine *Himmelfahrt* und eine *Madonna mit Heiligen*.

2 Burano

Bunt gestrichene Häuser und die alte venezianische Tradition der Spitzenstickerei ziehen immer wieder Scharen von Besuchern in die abgelegene nördliche Lagune zu der kleinen Fischerinsel, die Lichtjahre von der städtischen Eleganz Venedigs entfernt zu sein scheint.

Burano und die Nachbarinsel Mazzorbo gehörten zu den ersten Siedlungsplätzen in der Lagune. Als Venedig größer wurde, verlor Mazzorbo nach und nach an Bedeutung. Heute leben hier nur noch wenige Menschen, die Gemüse anbauen, und lediglich die gotische Kirche **Santa Caterina** aus dem 14. Jahrhundert erinnert an ruhmreichere Tage.

Häuser in leuchtenden Farben spiegeln sich im Kanal

Fischerinsel

Die Fischerinsel Burano aber blühte auf: Die Männer fuhren aufs Meer hinaus, während die Frauen daheim blieben und Spitzenstickereien fertigten, die einst zu den begehrtesten ganz Europas gehörten. Angeblich strichen die Fischer ihre Häuser früher blau, rot oder golden an, damit sie sie vom Wasser aus erkennen konnten. Auch heute leuchten sie bunt, auf den Kanälen fahren viele Boote, an den *fondamente* liegen Netze und Taue zum Trocknen aus.

BALDASSARRE GALUPPI

Die Bewohner von Burano sind stolz auf den hier geborenen Opernkomponisten Galuppi (1706–85). Galuppi schrieb die Musik zu vielen Komödien seines Landsmannes Carlo Goldoni (1717–93). Die Hauptstraße und die Piazza tragen heute seinen Namen.

Die Spitzen werden in Burano bis heute handgefertigt

Spitzenstickerei

Natürlich gibt es hier an jeder Ecke Spitzen, doch die meisten Arbeiten stammen aus dem Fernen Osten. Wer echte Burano-Spitze kaufen möchten, muss tief in die Tasche greifen. Die Tradition entwickelte sich ab dem 15. Jahrhundert; erkennbar waren die in ganz Europa begehrten Arbeiten am typischen Burano- und Venedig-Stich. Um 1870 wurde die **Scuola dei Merletti (Spitzenschule)** gegründet, um die fast schon vergessene Tradition vor dem Aussterben zu bewahren. Die Schule existiert noch immer und umfasst heute auch ein Museum (**Museo del Merletto**). Es präsentiert im Erdgeschoss hauchzarte Deckchen, verzierte Taschentücher und Blusen. Im ersten Stock zeigen alte Damen ihre Kunst an einigen typischen Stickerinnenstühlen. Die Arbeit ist eintönig und sehr anstrengend für die Augen, weshalb immer weniger Frauen die Mühe auf sich nehmen möchten.

KLEINE PAUSE

In Buranos bekanntestem Restaurant, der **Trattoria Da Romano** (► 153), können Sie mittags gut einkehren.

Scuola dei Merletti

✉ Piazza Galuppi 187 ☎ 041/730 034 ⌚ April–Okt. Mi–Mo 10–17; Nov.–März Mi–Mo 10–16 Uhr Eintritt im Kombiticket für den Dogenpalast und das Museo Correr enthalten: mittel LN

BURANO: INSIDER-INFO

Top-Tipps: Einen schönen ersten Eindruck von Burano bekommen Sie, wenn Sie **bei Mazzorbo aussteigen** und über die Holzbrücke gehen, die die beiden Inseln verbindet. Von hier aus haben Sie eine tolle Sicht auf Venedig.

- Wenn Sie morgens kommen, können Sie den **Fischmarkt** an der Fondamenta della Pescheria erkunden.
- Fragen Sie in der **Scuola dei Merletti** nach, ob zum Zeitpunkt Ihres Besuchs Spitzenstickerinnen im Obergeschoss arbeiten, denen Sie bei der Arbeit zuschauen können.
- Auf dem **benachbarten Mazzorbo** können Sie wunderbar picknicken und durch die Weingärten spazieren.

Geheimtipp: Schauen Sie sich Tiepolos imposante ***Kreuzigungsszene*** in der Kirche **San Martino** an der Piazza Galuppi an.

3 Torcello

Nur wenig auf dem verträumten Torcello im Norden der Lagune erinnert an die glorreiche Vergangenheit. Der Besuch lohnt sich schon wegen der Atmosphäre, die im krassen Gegensatz zum Trubel im Stadtzentrum Venedigs steht. Die byzantinische Basilika auf der Insel ist das älteste Gebäude der Lagune.

Die älteste Siedlung Venedigs entstand ab dem 5. Jahrhundert auf Torcello. Anfang des 14. Jahrhunderts lebten rund 20 000 Menschen auf der Insel. Wenig später entwickelte sich jedoch das Gebiet um den Rialto, und immer mehr Einwohner flohen vom mückenverseuchten Torcello nach Venedig. Die Palazzi auf der Insel verfielen, in den Kanälen sammelte sich Schlick, und schließlich blieben nur noch eine Handvoll Häuser, eine Kirche aus dem 11. Jahrhundert und eine prachtvolle Basilika übrig. Heute windet sich ein einziger, schlammiger Kanal vom *pontile* zur *piazza*. Die **Basilica di Santa Maria Assunta**, deren älteste Teile aus dem Jahr 638 stammen, ist eine erhabene und schlichte Kathedrale, die einen wunderbaren Marmorfußboden und mehrere wertvolle Mosaiken aus dem 12. und 13. Jahrhundert besitzt. Das Apsismosaik zeigt eine me-

TORCELLO IN GEFAHR

Im Jahre 2000 plante das Städtische Wasseramt, Torcello eine »Entwicklungshilfe« angedeihen zu lassen. Man wollte einen neuen Landungssteg auf Torcello anlegen, die Wege pflastern und die Kanäle säubern und befestigen, um so das von Touristen übervölkerte Zentrum zu entlasten, doch hagelte es Proteste von Venezianern verschiedenster politischer Couleur, der Unesco und der Stiftung »Venice in Peril«, die Torcellos ursprünglichen Charakter erhalten wollten. Schließlich aber haben die Veränderungen die Situation verbessert.

Blick aus der Vogelperspektive auf die Basilica di Santa Maria Assunta

WIE EIN MOSAIK ENTSTEHT
Zunächst werden größere Scherben verschiedenfarbigen Glases in kleine Stückchen zerschlagen. Gold- und Silberauflagen erhält man, indem man Blattgold oder -silber aufträgt und dieses mit einer dünnen transparenten Glasschicht überzieht. Dann wird der Untergrund des Bildes mit Zement verputzt, auf den man die Konturen vorzeichnet. Es folgt eine dünne Schicht Mörtel mit einer detaillierten Skizze. Zuletzt werden die Glasstückchen in den feuchten Mörtel gedrückt.

lancholisch wirkende *Madonna*; das Mosaik *Das Jüngste Gericht* mit den Teufeln, die die Verdammten in die Hölle stoßen, nimmt die gesamte Westwand ein. Neben der Basilika steht die venezianisch-byzantinische Kirche **Santa Fosca** aus dem 11. Jahrhundert, die den Grundriss eines griechischen Kreuzes hat. Das **Museo di Torcello** präsentiert archäologische Funde aus der ganzen Lagune. Ein steinerner Stuhl (»Attilas Thron«) bildet den Mittelpunkt der Piazza. Der Legende nach bringt es Glück, sich darauf niederzulassen.

KLEINE PAUSE

Auf dem Weg vom *pontile* zur Basilika kommen Sie an der **Osteria Ponte del Diavolo** (► 154) vorbei, die auf schattiger Terrasse preisgünstige Hausmannskost serviert.

Der strahlende Innenraum der Santa Fosca

Basilica di Santa Maria Assunta
041/270 24 64 März bis Okt. tägl. 10.30–18; Nov. bis Feb. 10–17 Uhr mittel T

Campanile
März–Okt. tägl. 10.30 bis 17.30; Nov.–Feb. 10–16.30 Uhr preiswert

Santa Fosca
tägl. 10.30–12.30, 14–17 Uhr frei 12

Museo di Torcello
Palazzo del Consiglio
041/270 24 64 März–Okt. Di–So 10.30–17.30; Nov.–Feb. Do–So 10–17 Uhr mittel T

TORCELLO: INSIDER-INFO

Top-Tipps: Fahren Sie **ganz früh oder recht spät** nach Torcello, wenn wenige Touristen unterwegs sind.

- Fragen Sie nach dem **Audioguide**, der die Geschichte der Basilika und der Mosaiken erläutert. Vom Glockenturm aus hat man gute Sicht über die Lagune.
- Beachten Sie, dass das letzte Boot von Torcello um 20.15 Uhr geht.

Muss nicht sein! Wenn Sie nur wenig Zeit haben, können Sie das **Museo di Torcello** auslassen.

Nach Lust und Laune!

Ein Straßencafé auf dem Lido di Venezia

4 Lido di Venezia

Jeder andere Lido ist nach dem Lido Venedigs benannt; eigentlich bedeutet das Wort einfach »Sandbank«. Der lange Inselstreifen, auf dem nur wenige Häuser zwischen Kiefernwäldchen und langen Sandstränden stehen, schützte einst die Stadt vor dem Meer. Im 19. Jahrhundert entdeckten schließlich die Romantiker den Lido, nach und nach entstanden elegante Hotels und Privathäuser am Ufer. Heute ist der Lido mehr Vor- und Schlafstadt als Ferienort. Die Hotels stehen noch an Ort und Stelle, füllen sich aber vor allem während des Filmfestivals (➤ 42) und im Hochsommer mit Leben. Venezianische Familien kommen mit ihren Kindern gern am Wochenende, um der Hitze der Stadt zu entfliehen. Die Preise sind etwas niedriger und zur Überraschung vieler Touristen fahren hier auch Busse und Autos.

Die meisten Leute kommen hierher, um einen unbeschwerten Tag am Strand zu verbringen. Die Stadt bemüht sich seit einigen Jahren erfolgreich, die Qualität der Gewässer rings um Venedig zu verbessern. Jedes größere Hotel besitzt einen eigenen, gepflegten Strand mit

allem Drum und Dran, außerdem gibt es Privatstrände mit Umkleidekabinen, Liegen, Sonnenschirmen und Strandbars. Die Benutzung des städtischen Strandes ist kostenlos, Alternativ können Sie aber auch mit dem Bus zur benachbarten Insel **Pellestrina** fahren, wo es etwas ruhiger zugeht.

Weiter südlich, aber immer noch am Lido, liegt das hübsche Dorf **Alberoni**, das über einen Golfplatz und Reitställe verfügt. Vor dem Abendessen in einem der Restaurants eignet sich der Ort für eine gemütliche *passeggiata*, so nennen die Italiener den abendlichen Spaziergang, oder für einen Einkaufsbummel.

Die Kirche **San Nicolò** wurde 1044 am nördlichen Ende der Insel errichtet. Auf der Insel stehen schöne Jugendstilgebäude aus der Zeit, als der Lido sich zum beliebten Urlaubsort entwickelte. Das Hotel Excelsior und das Hotel des Bains sind dafür gute Beispiele und gaben einst die perfekte Kulisse für die *Fin-de-Siècle*-Melancholie von Thomas Manns Roman Der *Tod in Venedig* ab.

Lido 1, 2, LN, 51, 52, 61, 62

5 San Lazzaro degli Armeni

Die Besichtigung der Insel San Lazzaro degli Armeni nimmt mit Hin- und Rückfahrt fast einen ganzen Nachmittag in Anspruch. Hier befindet sich ein bedeutendes Kloster und Zentrum der armenischen Kultur und Lehre. 1717 schenkte der Doge die ehemalige Leprakolonie dem armenischen Abt Mekhitar, der vor den Türken Zuflucht suchte. Dieser gründete ein Kloster, das über 40 000 armenische Handschriften aufbewahrt und bis heute ein wichtiger Bezugspunkt für Armenier ist. Die zwölf Mönche pflegen ein kleines Museum und bieten mehrsprachige Führungen durch Kirche und Kloster an.

Armenisch gehört zu den schwierigsten Sprachen der Welt. Lord Byron versuchte hier Grundkenntnisse des Armenischen zu erwerben, sein Studierzimmer steht zur Besichtigung offen. Die Mönche nennen Venedig bis heute »Serenissima«.

San Lazzaro degli Armeni 041/526 01 04 Mitte April–Mitte Sept. tägl. 15–16.30 (Führungen auf die Bootsankunft um 14.45 abgestimmt); Mitte Sept.–Mitte April 15.25 bis 17 Uhr (auf die Bootsankunft um 15.10 Uhr abgestimmt) teuer 20

Der schattige Kreuzgang des Klosters San Lazzaro degli Armeni

FÜR KINDER
Die meisten **Glasbläser auf Murano** blasen gegen ein zugestecktes Trinkgeld ein kleines Tier und schenken es Ihren Kindern.
Ein **Tag am Strand** bietet Entspannung von allzu viel Kultur.
Die meisten Kinder sausen gern mit dem **Fahrrad** am Lido entlang. Geübte Radler können ihr Rad mit der Fähre auf die Pellestrina bringen und dort herumfahren. Leihräder gibt's beim Anleger (Bruno Lazzari, Gran Viale Santa Maria Elisabetta 21/B, Tel. 041/526 80 19).

OHREN AUF!
Die Stadt bietet viel für die Augen, doch auch die typischen Geräusche prägen sich vielen Touristen unvergesslich ein. Überall klatscht das Wasser leise gegen Bootsrümpfe und Mauern, die *vaporetti* tuckern auf den Kanälen entlang, und ihre Sperrgitter schnappen auf und zu. Kein Auto übertönt das Klappern der Absätze auf dem Pflaster, die Gespräche der Menschen auf den Plätzen und die aufflatternden Taubenschwärme. Ständig läutet irgendwo eine Glocke, rollen Einkaufskörbe über Brücken, hämmert und klopft es in den Ateliers der Handwerker und scheppert es aus den Küchen der Restaurants.

Weingüter in Sant'Erasmo, Venedigs Garteninsel

6 Sant'Erasmo

Wenn Sie etwas Ausgleich zu Steinen und Kultur suchen, sollten Sie Venedigs Garteninsel Sant'Erasmo ansteuern. Von hier stammen die frischesten und besten Waren der Rialtomärkte, besonders bekannt sind der Spargel und die Artischocken; Sie erkennen sie am Etikett »San Rasmo«. Die Insel ist größer als das Stadtgebiet Venedigs, jedoch nur dünn von Fischern und Bauern besiedelt. Kulturschätze gibt es hier nicht, dafür aber Äcker und Weingärten, alte Bauernhöfe und einen Strand unweit der alten österreichischen Festung Forte Massimiliano.

✉ Sant'Erasmo 🚢 13

Wohin zum ... Essen und Trinken?

Preise
Die Preise gelten pro Person für ein Essen ohne Getränke.
€ unter 35 Euro €€ 35–55 Euro €€€ über 55 Euro

MURANO

Trattoria Busa alla Torre €–€€

Diese beliebte Trattoria liegt an einem kleinen Platz im Schatten des Kirchturms aus rotem Backstein, den Sie leicht am nördlichen Ende der Fondamenta dei Vetrai ausmachen. Bei gutem Wetter können Sie an einem Tisch im Freien die Sonne und die gute Küche des Insellokals genießen. Die Glasarbeiter und ihre Kunden kehren hier gleichermaßen gerne ein. Besonders gut schmecken einfache Gerichte wie Muscheln in würziger Soße, Spaghetti mit Hummer oder Muscheln, frischer gegrillter Lagunenfisch mit Polenta und Grillgemüse. Die Weinkarte ist kurz, bietet aber gute Tropfen aus dem Friaul und dem Veneto.

✉ Campo Santo Stefano 3, Murano
☎ 041/739 662 ⌚ tägl. 12.30–14.30 Uhr
⛴ Colonna, Faro

BURANO

Trattoria al Gatto Nero €–€€

Das freundliche Terrassenrestaurant mit Blick auf den alten Fischmarkt befindet sich an einem malerischen Kanal mit bunt gestrichenen Häusern. Im Innern schmücken hübsche Gemälde die Wände. Die Küche bietet traditionelle venezianische Köstlichkeiten sowie modernere Kreationen auf der Basis von Fisch und Meeresfrüchten. *Granseola* (Seespinne) erhalten Sie hier als Vorspeise oder zusammen mit Pasta. Sie können auch gegrillten *anguilla* (Aal) testen. Die Weinkarte enthält gute Weine aus der Region.

✉ Fondamenta della Giudecca 88
☎ 041/730 120 ⌚ Di–So 12.30–14.30, 19.30–21.30 Uhr; 10. Nov.–9. Dez. geschl.
⛴ Burano

Trattoria Da Romano €€

In diesem *locale storico d'Italia* (historisches italienisches Restaurant) verkehrten einst Künstler, und noch heute bedecken unzählige Gemälde in allen möglichen Stilrichtungen die Wände der riesigen Gaststube. Die rot-weiß-grün gestrichene Fassade gehört zu den Hauptattraktionen des Stadtzentrums. Auf den Tisch kommen typische Trattoria-Gerichte: gute Pasta, Risotto mit Meeresfrüchten, gebratener Fisch und Gemüse.

✉ Via Baldassare Galuppi 221
☎ 041/730 030 ⌚ Mi–Mo 12–15, 18–21 Uhr; Mitte bis Ende Jan. geschl. ⛴ Burano

TORCELLO

Locanda Cipriani €€–€€€

Die Locanda Cipriani auf Torcello ist nicht zu übersehen: Das lange, niedrige, gelbe Gebäude befindet sich genau gegenüber der byzantinischen Basilika. Bei schönem Wetter stehen Tische in dem Blumengarten, der das Restaurant umgibt. Hier können Sie in romantischer Atmosphäre elegant zu Mittag oder Abend essen; es gibt jeweils auch Festpreismenüs. Die meisten Gäste sind Urlauber, die der Empfehlung ihres Reiseführers folgen. Auf der Karte sind neben venezianischen Spezialitäten auch italienische Klassiker wie *tagliolini* (Nudeln) mit Tomatensauce, Gemüserisotto oder Fischravioli vertreten. Lassen Sie Platz für eins der köstlichen Desserts. Der Service ist gut; zum Restaurant gehören auch sechs Hotelzimmer.

Torcello 041/730 150; www.ocandacipriani.com Mi–Mo 12–15, 17–21.30 Uhr; im Winter unter der Woche geschl. Torcello

Osteria Ponte del Diavolo €€

Speisen Sie romantisch unter einer Weinlaube (*pergolato*) und genießen Sie die ländliche Atmosphäre dieser rustikalen Trattoria. Der fangfrische Fisch wird lecker zubereitet – kosten Sie je nach Jahreszeit *ganseola* (Seespinne) oder *schie* (kleine Garnelen). Es gibt auch Cannelloni oder Fleischgerichte, die Venezianer kommen aber vor allem wegen des *fritto misto* (Grillfischplatte), zu dem ein Glas Hauswein schmeckt.
Fondamenta Borgognoni 10/11, Torcello 041/730 401; www.osteriapontedeldiavolo.com Di–So 12–15.30, Sa 19–22.30 Uhr; 15. Dez.–15. Feb. geschl. Torcello

LIDO

Bar Gelateria Maleti €

Diese große, beliebte Bar an der Hauptstraße des Lido bietet gute hausgemachte Eiscreme, Getränke und Kleinigkeiten bis spät in die Nacht hinein. Die Sandwiches werden frisch zubereitet, z. B. mit *porchetta* (Schweinebraten). Es gibt auch Cocktails, Wein und ungefähr 30 verschiedene Flaschenbiere.
Gran Viale Santa Maria Elisabetta 45–47, Lido 041/526 14 55 Do–Di 7–3 (im Winter bis 23 Uhr) Lido

Cri Cri €

Diese freundliche Eckkneipe befindet sich mitten auf der langen Uferstraße des Lido. Sie hat den ganzen Tag geöffnet und ist immer gefüllt mit Einheimischen, die hier auf ein Getränk und ein paar exzellente Snacks wie *panini, tramezzini, pizzette* (Sandwiches, gefüllte Rollen und Minipizzen), kleine Meerestier-Gerichte und Fisch-Kebabs hereinkommen. Zur Mittagszeit sind die Tische auf dem Gehsteig berstend voll mit Menschen, die sich Klassiker wie Spaghetti *alle vongole* (Spaghetti mit Venusmuscheln) und Grillfisch mit Salat schmecken lassen. Hier bekommen Sie etwas für Ihr Geld!
Via Sandro Gallo 159A 041/526 54 28 Mo–Sa 7–21 Uhr Lido

Da Valentino €€

Seit 22 Jahren im Besitz der Familie Rosada, zieht Da Valentino Einheimische genauso an wie Filmstars, die sich während des Internationalen Filmfestivals (Ende Aug.–Anfang Sept.) in Venedig aufhalten. In traditioneller Trattoria-Atmosphäre bietet es Fleisch und Fisch sowie frische Meeresfrüchte aus der Lagune. Beginnen Sie mit einer Auswahl an Antipasti, lassen Sie hausgemachte Pasta wie *tagliatelle* mit *capesante* (Jakobsmuscheln) oder *gnocchi* mit Fleischsauce folgen. Die ungewöhnlich guten Weine besorgt Michele, der Sohn des Wirts.
All'Artigliere: Via Sandro Gallo, 83 041/526 54 80 Do–Di 12–15, 18.45 bis 22.30 Uhr; Jan. geschl. Lido Da Valentino: Via Sandro Gallo 81 041/526 01 28 Mi–Mo 12–15, 18.45–22.30 Uhr; Jan. geschl. Lido

Garalin €

Diese Bar und *pasticceria* verkauft selbst gebackene Croissants und pikante *tramezzini*. Zudem gibt es eine ganze Reihe Cocktails, also kommen Sie kurz vor dem Abendessen und nehmen Sie an einem der Tische im Freien den Aperitif ein.
Via Sandro Gallo 57, Lido 041/526 15 73 Do–Di 9–20 Uhr Lido

Gelateria Le Magiche Voglie €

Kehren Sie nach einem Strandbesuch noch kurz in diese sehr beliebte *gelateria* direkt an der Hauptstraße ein und wappnen Sie sich für den weiteren Heimweg mit einer leckeren Portion Eis. Ob in der Waffel oder im Becher, das Angebot an Sahne- und Fruchteis mit frischen Früchten der Saison ist groß. Oder aber Sie gönnen sich eine der Spezialitäten des Hauses, wie Eistorte, auf der Zunge zergehendes *semifreddo* oder *panna in ghiaccio* (gefrorene Schlagsahne zwischen Waffeln).
Lido Gran Viale Santa Maria Elisabetta, 47g 041/526 13 85 Lido April–Sept. tägl. 10–23; Sept.–April Fr–So 12–18 Uhr Lido

Trattoria Favorita €€

Das Favorita gehört lange schon zu den beliebtesten Restaurants am Lido. Der urige Familienbetrieb eignet sich hervorragend für Eltern mit Kindern, die gern gut und reichlich essen und trinken. Die Tische auf der Gartenterrasse sind im Sommer stets voll besetzt, wenn Italiener hier bei Livemusik große Platten mit fangfrischem Lagunenfisch verspeisen. Es gibt warme und kalte Meeresfrüchte in reicher Auswahl, dazu in aller Regel Polenta. Der Meeresfrüchterisotto ist eine weitere Spezialität, auch die *pasta con le vongole veraci* (Venusmuscheln) oder *capesante* (Jakobsmuscheln) lohnt einen Versuch. Als Hauptgericht wird der Fisch gegrillt oder leicht paniert und gebraten serviert. Probieren Sie zum Dessert einen erfrischenden *sgroppino*: Zitronensorbet mit Wodka und Prosecco – sehr erfrischend!

✉ Via Francesco Duodo 33, Lido ☎ 041/526 16 26 🕒 Di 19.30–22, Mi–So 12.30–14.30, 19.30–22 Uhr; Mitte Jan.–Mitte Feb. geschl. 🚢 Lido

Wohin zum ... Einkaufen?

Brechen Sie früh zu einem Tagesausflug zu den Laguneninseln auf. Der erste Halt ist Murano: Achten Sie auf das Signet des hier geblasenen Glases und besuchen Sie mehrere Läden, bevor Sie sich entscheiden. Essen Sie auf Burano zu Mittag und stöbern Sie in den Läden nach Spitze. Ein *traghetto* bringt Sie nach Torcello.

MURANO

Unter den hiesigen Glasbläsereien finden sich weltbekannte Namen, deren Produkte in Nobelgeschäften verkauft werden, aber auch winzige Werkstätten, deren Glas sie nur auf der Insel bekommen. Zu den Erstgenannten gehört **Archimede Seguso** (Fondamenta Serenella 18, Tel. 041/527 13 68), bekannt für Qualität und Design. **Barovier e Toso** (Fondamenta Vetrai, Tel. 041/739 049) ist ein weiteres historisches Unternehmen, das eng mit den *maestri* des Glases zusammenarbeitet. Ihre Produkte sind außergewöhnlich und technisch versiert. Das trifft auch auf das Glas von **Venini** (Fondamenta dei Vetrai, Tel. 041/273 72 11; www.venini.it) zu, die einige sehr moderne Stücke wie die des Designers **Carlo Morletti** anbieten. Diese drei Hersteller haben einen gemeinsamen Laden: **Murano Collezioni** (Fondamenta Manin 1D, Tel. 041/736 272). **Fratelli Toso** (Fondamenta Colleoni 7, Tel. 041/739 060) haben sich auf bemerkenswerte, spiralförmige Designs aus mehrfarbigem Glas spezialisiert, aus dem Vasen und Gläser entstehen. Trinkgläser im Antikstil bekommen Sie bei der **Vetreria Colonna** (Fondamenta dei Vetrai 10/11, Tel. 041/739 389; www.vetreriacolonna.com); andere guten Adressen sind **Mazzega** (Fondamenta da Mula 147, Tel. 041/736 888; www.mazzega.it) und **Ferro e Lazzarini** (Fondamenta Navagero 75, Tel: 041/739 299; www.ferrolazzarini.it). Den letzten beiden können Sie in der Werkstatt bei der Arbeit zusehen. **Flora Gatto** (Fondamenta Giustinian 12/13, Tel. 041/73 66 54) bietet alles von schlichten Gläsern über vielfarbige Phantasiestücke, Glasornamente, -figuren und -tiere hin zu Lampen und Spiegeln. **SALIR** (Fondamenta Manin 77/79, Tel. 041/73 90 33) sind für ihre Spiegel mit traditionell venezianischem Dekor und Gravuren bekannt. Die Adresse für topmodernes Glas ist **Manin 56** (Fondamenta Manin 56, Tel. 041/527 53 92), wo es das schöne und perfekt gefertigte Glas aus dem Haus Salviati gibt. Einen Besuch wert sind des Weiteren **Nason e Moretti** (Calle Dietro degli Orti 12, Tel. 041/739 020; www.nasonmoretti.it) und deren zweiter Laden, **Elle** auf der Fondamenta Manin (Nr. 52, Tel. 041/527 48 66). Die Glasobjekte bei **Luigi Camozzo** (Fondamenta Venier 3, Tel. 041/736 875) werden so bearbeitet, dass sie Stein und Marmor ähneln. Schlichtes, modernes Design finden Sie bei **Rossana e Rossana** (Riva Lunga 11, Tel. 041/527 40 76). Seit Jahrhunderten wurden auf Murano *perle*, venezianische Glasperlen, hergestellt. Diese Tradition führen **Arte Nova** (Fondamenta de Vetrai, Tel. 041/527 53 79) und **CriDi** (Fondamenta de Vetrai, Tel. 041/527 53 79) fort, die auch beide modernen Schmuck fertigen.

BURANO

Zwischen all den Importen und maschinell hergestellten Spitzen finden sich immer noch echte Stücke aus Burano – allerdings zu hohen Preisen. Einer der besten Läden ist **Lidia** (Via Galuppi 215, Tel. 041/730 052), wo immer noch einheimische Frauen an Spitzen arbeiten und sich im Hinterzimmer ein Museum dieser Kunst widmet. **Emilia** an der Piazza Galuppi 205 (Tel. 041/735 299) fasst Tisch- und Taschentücher sowie Unterwäsche in einheimische Spitze ein – für eine kleine Arbeit sollten Sie mit 120 Euro rechnen. Eine andere Spezialität Buranos ist weit billiger: *bussolai*, krosse Kekse in allen Formen und Geschmacksrichtungen. Zu haben bei **Dai Fradei** (Piazza Galuppi 380, Tel. 041/735 630) und **Carmelina Palmisano** (Via Galuppi 355, Tel. 041/730 485).

LIDO

Die Hauptstraße des Lido, Gran Viale Santa Maria Elisabetta, bietet viele gute Läden, am besten zum Shoppen eignet sich jedoch der **Markt am Dienstagmorgen** (8.30–12 Uhr) mit Früchten, Lebensmitteln, Schuhen, Kleidung und Haushaltwaren. 15 Minuten zu Fuß vom *vaporetto* aus oder mit dem Bus Richtung Alberoni bis zur Haltestelle Riviera B Marcello.

Wohin zum ... Ausgehen?

Weder auf Murano noch auf Burano ist nachts viel los. Wenn Sie jedoch am Lido zu Abend gegessen haben, können Sie sich in die Pianobar eines der großen Hotels setzen oder ein Eis in einer der zahlreichen *gelaterie* essen.

Das berühmte cremefarbene **Hotel Des Bains** diente als Schauplatz für den Roman und den Film *Der Tod in Venedig*. Die schicke Pianobar ist jeden Abend auch für Besucher geöffnet, die nicht im Hotel wohnen (Lungomare Marconi 17, Tel. 041/526 59 21). Das **Hotel Excelsior** liegt direkt am Strand mit Blick auf den Hauptstandort des Filmfestivals. Obgleich das Hotel in den 1960ern komplett umgebaut wurde, verspürt man noch den alten Charme. Zur Pianobar gehört eine romantische Terrasse mit Blick aufs Wasser, die bei Filmstars sehr beliebt ist, aber auch Gästen, die nicht im Hotel wohnen, offensteht. Probieren Sie hier den venezianischen Frucht-Prosecco-Cocktail (Lungomare Marconi 41, Tel. 041/516 02 01). Die Jugendstil- Pianobar des **Hungaria Palace Hotel** (Gran Viale Santa Maria Elisabetta, Tel. 041/242 0060) komplettiert das Trio berühmter historischer Häuser.

Der Gran Viale Santa Maria Elisabetta, die Hauptstraße, die von den *vaporetto*-Haltestellen des Lido bis zum Meer führt, eignet sich perfekt für die abendliche *passeggiata* (Spaziergang). Viele Bars sind bis spät in die Nacht geöffnet. **Il Gelatone** bietet hausgemachte Eiscreme und im Winter heiße Schokolade (Gran Viale 63, Tel. 041/526 56 46).

Ausflüge

Ausflüge

Wenn Sie Venedigs Kanäle und steinerne Pracht ausreichend bewundert haben, möchten Sie vielleicht andere historische Städte in der näheren Umgebung kennenlernen. Fahren Sie mit dem Zug ab Santa Lucia durch die fruchtbare, ruhige Ebene, und erkunden Sie einige der schönsten Städte Norditaliens. Dort gibt es ebenfalls viel zu sehen, dafür aber weniger Touristen, was sich auch auf den Geldbeutel vorteilhaft auswirkt.

Am besten erreichbar ist Padua (Padova) im Westen. Der Geburtsort des hl. Antonius gehört zu den bedeutendsten Universitätsstädten Italiens. Die Cappella Scrovegni birgt einen weltberühmten Freskenzyklus von Giotto. Im Nordwesten der Stadt liegt Vicenza. Der Architekt Andrea Palladio (➤ 166) hinterließ hier im Herzen der Stadt zahlreiche sehenswerte Bauten. Besichtigen Sie Verona mit seinen römischen Baudenkmälern und dem Marmor, Schauplatz von Shakespeares *Romeo und Julia*.

Am Südrand der Lagune lohnt das auf dem Festland gelegene malerische Hafenstädtchen Chioggia einen Besuch, das Sie von Venedig aus per Boot und Bus erreichen.

Padua (Padova)

Die Fahrt von Venedig nach Padua dauert nur eine knappe halbe Stunde. Die historische Stadt ist zugleich Standort einer bedeutenden Universität und das wirtschaftliche Zentrum des Veneto. Weitläufige Plätze, prachtvolle Straßen, Kunstschätze, Kulturdenkmäler und Läden bilden eine reizvolle Einheit.

Kunstliebhaber kommen vor allem, um die Giottofresken in der **Capella Scrovegni** zu betrachten, die zu den frühesten Arbeiten der Renaissance gehören. Enrico Scrovegni ließ die Kapelle als Buße für seinen Vater errichten, einen Wucherer, der angeblich noch auf dem Sterbebett nach seiner Geldkassette schrie und in Dantes *Göttlicher Komödie* in der Hölle schmort. Zwischen 1303 und 1305 bemalte Giotto die Wände der Kapelle mit Szenen aus dem Leben Jesu und der Jungfrau Maria, die sich wunderbar vom tiefblauen Hintergrund abheben. Die Fresken gelten mit ihrer Ausdruckskraft der Figuren und der Fülle der Details als Wendepunkt in der Geschichte der europäischen Kunst. Besichtigen Sie nach Möglichkeit auch die übrigen Ausstellungen der Musei Civici, zu denen die Kapelle gehört, um die archäologischen Funde und die große Gemäldegalerie kennenzulernen.

Ein eleganter Kanal umschließt den Prato della Valle, Paduas größten Platz

Südlich der Museen erstrecken sich Paduas drei Hauptplätze, die Piazze delle Frutta, delle Erbe und dei Signori. Auf allen findet täglich ein Markt statt. Zwischen der Piazza delle Frutta und der Piazza delle Erbe steht der imposante **Palazzo della Ragione**, ein mächtiger Bau aus dem 13. Jahrhundert, der einst als Ratssaal diente. Das riesige Holzpferd im großen Saal entstand 1466, vermutlich für ein Turnier. Sehenswert sind außerdem die zweitälteste **Universität** Italiens, an der Galileo Galilei 20 Jahre lang lehrte, und das neoklassizistische **Caffè Pedrocchi**. Die orientalische und mittelalterliche Inneneinrichtung im ersten Stock zog im 19. Jahrhundert vor allem Intellektuelle an, die sich hier zu ihren Disputen trafen. Wenn Sie weiter nach Süden gehen, erreichen Sie die dem hl. Antonius geweihte **Basilica di Sant'Antonio**, kurz Il Santo genannt. Sie zählt zu Italiens bedeutendsten Wallfahrtsstätten und ist stets voller Pilger. Die wunderbaren Basreliefs und Skulpturen von Donatello und Jacopo Sansovino sind bei diesem Ansturm leider oft schwer zu bewundern.

Seite 157: Torre dei Lamberti, Verona

Auf der Terrasse dieses Cafés können Sie die Welt an sich vorüberziehen lassen

Touristeninformation
✉ Stazione Ferroviaria ☎ 049/875 20 77; www.turismopadova.it
🕐 Mo–Sa 9.15–19, So 9–12 Uhr
✉ Galeria Pedrocchi ☎ 049/876 79 27 🕐 Mo–Sa 9.30–18, So 9–12 Uhr

Cappella degli Scrovegni (Scrovegni-Kapelle) und Musei Civici
✉ Piazza Eremitani ☎ 049/201 00 20 (Mo–Fr 9–19, Sa 9–18 Uhr)
🕐 Cappella degli Scrovegni: März–Okt. tägl. 9–22 Uhr; Nov.–Feb. 9–19 Uhr; Reservierung erforderlich unter www.cappelladegliscrovegni.it oder telefonisch; Musei Civici: Di–So 9–19 Uhr ✋ teuer

Palazzo della Ragione
✉ Piazza delle Erbe ☎ 049/820 50 06 🕐 Feb.–Okt. 9–19 Uhr; Nov.–Jan. 9–18 Uhr ✋ mittel

Caffè Pedrocchi
✉ Piazetta Pedrocchi ☎ 049/878 12 31 🕐 Räume im 1. Stock: So–Sa 9.30–12.30, 15.30–18 Uhr; Bar: tägl. 8–23 Uhr ✋ preiswert

Basilica di Sant'Antonio
✉ Piazza del Santo ☎ 049/878 97 22 🕐 April–Okt. 6.30–19.45 Uhr; Nov.–März 6.30–19 Uhr ✋ frei

PADUA: INSIDER-INFO

Anreise: Alle Züge, die von Venedig aus nach Südwesten fahren, **halten in Padua** (die Fahrtdauer beträgt 25–30 Minuten). Sie können auch mit dem Bus ab Piazzale Roma fahren.

- Von März bis Anfang November **fahren Ausflugsschiffe auf dem Brentakanal** von Venedig nach Padua und zurück. Informationen über I Battelli del Brenta, via Porciglia 34, Padova, Tel. 049/876 02 33, www.battellidelbrenta.it (Online-Buchung möglich).

Top-Tipps: Der Zugang zur Scrovegni-Kapelle ist auf insgesamt 25 Besucher beschränkt und nur noch nach **Vorbestellung** möglich unter www.cappelladegli scrovegni.it oder Tel. 049/201 00 20.

- Nehmen Sie sich in der Touristeninformation am Bahnhof einen **Stadtplan** mit.
- Wenn Sie mehrere Sehenswürdigkeiten in Padua besichtigen möchten, lohnt sich der Kauf einer **PadovaCard (Kombiticket)**.

Geheimtipp: Im **Orto Botanico (Botanischen Garten)**, der um 1540 als einer der ersten botanischen Gärten Europas gegründet wurde, können Sie sich wunderbar entspannen.

Chioggia

Der geschäftige Seehafen Chioggia ist ein schönes Ziel für einen Tagesausflug. Auf dem Weg bietet sich ein Zwischenstopp auf den Inseln des Lido und auf Pellestrina an.

Chioggia liegt auf dem Festland südlich der Lagune am Meer. Seit jeher verdienen die Menschen hier ihren Lebensunterhalt mit den Fischen, die sie mit den für Chioggia typischen flachen, farbenprächtigen, bis zu zwölf Meter langen *bragozzi* fangen.

Fähren aus Venedig legen am Nordende des Corso del Popolo an. Die eleganten Arkaden an Chioggias Hauptstraße bergen zahlreiche Läden und Cafés.

Die Altstadt, in der viele kleine Gässchen zum Wasser hinunterführen, erstreckt sich über zwei Inseln, die der Canale della Vena trennt. Besichtigen Sie unbedingt den **Granaio** (Kornspeicher) aus dem 14. Jh. und die Kirche **San Domenico**, die auf einer eigenen kleinen Insel steht und über eine Brücke erreichbar ist. Das **Museo Storico della Laguna (Historisches Lagunenmuseum)** informiert über die Geschichte der Lagune.

Vertäute Arbeitsboote am Canale della Vena in Chioggia

Touristeninformation
Lungomare Adriatico 101, Sottomarina Lido · 041/401 068
Mai–Sept. Mo–Sa 10–17 Uhr

Museo Storico della Laguna
San Francesco fuori le mura, Campo Marconi · 041/550 09 11
Juni–Aug. Di, Mi 9–13, Do–Sa 9–13, 19.30–23.30, So 7.30–23.30; Sept.–März Di, Mi 9–13, Do–Sa 9–13, 15–18, So 15–18 Uhr · mittel

CHIOGGIA: INSIDER-INFO

Anreise: Nehmen Sie am Lido gegenüber des pontile die Buslinie 11 zur Fähre in Alberoni, setzen Sie über nach Pellestrina und nehmen Sie dann die Fähre nach Chioggia. Sie können am Lido auch ein Fahrrad mieten und dort radeln. Die Busse nach Chioggia fahren stündlich, Sie können unterwegs bequem aus- und in den nächsten wieder einsteigen. Um typisch italienisches Strandleben zu genießen, fahren Sie zum Badeort Sottomarina.

Verona

Verona liegt am Ufer des Adige und ist mit dem Zug leicht erreichbar. Der für die Gegend typische rötliche Kalkstein und zahlreiche römische Baudenkmäler prägen das Stadtbild, das einen schönen Kontrast zu dem Venedigs bildet.

Nachts werfen Lichter einen goldenen Schimmer über die Außenmauern der römischen Arena

Die wenig aufregende Geschichte der Stadt ist mit dafür verantwortlich, dass in Verona zahlreiche Bauten aus der römischen Epoche, dem Mittelalter und der Renaissance erhalten geblieben sind. Seit dem 14. Jahrhundert war die Stadt von Fremdherrschern regiert worden, ab 1866 gehörte sie zum neu gegründeten Königreich Italien. Heute blüht der Handel, sichtbar nicht zuletzt an den zahlreichen Designerboutiquen im Stadtzentrum. Verona verdankt seinen Wohlstand allerdings in erster Linie den ansässigen Industriebetrieben.

Die meisten Touristen gehen auf direktem Wege zur belebten Piazza Brà, dem größten Platz der Stadt, der sich gut als Ausgangspunkt für eine Besichtigungstour eignet. Beherrschendes Element der Piazza ist die **Arena** aus dem 1. Jahrhundert, eines der weltweit größten römischen Amphitheater. Dank der vielen Marmorsteinbrüche rund um Verona blieb die Arena erhalten, denn so stahl man die Steine des Theaters nicht für neue Bauwerke. Sie können zum oberen Rand hinaufklettern und über die Stadt oder hinunter in die Arena blicken, in der einst Gladiatoren kämpften und Seeschlachten nachgestellt wurden. Heute finden hier alljährlich die berühmten Opernfestspiele statt (► 163). Die Via Mazzini, eine Fußgängerzone mit Geschäften und Cafés, führt von der Arena ins Herz der Stadt, zur **Piazza delle Erbe**. Loggien,

Stadthäuser und freskenverzierte Renaissancebauten säumen den Platz, auf dem bereits seit dem Mittelalter die Händler allmorgendlich ihre Waren feilbieten. Viele Touristen pilgern von hier aus zur Via Cappello, in der die **Casa di Giulietta (Juliahaus)** mit dem allerdings erst 1928 angebauten Balkon steht. Shakespeares Werk Romeo und Julia stützt sich auf zwei reale Familien – die Cappelli und die Montecchi – die wahrscheinlich aus Vicenza stammten; die beiden Hauptcharaktere aber sind fiktiv. Das hält viele der circa 500 000 Besucher pro Jahr nicht davon ab, hier ihre Initialen einzuritzen.

Hinter der Piazza delle Erbe liegt die **Piazza dei Signori** mit dem angrenzenden Hof des **Mercato Vecchio**. In dem prachtvollen Gebäudekomplex mit Loggia und Treppe spielte sich einst das öffentliche Leben ab. Der **Palazzo della Ragione** aus dem 12. Jahrhundert verbindet die Piazza delle Erbe mit der Piazza dei Signori, die von der 1172 begonnenen und 1464 fertiggestellten **Torre dei Lamberti** beherrscht wird. Am Ostrand der Piazza befinden sich die Skaligergräber. Die gotischen Grabmäler wurden für Mitglieder der Scaligeri-Dynastie errichtet, die im Mittelalter über Verona herrschte. Weiter nördlich erheben sich der **Duomo (Kathedrale)** und **Sant'Anastasia**, Veronas größte, zwischen 1290 und 1481 erbaute Kirche. Nicht weit von hier spannt sich der wieder aufgebaute römische **Ponte della Pietra** über den Adige. Die Brücke, die während des Zweiten Weltkriegs massiv bombardiert wurde, führt zu den Ruinen des römischen Theaters, in denen während der Sommermonate Theater- und Ballettaufführungen sowie Konzerte stattfinden.

Der viel fotografierte Balkon des Juliahauses

DIE OPER IN VERONA

Veronas Arena bildet die perfekte Kulisse für die Opernfestspiele, die alljährlich Ende Juni bis Ende August stattfinden. Von Opernkennern häufig als reine Touristenveranstaltung kritisiert, sind Inszenierung, Musiker und Schauspieler stets von Weltrang. Tickets sollten Sie weit im Voraus buchen. Am besten gehen Sie persönlich vorbei oder rufen an. Der Vorverkaufsschalter befindet sich in der Via dietro Anfiteatro 6/B (Tel. 045/800 51 51) und ist Mo–Fr 9–12 und 15.15–17.45, Sa 9–12 Uhr sowie im Juli und August an Vorstellungstagen 10–21, an den übrigen Tagen 10–17.45 Uhr geöffnet. Website: www.arena.it

Den Fluss entlang kommen Sie zum **Castelvecchio**, der mittelalterlichen Festung der Skaliger. Sie beherbergt das **Civico Museo d'Arte (Städtisches Kunstmuseum)** und ist mit ihren Wehrgängen und Treppen um den grasbewachsenen Innenhof sehr eindrucksvoll. Ebenso lohnt ein Spaziergang zur Kirche **San Zeno Maggiore**. Die romanische Basilika gilt als eine der schönsten Norditaliens. Basreliefs aus Marmor rahmen das kostbare Bronzeportal ein, darüber prangt eine als Glücksrad gestaltete Fensterrose. Das Triptychon über dem Hauptaltar zeigt Andrea Mantegnas (1431–1506) *Madonna im Kreise der Heiligen*.

Touristeninformation
Via degli Alpini 9 (Piazza Brà) 045/806 86 80 oder 045/800 0861; www.tourism.verona.it Juni–Sept. tägl. 8–20 Uhr; Okt.–Mai Mo–Sa 9–18, So 9–13 Uhr

Arena
Piazza Brà 045/800 32 04 Mo 13.30–19.30, Di–So 8.30–19.30, während der Festspiele 9–15.30 Uhr mittel

Casa di Giulietta
Via Cappello 23 045/803 43 03 Di–So 8.30–19.30, Mo 13–19.30 Uhr mittel

Torre dei Lamberti
Piazza dei Signori, Cortile Mercato Vecchio 045/927 302 Di–So 9.30–19.30, Mo 13.30–19.30 Uhr preiswert

Duomo
Piazza del Duomo 045/592 813; www.chiesaverona.it Mo–Sa 10–17.30, So 13–17.30 Uhr preiswert

Sant'Anastasia
Corso Sant'Anastasia 045/592 813; www.chiesaverona.it Mo–Sa 9–18, So 13–18 Uhr preiswert

Castelvecchio und Civico Museo d'Arte
Corso Castelvecchio 2 045/806 26 11; www.comune.verona.it Mo 13.30–19.30, Di–So 8.30–19.30 Uhr mittel

San Zeno Maggiore
Piazza San Zeno 045/592 813; www.chiesaverona.it Mo–Sa 8.30–18, So 13–18 Uhr preiswert

Im Sommer wird die Arena für Opernaufführungen genutzt

VERONA: INSIDER-INFO

Anreise: Fahren Sie mit dem **Intercity** von Venedig nach Verona (Fahrzeit ca. 1,5 Std.). Die Züge verkehren tagsüber meistens im Stundentakt.

- **Busse zum Stadtzentrum** (Linien 11, 12, 13 Mo–Sa; 91, 92 So) fahren vor dem Bahnhof ab. Das Ticket müssen Sie vor der Abfahrt im Bahnhof kaufen und im Bus entwerten.

Top-Tipp: Die **VeronaCard** (erhältlich in der Touristeninformation) gilt einen oder drei Tage und ermöglicht den Eintritt in Museen, Kirchen und Baudenkmäler.

Vicenza

Sehenswerte Bauten, Grünflächen und eine entspannte Atmosphäre kennzeichnen Vicenza. Die wohlhabende Stadt hat sich im Laufe der Jahre herausgeputzt, ohne ihren historischen Charme einzubüßen.

Der schlanke, hohe Glockenturm der Torre di Piazza ragt über die Loggia del Capitaniato

Eine Mischung aus gotischer und Renaissancearchitektur bestimmt das Zentrum der Stadt, die einst zu den Besitzungen Venedigs gehörte. Den Mittelpunkt des *centro storico* bildet die Piazza dei Signori mit Palladios eindrucksvoller **Basilica**, seinem ersten großen Bauwerk, und der ebenfalls von ihm errichteten **Loggia del Capitaniato**. Die eleganten zweistöckigen Arkaden der Basilika umschließen den alten Palazzo della Ragione, der bis zu Palladios Eingriff abzusacken drohte. Gleich dahinter findet bereits seit dem Mittelalter auf der Piazza delle Erbe ein Markt statt. Vicenzas wichtigste Museen, das **Museo Civico** mit Arbeiten von Tiepolo und Tintoretto (► 22) und die **Gallerie di Palazzo Leoni Montanari** mit Genrebildern von Longhi (► 22), lohnen den Besuch. Die meisten Touristen besichtigen jedoch zuerst das **Teatro Olimpico (Olympisches Theater)**. Der Entwurf für dieses älteste geschlossene Theatergebäude Europas, das 1585 eingeweiht wurde, stammt von Palladio. Er starb vor der Vollendung seines Bauwerks, doch die eindrucksvolle Perspektivbühne mit der *trompe l'œil*-Kulisse der antiken Stadt Theben geht auf seine Zeichnungen zurück. Diese ist nur fünfzehn Meter tief und zwei Meter hoch und wirkt doch unglaublich tief. Von Palladio erbaute Villen liegen am Rand der Stadt. Die berühmte Villa Capra (auch **La Rotonda**) ist leicht zu erreichen.

PALLADIO
Nur wenige Architekten beeinflussten die Nachwelt so stark wie Andrea Palladio, geboren 1508 in Padua. Der Sohn eines Steinmetzes erhielt zunächst eine Ausbildung zum Bildhauer. 1524 zog er nach Vicenza, wo er den Grafen Trissino kennenlernte. Dieser gehörte einer Gruppe von Humanisten an, die die klassische Kultur neu beleben wollten. Trissino schickte den jungen Mann nach Rom, wo er die klassischen Altertümer studieren und sich mit den Schriften des großen römischen Architekten Vitruv vertraut machen sollte. 1546 erhielt Palladio den Auftrag, das Rathaus Vicenzas neu zu bauen. Seine kühnen Entwürfe verhalfen ihm zum Durchbruch. Zugleich verfasste er sein Hauptwerk, die *Quattro Libri dell'Architettura* (*Vier Bücher zur Architektur*). Als er 1580 starb, hatte er die europäische Architektur grundlegend geprägt. Die Landhäuser und Kirchen, die im 18. Jh. in Großbritannien nach seinem Vorbild entstanden, beeinflussten ihrerseits die Baukunst in den Vereinigten Staaten.

Touristeninformation
✉ Piazza Matteotti 12
☎ 0444/320 854; www.vicenzanews.it
🕒 Mo–Sa 9–13, 14.30 bis 18 Uhr
✉ Piazza dei Signori 8
☎ 0444/544 122

Basilica
✉ Piazza dei Signori
☎ 0444/323 681
🕒 wegen Restaurierung innen geschl. € mittel

Museo Civico
✉ Piazza Matteotti
☎ 0444/321 348 🕒 Di–So 9–17 Uhr € mittel

Palladios Villa Capra (La Rotonda) in Vicenza inspirierte die Baukunst in aller Welt

Seite 167: Ein vergoldeter Kerzenleuchter in San Moisè

Gallerie di Palazzo Leoni Montanari
✉ Contrà Santa Corona 25 ☎ 800/578 875 🕒 Fr–So 10–18 Uhr € mittel

Teatro Olimpico
✉ Piazza Matteotti 11 ☎ 0444/222 800; www.olimpico.vicenza.it
🕒 Juni–Aug. Di–So 10–19 Uhr; Sept.–Mai 9–17 Uhr € mittel

La Rotonda, Villa Capra
✉ Via Rotonda 29 ☎ 0444/321 793 🕒 außen: März–Nov. Di–Do 10–12, 15–18 Uhr; innen: März–Nov. Mi 10–12, 15–18 Uhr € mittel 🚌 8

VICENZA: INSIDER-INFO

Anreise: Vom Bahnhof Santa Lucia fahren stündlich Züge nach Vicenza (Dauer 55 Min). Mit Bussen gelangen Sie ins Stadtzentrum.

Spaziergänge und Touren

1 RUND UM SAN MARCO

Spaziergang

LÄNGE 2,5 km **DAUER** 1,5 Std. (Brechen Sie nach dem Frühstück auf, um dem größten Ansturm zu entkommen.)
START Piazza San Marco ✚ 199 F3 **ZIEL** Ponte dell'Accademia ✚ 198 A2

Auf diesem Spaziergang durch die Straßen von San Marco lernen Sie Plätze und Straßen, Kirchen und Kanäle kennen.

1–2

Lassen Sie auf der **Piazza San Marco** (➤ 48f) die **Basilica di San Marco** (➤ 50ff) rechts liegen und gehen Sie unter der **Torre dell'Orologio** (➤ 60) hindurch zu den **Mercerie** (➤ 61). Folgen Sie den Mercerie bis zur Kreuzung mit der Via 2 Aprile. Links steht die **San Salvador**. Diese hübsche venezianische Renaissancekirche, die Mitte des 16. Jahrhunderts gebaut wurde, birgt zwei prachtvolle Gemälde von Tizian, die *Verkündigung* und die *Verklärung Christi*, sowie schöne Skulpturen und das große Grabmal von Caterina Cornaro, der Königin von Zypern.

2–3

Biegen Sie hinter dem nächsten Kanal links ab in die Calle dei Fabbri. An der dritten Kreuzung biegen Sie rechts in die Calle del Magazen und dort wieder rechts zum Campo San Luca. Jenseits des Platzes führt die Salizzada San Luca zum Campo Manin. Biegen Sie links ab und folgen Sie den Schildern zur **Scala del Bòvolo**, einer prächtigen Wendeltreppe, die sich an einer Ecke des Palazzo Contarini emporwindet. Sie wurde 1499 erbaut und mit dem venezianischen Dialektwort für »Schnecke« benannt.

3–4

Gehen Sie die Calle delle Locande hinunter, biegen Sie rechts in die Calle dei Fusèri und überqueren Sie die Brücke. Sie befinden sich nun in der eleganten Frezzeria, in der einst *frezze* (Pfeile) hergestellt wurden. Folgen Sie der Straße bis zur Salizzada San Moisè, die von San Marco zur Accademia führt. Biegen Sie rechts ab und laufen Sie weiter bis zu einer der üppigsten Barockkirchen der Stadt: **San Moisè**.

Kunstwerke zieren San Salvador

4–5

Überqueren Sie den Kanal und gehen Sie die Calle XXII Marzo hinunter. Die dritte Straße nach rechts mit dem Hinweisschild »La Fenice« führt Sie zum Campo San Fantin. Hier steht **La Fenice** (Der Phönix), eins der schönsten Opernhäuser Europas. Das heutige Gebäude ist eine gelungene Rekonstruktion des Originals, das im Januar 1996 abbrannte. Der nächstgelegene Kanal lag gerade trocken, als das Feuer ausbrach, und so stand kein Wasser zum Löschen bereit. Für die Saison 2004/05 wurde die Oper schließlich wiedereröffnet. Das neue Gebäude bietet modernste Ausstattung, ist aber dem einstigen Glanz originalgetreu nachemp-

Detail einer Engelsfigur, San Moisè

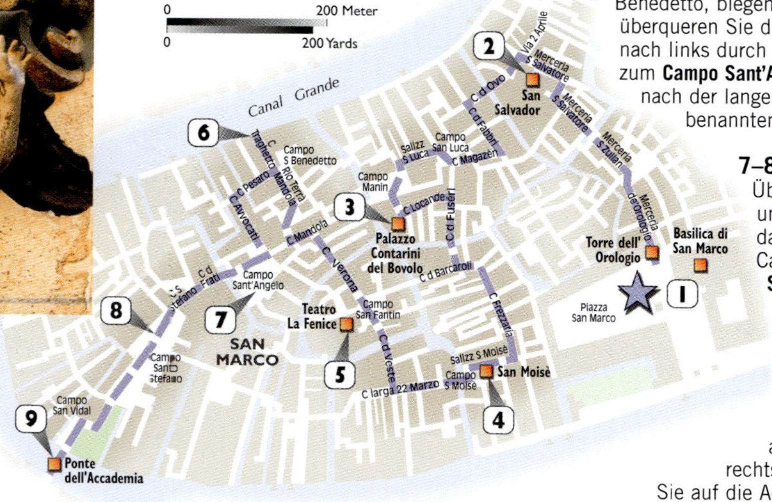

funden (Audioguides in Deutsch; Führungen in Deutsch ab zehn Personen, teuer, Reservierung erforderlich, Tel. 041/786 677).

5–6

Überqueren Sie den Campo San Fantin und folgen Sie der Calle della Verona. Biegen Sie hinter der Brücke in die dritte Straße links und dann die erste rechts ab. Wenden Sie sich an der nächsten T-Kreuzung nach rechts zum Campo San Benedetto. Auf der gegenüberliegenden Seite des Platzes beginnt die **Calle del Traghetto**, eine Sackgasse, an deren Ende früher ein *traghetto*, eine Fähre, den Kanal überquerte.

6–7

Gehen Sie zurück zum Campo San Benedetto, biegen Sie rechts ab und überqueren Sie die Brücke. Gehen Sie nach links durch die Calle degli Avvocati zum **Campo Sant'Angelo**, einem großen, nach der lange schon zerstörten Kirche benannten Platz.

7–8

Überqueren Sie den Platz und die große Brücke dahinter. Folgen Sie der Calle dei Frati zum **Campo Santo Stefano** (➤ 61).

8–9

Am anderen Ende des Campo Santo Stefano verengt sich der Platz und führt am Blumenstand nach rechts. Von hier aus schauen Sie auf die Accademiabrücke.

KLEINE PAUSE

Auf dem Weg zum Campo Santo Stefano kommen Sie an vielen Bars vorbei.

2 FAHRT AUF DEM CANAL GRANDE

Tour

LÄNGE ca. 3,8 km **DAUER** etwa 40 Min.
START Piazzale Roma ✚ 190 C1 oder Ferrovia Santa Lucia ✚ 191 D2
ZIEL San Marco ✚ 199 E2 oder San Zaccaria ✚ 200 B3

Die Fahrt mit dem *vaporetto* der Linie 1 auf dem Canal Grande gehört als absolutes Muss zu jeder Venedigreise, denn schneller und preisgünstiger können Sie die Stadt kaum von ihrer besten Seite kennenlernen. Prachtvolle Palazzi säumen das Ufer der Hauptverkehrsader Venedigs, und die zahlreichen Haltestellen bieten Gelegenheit, die Gebäude vom Boot aus in Ruhe zu betrachten. Außerdem können Sie die Venezianer beobachten, die ihre Alltagsgeschäfte mit dem Vaporetto erledigen.

1–2

Steigen Sie am Piazzale Roma oder etwas weiter abwärts auf der gegenüberliegenden Seite an der Stazione Santa Lucia ein. Bereits seit 1846 befindet sich hier eine *vaporetto*-Haltestelle, die heutige stammt aus den 1950er-Jahren. Gleich neben dem Anleger liegt der Ponte degli Scalzi (1934), eine der vier Brücken über den Canal Grande. Am gegenüberliegenden Ufer erhebt sich die Kuppelkirche

Pescaria-Fischmarkt nahe der Rialto-Brücke

San Simeon Piccolo, die 1738 nach dem Vorbild des römischen Pantheons erbaut wurde. Auf der linken Seite steht die Kirche **San Geremia**, die die Reliquien der hl. Lucia birgt. Hinter San Geremia zweigt der **Canal di Cannaregio** (➤ 86) ab, der vor dem Bau des Eisenbahndamms den wichtigsten Zugang zur Stadt bildete.

2–3

Das Boot hält wenig später bei **San Marcuola**, einer Kirche aus dem 18. Jahrhundert, deren Name sich aus denen der beiden eher unbekannten Heiligen Hermagor und Fortunatus zusammensetzt. Da beim Bau das Geld ausging, blieb die Fassade unvollendet. Am rechten Ufer liegt der venezianisch-byzantinische **Fondaco dei Turchi**, der im 19. Jahrhundert leider unsachgemäß restauriert wurde. Zur Zeit der Repubblica diente er den türkischen Kaufleuten als Hauptsitz. Gleich daneben stehen die **Depositi del Megio**, ein flaches, zinnengekröntes Gebäude mit einem prächtigen Markuslöwen über dem Hauptportal. Im 15. Jahrhundert lagerte man hier Getreide. Am linken Ufer erhebt sich der **Palazzo Vendramin-Calergi**, ein Renaissancebau von Mauro Coducci, der im Winter das städtische Kasino beherbergt. In diesem Haus starb 1883 der Komponist Richard Wagner. Gegenüber ragen die beiden Obelisken auf dem Dach

des **Palazzo Belloni Battagia** in den Himmel. Longhena baute ihn 1650 für die neureiche Familie Belloni, die sich damit Zugang zur höheren Gesellschaft verschaffte. Wenig später folgt die *vaporetto*-Haltestelle **San Stae** an der 1709 im Barockstil erbauten gleichnamigen Kirche.

3–4

Am rechten Ufer taucht nun die **Ca' Pesaro** (➤ 116) auf, Longhenas 1652 erbautes Meisterwerk. Links erhebt sich wenig später die **Ca' d'Oro** (➤ 90f), Venedigs berühmtester gotischer Palazzo. Hinter der Haltestelle Ca' d'Oro erstreckt sich zur rechten Seite die **Pescarìa** (➤ 111), der Fischmarkt am anderen Ufer. Daran schließen sich die lang gezogenen **Fabbriche Nuove** an, die in den Jahren 1554 bis 1556 von Sansovino als Markthallen entworfen und später Sitz des Schwurgerichts wurden. Auf der linken Seite sehen Sie den **Fondaco dei Tedeschi**, den ehemaligen Hauptsitz der deutschen Kaufleute mit Lagerräumen und Unterkünften (heute die Hauptpost). Kurz vor dem **Ponte di Rialto** (➤ 108f) legt das Boot am linken Ufer an.

Entlang des Canal Grande, auf Höhe der großartigen Barockkirche Santa Maria della Salute

Die Ca' Pesaro, ein prächtiger Barockpalast von Baldassare Longhena

Die Fondaco dei Turchi wurde im 19. Jahrhundert restauriert und wird nachts angestrahlt

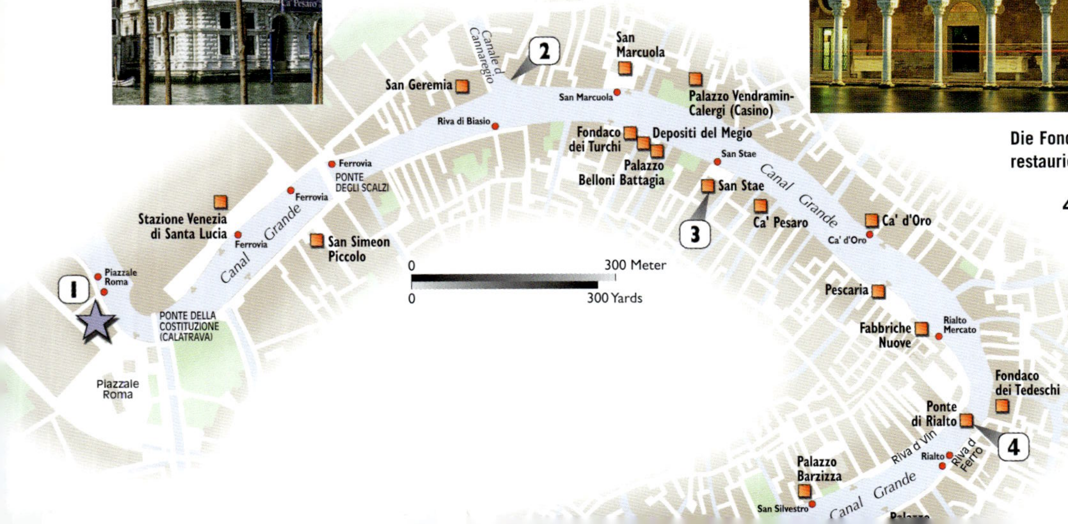

4–5

Zu beiden Seiten der Rialtobrücke führen *fondamente* am Kanal entlang. Links erstreckt sich die Riva del Ferro, an der früher aus Deutschland stammendes Eisen entladen wurde, rechts zieht sich die **Fondamenta del Vin** (➤ 109) mit Restaurants und Cafés hin. Am linken Ufer stehen gegenüber der Haltestelle San Silvestro die Ca' Farsetti und der Palazzo Loredan,

Rot-weiß gestreifte Bootspfosten säumen den Kanal

zwei im 13. Jahrhundert erbaute Häuser, in denen heute die Stadtverwaltung sitzt. Oft sind hier Diplomaten- und Polizeiboote vertäut. Übersehen Sie nicht den **Palazzo Barzizza** an der Haltestelle San Silvestro, der als einer der wenigen Palazzi am Kanal seine Fassade aus dem 13. Jahrhundert behielt. Hinter Sant'Angelo pendelt bei San Tomà einer der ältesten und meistgenutzten *traghetti* (Gondelfähren) Venedigs.

5–6

Bei San Tomà steigen sehr viele Passagiere ein und aus, sodass Sie zwischenzeitlich in aller Ruhe den **Palazzo Mocenigo** auf der linken Seite bewundern können, in dem einst Lord Byron mit seiner ungebärdigen Geliebten Margherita Cogni wohnte. Der Canal Grande beschreibt nun einen großen Bogen, La Volta genannt. Rechts grenzt die Ca' Foscari an den imposanten **Palazzo Giustinian**, in dem Wagner 1858 den zweiten Akt von *Tristan und Isolde* komponierte. Ein wenig dahinter blickt die barocke **Ca' Rezzonico** (➤ 130f) auf den **Palazzo Grassi** (➤ 17), Venedigs überragendstes Beispiel für die klassische Architektur des 18. Jahrhunderts.

6–7

Hinter der Haltestelle Ca' Rezzonico sehen Sie am rechten Ufer die gotischen Fassaden des

Palazzo Loredan dell'Ambasciatore und des **Palazzo Querini**, in dem einst das britische Konsulat untergebracht war. Das Boot hält an der **Accademia** (➤ 126ff) und der gleichnamigen Brücke. Die Venezianer hängen an der 1932 erstmals erbauten Holzbrücke und ersetzten sie, als sie 1984 baufällig geworden war, durch eine Kopie.

7–8

Gleich hinter der Brücke liegt der **Campo San Vio**, einer der wenigen Plätze direkt am Canal Grande. Die Fassade des **Palazzo Barbarigo** erkennt man unschwer an den nicht übermäßig geschmackvollen Mosaiken aus dem 19. Jahrhundert. Es folgt der flache Palazzo Venier dei Leoni mit der **Collezione Peggy Guggenheim** (➤ 132f). Am linken Ufer ragt der mächtige **Palazzo Corner della Ca' Grande** empor, den Sansovino 1533 für die schwerreiche Familie Cornaro erbaute. Der gotische **Palazzo Dario** am gegenüberliegenden Ufer, den Sie von der Haltestelle Santa Maria del Giglio ausgiebig betrachten können, wirkt trotz seiner abenteuerlichen, mit Mord, Bankrott und Selbstmord verknüpften Geschichte

Deckengemälde (Ausschnitt) im Palazzo Mocenigo

KLEINE PAUSE
Der Rialto ist die beste Gelegenheit für eine Pause, doch ergattern Sie wohl keinen der vorderen Sitzplätze, wenn Sie wieder einsteigen.

anmutig. Auf der linken Seite säumen Luxushotels wie der **Palazzo Pisani-Gritti** und das **Europa e Regina** den Kanal, rechts wacht die große Pestkirche **Santa Maria della Salute** (➤ 134f) über die Einfahrt zum Markusbecken.

8–9

Unterhalb der Kirche befindet sich die Spitze Dorsoduros mit der **Punta della Dogana**, dem ehemaligen Zollamt der Republik, in dem einst alle ankommenden Schiffe kontrolliert wurden. Das Gebäude stammt aus dem Jahre 1677 und beherbergt heute das jüngste Museum für Gegenwartskunst der Stadt. Zwischen den Haltestellen Salute und Vallaresso überquert das Boot den Kanal. Beim Landungssteg liegt **Harry's Bar** (➤ 62). Auf der linken Seite folgen die unter Napoleon angelegten **Giardini ex Reali**, danach geht es weiter zur **Piazzetta San Marco** (➤ 60) und der **Basilica di San Marco** (➤ 48f).

3 VON DER FRARI ZU DEN ZATTERE

Spaziergang

LÄNGE 3,5 km **DAUER** 2,5 Std. Beginnen Sie den Rundgang um 15.30 Uhr. Die Kirchen und Läden sind dann geöffnet, und Sie können sodann vor dem Abendessen noch einen Aperitif an den Zattere einnehmen.
START Santa Maria Gloriosa dei Frari 197 F5 **ZIEL** Fondamenta delle Zattere ai Gesuati 197 F1

Erkunden Sie versteckte Winkel in Dorsoduro und lernen Sie die Wohngebiete in einem der ältesten Viertel Venedigs kennen. Der Weg führt durch das Herz des *sestiere* zu den Zattere, einer langen Uferpromenade mit Blick auf die Insel Giudecca.

1–2

Vom Seiteneingang der **Frari** (➤ 112f) wenden Sie sich nach rechts und gehen über den Campo San Rocco zur **Scuola Grande di San Rocco** (➤ 114f), wo Sie nach links in die Calle della Scuola abbiegen und die Brücke überqueren. Halten Sie sich an der T-Gabelung rechts, überqueren Sie auch hier die Brücke und setzen Sie den Weg durch die Calle Vinanti fort, bis Sie zur Linken einen Kanal sehen. Gehen Sie über die zweite Brücke auf der linken Seite und dann weiter durch die Calle della Misericordia bis zu einer weiteren Brücke. Folgen Sie dem Kanal so weit wie möglich und überqueren Sie dabei eine Brücke. Auf dem Campo dell'Oratorio gehen Sie rechts in die Calle dell'Oratorio und weiter bis zur **San Nicolò dei Mendicoli** (Tel. 041/275 03 82, geöffnet Mo–Sa 10–12 und 16–18, So 16–18 Uhr).
San Nicolò, eine der ältesten und stimmungsvollsten Kirchen Venedigs, wurde bereits im 7. Jahrhundert gegründet und hat bis heute ihre venezianisch-byzantinische Form und die Fassadenloggia aus dem 13. Jahrhundert bewahrt. Kompakte Säulen bilden im Innern zu beiden Seiten der Apsis eine Kolonnade. Der Name der Kirche bezieht sich vermutlich auf die *mendicoli* (Bettler), die sich hier einst zahlreich aufhielten. Filmliebhaber kennen die Kirche vielleicht aus Nicolas Roegs Streifen *Wenn die Gondeln Trauer tragen* (1970).
Als auch hier Bahnschienen verlegt wurden, hielt die Industrie Einzug. Hauptarbeitgeber war damals die gegenüberliegende Baumwollspinnerei, deren Gebäude heute zur Universität gehört.

Sonnenlicht erhellt Stein und Wasser in Dorsoduro

Fahrende Gemüsehändler in Dorsoduro

2–3

Das Arbeiterviertel, in dem Sie sich nun befinden, wurde als eines der ersten Gebiete der Lagune besiedelt. Hier wohnen viele Hafenarbeiter, denn die Stazione Maríttima, an der griechische Fähren und schnittige Passagierdampfer anlegen, ist nur einen Steinwurf entfernt. Gehen Sie am Kanal entlang zurück bis zur nächsten Brücke, überqueren Sie diese und wenden Sie sich nach links zur Kirche **Angelo Raffaele** (Tel. 041/522 85 48, tägl. 9–12, 15–17 Uhr) mit Tafelbildern von Guardi an der Orgelbalustrade. Gehen Sie rechts um die Kirche herum und über den angrenzenden Platz zur Kirche **San Sebastiano** (Tel. 041/ 275 04 62, Mo–Sa 10–17 Uhr). 1555–65 gestaltete Veronese, der hier auch beigesetzt ist, die Innenausstattung der Kirche.

3–4

Überqueren Sie die Brücke vor der Kirche und gehen Sie links an der Fondamenta San Sebastiano entlang. Biegen Sie an der dritten Brücke rechts auf den Campo dei Carmini ab, an dem die Kirche **Santa Maria dei Carmini** und die benachbarte **Scuola Grande** (➤ 134) stehen. Tiepolo-Liebhaber sollten hier verweilen.

4–5

Hinter der Scuola verbreitert sich die Straße zum **Campo Santa Margherita** (➤ 134).

KLEINE PAUSE
Am Campo Santa Margherita bieten sich zahlreiche Bars und Cafés mit Tischen im Freien für eine gemütliche Pause an.

5–6

Verlassen Sie den Campo Santa Margherita rechts über den Rio Terrà Sant'Aponal und abermals rechts über den Rio Terrà. Dahinter spannt sich neben der Gemüsebarke der **Ponte dei Pugni** (Brücke der Fäuste) über den Kanal. Es gibt mehrere Brücken dieses Namens; sie wurden so benannt, weil sich hier bis ins 18. Jahrhundert hinein regelmäßig rivalisierende Gangs der Arbeiterklasse trafen und sich prügelten. Biegen Sie hinter der Brücke links zum **Campo San Barnaba** ab.

6–7

Die Fassade von San Barnaba diente als Kulisse für den Film *Indiana Jones und der letzte Kreuzzug* (1989). Gehen Sie unter dem *sottoportego* auf der gegenüberliegenden Seite des Kanals durch und folgen Sie der belebten Straße, einer der Hauptstraßen, durch Dorsoduro über eine Brücke und an der Calle della

An der breiten Fondamenta Zattere bereitet ein Spaziergang ganz besonderes Vergnügen

Toletta entlang. Bald stehen Sie am Rio di San Trovàso.

7–8

Überqueren Sie die Brücke und gehen Sie nach rechts an der *fondamenta* entlang. Am anderen Ufer sehen Sie die Kirche **San Trovàso**, deren Name sich im Dialekt aus denen der Heiligen San Protasio und San Gervasio zusammengesetzt hat. Machen Sie dann Halt am sehenswerten **Squero di San Trovàso** (➤ 134), einer der letzten Gondelwerften der Stadt. Wenig später erreichen Sie die Zattere (➤ 132), die einen herrlichen Ausblick auf den **Canal della Giudecca** bietet. Von hier aus können Sie entweder am Ufer entlang bis zur **Punta della Dogana** (➤ 134) laufen, oder aber Sie schlagen den Weg links an der Rokokokirche **Gesuati** vorbei zur **Accademia** (➤ 126ff) ein.

4 DURCH CASTELLO ZUR BIENNALE

Spaziergang

Dieser Spaziergang führt durch den Osten Castellos, ein freundliches, ruhiges Wohngebiet mit historischen Kirchen, Parks, Bootswerften und Läden. Das dicht besiedelte Arbeiterviertel wirkt völlig anders als das Hochglanz-Venedig der Touristen.

LÄNGE 3,8 km **DAUER** 2 Std.; mit Pausen länger. Wählen Sie einen Wochentag, dann ist in Castello am meisten los. **START** *vaporetto*-Haltestelle Arsenale 201 D2 **ZIEL** Riva dei Sette Martiri 201 F2

1–2

Biegen Sie am *pontile* des Arsenale rechts ab, gehen Sie am Ufer entlang und über den Rio dell'Arsenale zum Campo San Biagio. Von der Brücke aus blickt man den Kanal hinunter auf die Tore des **Arsenale** (➤ 78f) aus dem 15. Jahrhundert. Die enge Verbindung zur Schifffahrt ist noch an vielen Stellen zu erkennen: **San Biagio** etwa, einst die Pfarrkirche der griechischen Gemeinde, dient heute als Seefahrerkirche. Auch das **Museo Storico Navale** (➤ 79) befindet sich hier. Wenn Sie weiter am Kanal bleiben, kommen Sie zu einer zweiten Brücke. Am anderen Ufer beginnt die Via Giuseppe Garibaldi.

2–3

Folgen Sie der Via Giuseppe Garibaldi, der breitesten Straße Venedigs, die 1808 durch Aufschüttung eines Kanals entstand. Viele *alimentari* (Lebensmittelläden), Marktbuden, preisgünstige Bars und Restaurants säumen die Hauptgeschäftsstraße Castellos. Im ersten Haus auf der rechten Seite lebten im späten 15. und beginnenden 16. Jahrhundert die italienischen Entdecker Giovanni und Sebastiano Caboto. Kurz dahinter liegt der Eingang zu den **Giardini Pubblici** (➤ 79f), erkennbar an einer Statue Garibaldis, des Vorkämpfers der italienischen Einheit im 19. Jahrhundert. Am Ende der Via Giuseppe Garibaldi beginnt der Rio di Sant'Anna; die dort vertäute Gemüsebarke bietet besonders gute und frische Ware.

3–4

Wenden Sie sich nach rechts und folgen Sie dem Rio Sant'Anna, überqueren Sie die letzte Brücke und gehen Sie anschließend durch die Calle Crocera

In den Giardini Pubblici begrüßt Sie sattes Grün

zum Campo di Ruga. Auf der anderen Seite des Platzes beginnt die Salizzada Stretta. Die zweite Seitenstraße rechts führt zum Canal di San Pietro. Von der dortigen Brücke aus können Sie die Bootswerften am Kanal beobachten und dann weiter zur **Isola di San Pietro** laufen, die zum ältesten Teil Venedigs gehört und einst ihr geistliches Zentrum war.

4–5

Der Name »Castello« bezieht sich auf die Festung, die einst auf der Insel stand. **San Pietro** (Tel. 041/275 04 62, geöffnet Mo–Sa 10–17 Uhr) wurde schon sehr früh besiedelt und im 8. Jahrhundert wurde ein Bistum gegründet. 1451 setzte man hier den ersten Patriarchen (Bischof) von Venedig ein. San Pietro blieb die Kathedrale der Stadt, bis 1807 San Marco diese Funktion übernahm. Die heutige Kirche wurde 1557 geweiht, erinnert jedoch nur entfernt an Palladios großartigen Entwurf. Im Innern steht im rechten Seitenschiff die Hauptsehenswürdigkeit, der Marmorthron des hl. Petrus, der in Antiochia aus einem arabischen, mit Koranversen verzierten Grabstein gehauen wurde. Draußen erhebt sich der freistehende, schiefe Glockenturm, um den herum Ende Juni das Patronatsfest stattfindet. Sie können auch den Kreuzgang des leerstehenden **Bischofspalasts (Ex Palazzo Patriarcale)** besichtigen, in dem heute Wäsche und Netze zum Trocknen hängen.

5–6
Hinter dem Turm links folgen Sie der Fondamenta Quintavalle bis zur gleichnamigen Brücke. Gehen Sie darüber und dann an der ehemaligen Kirche Sant'Anna vorbei die Fondamenta Sant'Anna hinunter. Weiter nach links in die Calle Tiepolo und über die Secco Marina.

6–7
Über den Corte del Magazen gelangen Sie zur Fondamenta San Giuseppe. Biegen Sie rechts ab, überqueren Sie den Kanal und passieren Sie die Kirche San Giuseppe. Gehen Sie über den Platz und dann links, rechts und wieder links zur Paludo Sant'Antonio. Überqueren Sie den Rio dei Giardini und gehen Sie rechts in den Viale IV Novembre.

7–8
Nun befinden Sie sich auf der Insel mit dem **Quartiere Sant'Elena**, das während der österreichischen Besatzung als Truppenübungsplatz diente. An diese Zeit erinnert nur noch der **Parco delle Rimembranze**. Folgen Sie dem *viale* durch die Gärten, biegen Sie links in die Calle Buccari und dann rechts zum Rio di Sant'Elena.

Verdi-Statue in den Giardini Pubblici

8–9
Am gegenüberliegenden Kanalufer steht die gotische Kirche **Sant'Elena** (13. Jh.), die für die sterblichen Überreste der hl. Helena, der Mutter Konstantins des Großen, erbaut wurde. Auch den **Campo Sportivo**, in dem Venedigs Fußballmannschaft trainiert, sieht man von hier.

9–10
Biegen Sie rechts zum Ufer hin ab, wieder rechts durch den Parco delle Rimembranze bis zum Rio dei Giardini, weiter in die **Giardini Pubblici**. Den größten Teil nehmen die Pavillons der Biennale (➤ 16f) ein. Sie findet seit 1895 jährlich statt und gilt als eins der bedeutendsten Kunstforen der Welt. Hinter dem *vaporetto*-Anleger liegt ausgestreckt auf den Stufen die Skulptur der **Donna Partigiana (Partisanin)**, ein Mahnmal zur Erinnerung an die Frauen, die im Zweiten Weltkrieg im Widerstand ihr Leben ließen.

KLEINE PAUSE

In der Via Giuseppe Garibaldi gibt es viele Bars und Cafés. Unweit des Fußballstadions serviert die **Osteria Al Pampo** echte venezianische Hausmannskost (Sant'Elena, Via Generale Chinotto 24, Tel. 041/520 84 19).

Praktisches

REISEVORBEREITUNG

WICHTIGE PAPIERE

● Erforderlich
○ Empfohlen
▲ Nicht erforderlich

Bei einigen Ländern muss der Pass über das Einreisedatum hinaus noch eine bestimmte Zeit gültig sein (i. d. R. mind. 6 Monate). Prüfen Sie Ihren Pass.

	Deutschland	Österreich	Schweiz
Pass/Personalausweis	●	●	●
Visum (Bestimmungen können sich ändern – vor Abreise prüfen)	▲	▲	▲
Weiter- oder Rückflugticket	▲	▲	▲
Impfungen (Tetanus und Polio)	▲	▲	▲
Krankenversicherung (► 186, Gesundheit)	●	●	●
Reiseversicherung	○	○	○
Führerschein (national)	●	●	●
Kfz-Haftpflichtversicherung	●	●	●
Fahrzeugschein	●	●	●

REISEZEIT

Venedig

Hauptsaison Nebensaison

JAN	FEB	MÄRZ	APRIL	MAI	JUNI	JULI	AUG	SEPT	OKT	NOV	DEZ
Nebensaison	Hauptsaison	Nebensaison	Hauptsaison	Hauptsaison	Hauptsaison	Hauptsaison	Hauptsaison	Hauptsaison	Nebensaison	Nebensaison	Nebensaison
6°C	6°C	10°C	15°C	20°C	22°C	28°C	26°C	23°C	18°C	13°C	7°C
Bedeckt	Bedeckt	Wechselhaft	Regnerisch	Wechselhaft	Sonnig	Sonnig	Sonnig	Wechselhaft	Verregnet	Verregnet	Wechselhaft

Sonnig Bedeckt Regnerisch Wechselhaft Verregnet

Die Tabelle zeigt die **monatlichen Durchschnittstemperaturen.**
Venedig ist – wie auch das übrige Norditalien – keineswegs so sonnenverwöhnt, wie manche behaupten. Das Klima richtet sich nach den jeweils relativ klar abgegrenzten Jahreszeiten; feucht kann es aufgrund der Lage der Stadt das ganze Jahr über sein. Januar und Februar sind oftmals kalt mit eisigen Winden aus den Alpen, März und April dagegen warm und sonnig mit heftigen Regenschauern. Im Mai und Juni herrschen ideale Temperaturen bei viel Sonne, Mitte Juni klettert das Thermometer oft auf über 30 °C. Im Juli und August wird es heiß, und der Schirokko, ein nordafrikanischer Wind, bringt dann zuweilen Regen und Gewitter. Auf den meist schönen September folgen drei Monate voll Regen, Wind, Nebel und mit einigen klaren, kalten Tagen.

INFORMATIONEN VORAB

www.veniceconnected.com
www.comune.venezia.it
www.veniceguide.net
www.venezia.net
www.hellovenezia.it
www.turismovenezia.it

In Italien
APT della Provincia di Venezia
Castello 5050,
30122 Venezia
☎ 041/529 87 11

In Deutschland
Italienische Zentrale für Tourismus ENIT
Barckhausstr. 10
60325 Frankfurt/Main
☎ 069/23 74 34
www.enit.de

ANREISE

Mit dem Flugzeug: Der venezianische Flughafen **Marco Polo** liegt auf dem Festland, am Nordrand der Lagune. Hier landen Linienmaschinen, während Charterflüge in der Regel den Flughafen **Treviso** weiter im Norden ansteuern.
Direktflüge verbinden alle großen europäischen Flughäfen mit Venedig. Passagiere aus nichteuropäischen Ländern müssen gegebenenfalls in Rom oder Mailand umsteigen.
Die **Billigairlines** AirBerlin (ab Köln/Bonn, Stuttgart, Hannover, Düsseldorf, Berlin, Hamburg) sowie Germanwings (ab Köln/Bonn und ab Berlin via Köln/Bonn) fliegen Venedig Marco Polo bzw. Treviso an.
Die **Ticketpreise** sind zwischen Oktober und März (Ausnahmen Weihnachten und Ostern) niedriger als im übrigen Jahr. Preisgünstige Angebote können Sie in Reisebüros oder über das Internet erfragen. Kaufen Sie Ihr Ticket möglichst frühzeitig, um von guten Tiefpreisangeboten zu profitieren.

Mit dem Zug: Venedig ist gut an das europäische Eisenbahnnetz angeschlossen, auch wenn hier keine Hochgeschwindigkeitszüge halten. Aus den Nachbarländern können Sie mit Umsteigen in Mailand, Bozen oder Bologna bequem nach Venedig gelangen.
Mit dem Auto: Ein Damm verbindet die Stadt mit den italienischen Autobahnen. Sie kommen also gut mit dem Auto nach Venedig, sollten aber bedenken, dass Sie eine hohe Summe für die Parkplätze vor den Toren der Stadt einplanen müssen.

ZEIT

L

Zwischen Venedig und Städten in Deutschland, Österreich und der Schweiz gibt es keine Zeitverschiebung. Im März wird die Uhr um eine Stunde auf Sommerzeit vorgestellt, im Oktober wird sie dann wieder zurückgestellt.

WÄHRUNG

Währung: Seit 1. Januar 2002 ist der **Euro** in Italien das offizielle Zahlungsmittel.

Reiseschecks: Banken und Wechselstuben (*cambio*) tauschen Reiseschecks ein.

Kreditkarten: Die meisten internationalen Kreditkarten (Mastercard, Visa, American Express) werden von Banken, Hotels, Restaurants und vielen Einzelhandelsgeschäften akzeptiert. Im Allgemeinen kann man aber auch fast überall mit EC-Karte bezahlen.

Umtausch: Die Gebühren, die die einzelnen Banken für den Umtausch verlangen, sind sehr unterschiedlich, aber günstiger als in den Wechselstuben. In der Regel fahren Sie am besten, wenn Sie Ihr Geld mit der EC-Karte am Geldautomaten (*bancomat*) abheben. In italienischen Banken herrschen sehr scharfe Sicherheitskontrollen. Für Besucher aus Deutschland oder Österreich ist ein Umtausch nun allerdings nicht mehr erforderlich.

In Österreich
Italienische Zentrale für Tourismus ENIT
Kärntner Ring 4
A-1010 Wien
☎ +43 (0) 1 505 16 39
www.enit.at

In der Schweiz
Staatliches Italienisches Fremdenverkehrsamt ENIT
Uraniastr. 32
CH-8001 Zürich
☎ +41 (0) 43 466 40 40
www.enit.ch

DAS WICHTIGSTE VOR ORT

FEIERTAGE

1. Jan.	Neujahr
6. Jan.	Heilige Drei Könige
März/April	Ostern
25. April	Tag der Befreiung
1. Mai	Tag der Arbeit
29. Juni	St. Peter und Paul
15. Aug.	Mariä Himmelfahrt
1. Nov.	Allerheiligen
8. Dez.	Mariä Empfängnis
25. Dez.	1. Weihnachtsfeiertag
26. Dez.	2. Weihnachtsfeiertag (Santo Stefano)

ELEKTRIZITÄT

In Italien herrscht 220-Volt-Wechselstrom, die Steckdosen unterscheiden sich jedoch häufig von den in Deutschland üblichen. Packen Sie einen Adapter ein (beim ADAC, im Haushaltswarengeschäft und Baumarkt erhältlich).

ÖFFNUNGSZEITEN

○ Geschäfte ● Postämter
● Büros ● Museen/Denkmäler
● Banken ● Apotheken

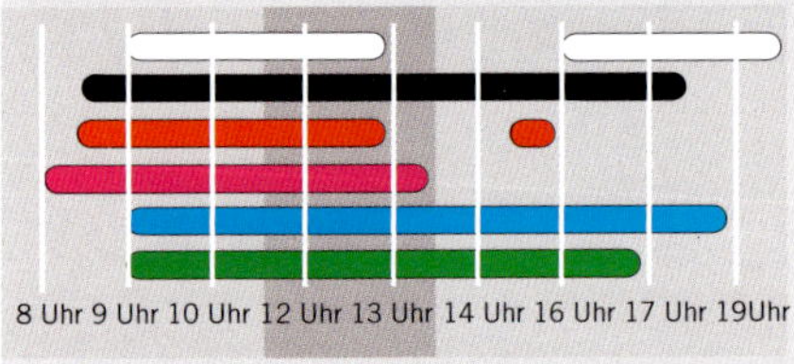

☐ tagsüber ☐ mittags ☐ abends

Geschäfte: Viele bleiben montagmorgens, Lebensmittelgeschäfte häufig mittwochnachmittags geschlossen.
Banken: Mo–Fr geöffnet, einige auch samstags.
Museen/Denkmäler: Unterschiedliche Öffnungszeiten, viele montags geschlossen.
Apotheken: Viele schließen samstagnachmittags, es gibt jedoch einen Notdienst (Aushang an jeder Apotheke).

TRINKGELD

Sie müssen nicht überall Trinkgeld geben; es werden auch keine hohen Summen erwartet. In etwa gilt:
Restaurant/Bar (exkl. Service) 5–10%

Barkeeper	10–25 Cents
Fremdenführer	nach Ermessen
Taxi	auf 50 Cent aufrunden
Zimmermädchen	2,50 € pro Tag

Die Tarife für den **Gepäckträger** sind einheitlich. Sie liegen bei 10 Euro für ein Gepäckstück, 15 Euro für zwei und 20 Euro für drei bis vier Gepäckstücke.

ONLINE-RABATTE MIT VENICE CONNECTED

Das Online-Portal Venice Connected bietet Ermäßigungen für verschiedene öffentliche Dienste und Einrichtungen Venedigs. Dazu zählen z.B. öffentliche Verkehrsmittel, Parkplätze, Museen, öffentliche Toiletten und WLAN-Zugang. Rabatt nur bei Vorausbuchung von 7 Tagen unter www.veniceconnected.com!

ZEITUNTERSCHIED

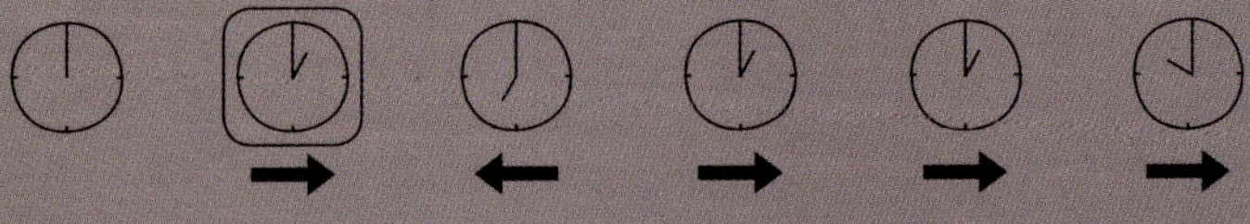

GMT	Venedig	New York	Berlin	Rest Italiens	Sydney
12 Uhr	13 Uhr	7 Uhr	13 Uhr	13 Uhr	22 Uhr

IN KONTAKT BLEIBEN

Post: Die Hauptpost Venedigs (San Marco 5554, Salizzada del Fontego dei Tedeschi) ist Mo–Sa 8.10–19 Uhr geöffnet. Hier können Sie postlagernde Sendungen abholen und rund um die Uhr Telegramme und Faxe aufgeben. Briefmarken bekommen Sie in allen *tabacchi* (Tabakläden).

Telefonieren: Die meisten Telefonzellen funktionieren nur mit Telefonkarte (*scheda telefonica*), die Sie in Bars, Postämtern, *tabacchi* und an Zeitungskiosken erhalten. Um ins Ausland zu telefonieren, müssen Sie die unten angegebene Ländervorwahl und anschließend die Rufnummer (ohne die Null der Vorwahl) wählen. Innerhalb Italiens gehören die Vorwahlen zwingend zur Telefonnummer und müssen dementsprechend auch bei Ortsgesprächen immer mitgewählt werden.

Internationale Vorwahlen
Deutschland: 0049
Österreich: 0043
Schweiz: 0041

Mobiltelefone:
Sie können in ganz Italien bequem mit ihrem Mobiltelefon telefonieren, allerdings sollten Sie sich vor Reiseantritt bei Ihrem Mobilfunkanbieter über die Gebühren informieren. Die italienischen Mobilfunkbetreiber TIM und Vodafone führen Filialen in Venedig.

(WLAN-)Internetzugang: In Venedig gibt es viele Hotspots, die einen drahtlosen Zugriff aufs Internet ermöglichen. Dieser kann über Venice Connected (► 184) gebucht werden. Zudem bieten viele Hotels, aber auch schon günstigere Unterkünfte ihren Besuchern Internetzugang. Es gibt zahlreiche Internet-Cafés, z. B. Net House (2958 San Marco, Campo Santo Stefano, tägl. 9–22 Uhr, 3 €/Std.) oder Logic Internet (Dorsoduro 2799, Campo San Barnaba, tägl. 9–21 Uhr, 3€/Std).

SICHERHEIT

Venedig ist eine relativ sichere Stadt für Urlauber. Beherzigen Sie trotzdem einige Vorsichtsmaßnahmen:

- Tragen Sie keine größeren Mengen Bargeld bei sich.
- Lassen Sie Gepäck an öffentlichen Plätzen und in Menschenmengen, besonders am Rialto und bei San Marco, nicht unbeaufsichtigt.
- Benutzen Sie nachts die größeren Straßen, damit Sie sich bei Dunkelheit nicht im Gewirr der kleinen Gässchen verlaufen.
- Frauen sollten den Parkplatz Tronchetto bei Dunkelheit meiden.

Polizei:
☎ **113** **von jedem Telefon**

NOTRUF 113

POLIZEI 113 (Polizia di Stato) oder 112 (Carabinieri)

FEUERWEHR 115

KRANKENWAGEN 041/523 00 00 (Rettungsboot) oder 118

GESUNDHEIT

Krankenversicherung: EU-Bürger mit einer europäischen Krankenversicherungskarte (EHIC) bezahlen nichts für einen Arztbesuch. Notfälle werden kostenlos in den Unfallambulanzen (*pronto soccorso*) der Krankenhäuser behandelt; eine private Reiseversichung wird dennoch empfohlen.

Zahnarzt: Teuer, die Krankenkasse übernimmt die Kosten nur, wenn es sich um einen echten Notfall handelt. Suchen Sie in diesem Fall den Ambulatorio Odontostomalogico im Ospedale Civile auf (Castello 6777, Campo Santi Giovanni e Paolo, Tel. 041/529 41 11).

Wetter: Hohe Temperaturen und Luftfeuchtigkeit sind in den Sommermonaten an der Tagesordnung. Tragen Sie entsprechende Kleidung, verwenden Sie Sonnenschutzmittel und trinken Sie genug (1,5–2 Liter pro Tag).

Medikamente: Rezeptpflichtige und rezeptfreie Medikamente sowie Ratschläge bei kleineren Gesundheitsproblemen erhalten Sie in Apotheken. Eine Apotheke im Stadtgebiet ist immer rund um die Uhr geöffnet. Wenn Sie ein bestimmtes Medikament benötigen, sollten Sie sich vor der Abreise den Wirkstoffnamen notieren, da es in Italien eventuell anders heißt.

Trinkwasser: Wasser aus dem Hahn ist Trinkwasser. Brunnen ohne Trinkwasserqualität tragen die Aufschrift »*Acqua Non Potabile*«.

ERMÄSSIGUNGEN

Studenten: Venedigreisende im Alter von 14 bis 19 Jahren können sich einen *Rolling-Venice*-Pass, besorgen, der Ermäßigungen in Hotels, Restaurants, Geschäften und Museen gewährt. Er kostet 4 Euro und ist bei Vela oder in den APT-Büros gegen Vorlage des Passes und zweier Fotos erhältlich (Tel. 041/529 87 11; www.hellovenezia.com, Mo–Fr 9–12.45, 15–18 Uhr). Siehe auch Venice Connected (➤ 184).

Senioren: Gegen Vorlage des Personalausweises gewähren einige Museen reduzierte Eintrittspreise.

REISEN MIT BEHINDERUNG

Gehbehinderte und Rollstuhlfahrer stoßen in Venedig wegen der vielen Brücken und ungesicherten Kanäle auf erhebliche Probleme. Die Gegend um die Piazza San Marco, einige *campi* und Abschnitte der Zattere sind relativ gut zugänglich. Fragen Sie nach den kostenlosen Stadtplänen mit Routen für Rollstuhlfahrer. *vaporetti* und *motonavi* sind behindertengerecht. Einige Brücken haben Rampen, einen Schlüssel bekommen Sie im APT-Büro. Bei der Hotelbuchung sollten Sie erfragen, ob sich zwischen *vaporetto*-Anleger (v. a. Linie 1) und dem Hotel Brücken befinden.

KINDER

Die Infrastruktur Venedigs ist nicht sehr kinderfreundlich und für Kinderwagen kaum geeignet. Im Allgemeinen mögen die Italiener Kinder jedoch gern. Damit Kinder sich nicht langweilen, muss man sich etwas einfallen lassen, aber die meisten sind fasziniert von der Stadt.

TOILETTEN

Saubere Toiletten finden Sie vor allem in Museen, Bars und Galerien, die eine kleine Gebühr verlangen. Öffentliche Toiletten sind in der Stadt mit grünen und blauen Zeichen ausgewiesen.

BOTSCHAFTEN UND KONSULATE

Deutschland
☎ 041/523 76 75 (Venedig)
☎ 06/492131 (Rom)

Schweiz
☎ 041/522 59 96 (Venedig)
☎ 06/809571 (Rom)

Österreich
☎ 041/524 05 56 (Venedig)
☎ 06/8440141 (Rom)

IMMER ZU GEBRAUCHEN

Ja/nein **Sì/non**
Guten Tag **Buongiorno**
Guten Abend **Buona sera**
Bitte **Per favore**
Danke **Grazie**
Nichts zu danken **Di niente/prego**
Entschuldigung **Mi dispiace**
Auf Wiedersehen **Arrivederci**
Wie geht es Ihnen? **Come sta?**
Wie viel kostet das? **Quanto costa?**
Ich möchte gerne ... **Vorrei ...**
Geöffnet **aperto**
Geschlossen **chiuso**
Heute **oggi**
Morgen **domani**
Montag **lunedì**
Dienstag **martedì**
Mittwoch **mercoledì**
Donnerstag **giovedì**
Freitag **venerdì**
Samstag **sabato**
Sonntag **domenica**

NACH DEM WEG FRAGEN

Ich habe mich verirrt **Mi sono perso/a**
Wo ist ...? **Dove si trova ...?**
der Bahnhof **la stazione**
ein Telefon **il telefono**
die nächste Bootsanlegestelle **il vaporetto più vicino**
die Bank **la banca**
die Toilette **il bagno**
Biegen Sie links ab **Volti a sinistra**
Biegen Sie rechts ab **Volti a destra**
Gehen Sie geradeaus **Vada diritto**
An der Ecke **All'angolo**
Die Straße **la strada**
Das Gebäude **il palazzo**
Der Platz **la piazza, il campo**
Die Kreuzung **l'incrocio**
Wegweiser nach ... **le indicazioni per ...**

IM NOTFALL

Hilfe! **Aiuto!**
Könnten Sie mir bitte helfen?
Mi potrebbe aiutare?
Sprechen Sie Deutsch? **Parla tedesco?**
Ich verstehe nicht **Non capisco**
Bitte rufen Sie rasch einen Arzt!
Mi chiami presto un medico, per favore?

IM RESTAURANT

Ich möchte einen Tisch reservieren
Vorrei prenotare un tavolo
Einen Tisch für zwei Personen, bitte
Un tavolo per due, per favore
Bringen Sie bitte die Speisekarte
Ci porta la lista, per favore?
Was ist das? **Cosa è questo?**
Eine Flasche/ein Glas ...
Una bottiglia di/un bicchiere di ...
Die Rechnung, bitte!
Il conto, per favore

ÜBERNACHTEN

Haben Sie ein Einzel-/Doppelzimmer?
Ha una camera singola/doppia?
Mit Doppelbett/zwei Betten
con letto matrimoniale/due letti
Mit/ohne Bad/Toilette/Dusche
con/senza bagno/bagno/doccia
Ist das Frühstück inklusive?
E' inclusa la prima colazione?
Ist das Abendessen inklusive?
E' inclusa la cena?
Gibt es einen Zimmerservice?
C'è il servizio in camera?
Kann ich das Zimmer sehen?
E' possibile vedere la camera?
Ich nehme dieses Zimmer **Prendo questa**
Ich habe reserviert
Ho fatto una prenotazione

ZAHLEN

0 **zero**
1 **uno**
2 **due**
3 **tre**
4 **quattro**
5 **cinque**
6 **sei**
7 **sette**
8 **otto**
9 **nove**
10 **dieci**
11 **undici**
12 **dodici**
13 **tredici**
14 **quattordici**
15 **quindici**
16 **sedici**
17 **diciassette**
18 **diciotto**
19 **diciannove**
20 **venti**
21 **ventuno**
30 **trenta**
40 **quaranta**
50 **cinquanta**
60 **sessanta**
70 **settanta**
80 **ottanta**
90 **novanta**
100 **cento**
101 **centouno**
110 **centodieci**
120 **centoventi**
200 **duecento**
300 **trecento**
400 **quattro-cento**
500 **cinque-cento**
600 **seicento**
700 **settecento**
800 **ottocento**
900 **novecento**
1000 **mille**
2000 **duemila**
10 000 **diecimila**

SPEISEKARTE

acciuga/alici Anchovis
acqua Wasser
affumicato geräuchert
aglio Knoblauch
agnello Lamm
al forno im Ofen gebacken
alla griglia gegrillt
antipasti Vorspeisen
aragosta Hummer
arrosto Braten
asparagi Spargel
baccalà Stockfisch
birra Bier
bollito Kochfleisch
branzino Seebarsch
brodo Brühe
burro Butter
cacciagione Wild
caffè corretto/ macchiato Kaffee mit Schnaps oder wenig Milch
caffè freddo Eiskaffee
caffè lungo dünner Kaffee
caffè ristretto starker Kaffee
caffelatte Milchkaffee
calamaro Tintenfisch
canestrelli Jakobsmuscheln
cappero Kaper
carciofo Artischocke
carne Fleisch
carota Karotte
casalingha hausgemacht
cassata Eiscreme mit Früchten
cavolfiore Blumenkohl
cavolo Kohl
ceci Kichererbsen
cena Abendessen
cetriolino Gewürzgurke
cetriolo Gurke
cicoria Chicorée
cioccolata Schokolade
cipolla Zwiebel
coniglio Hase
contorni Beilagen/Gemüse
coperto Gedeck
cotoletta Kotelett
cozze Miesmuscheln
crema Pudding
crudo roh
digestivo Digestif/Liquör
dolci Kuchen/ Nachtisch
dorate Brasse
erbe Kräuter
fagioli beans
fagiolini grüne Bohnen
fegato Leber
finocchio Fenchel
formaggio Käse
fragole Erdbeeren
frittata Omelett
fritto gebraten/ fritiert
fritto misto gemischter Bratfisch
frizzante mit Kohlensäure
frullato verquirlt
frutta Obst
frutti di mare Meeresfrüchte
funghi Pilze
gamberetti Garnelen
gelato Eiscreme
ghiaccio ice
granseola Seespinne
insalata Salat
insalata di pomodoro Tomatensalat
insalata mista gemischter Salat
insalata verde grüner Salat
IVA MWSt.
latte Milch
liquore Schnaps
macedonia Obstsalat
maiale Schwein
manzo Rind
melone Melone
merluzzo Kabeljau
miele Honig
minestra Suppe
molluschi Schalentiere
olio Öl
oliva Olive
ostrica Auster
pancetta Bauchspeck
pane Brot
panna Sahne
parmigiano Parmesan
passata passiert/ geschäumt
pasta sfoglia Blätterteig
pastasciutta Nudelgericht
patate Kartoffeln
patate fritte Pommes frites
peperoncino Peperoni
peperone Paprikaschote
pera Birne
pesca Pfirsich
pesca noce Nektarine
pesce Fisch
pesce spada Schwertfisch
petto Brust
piselli Erbsen
polenta Maisbrei
pollame Geflügel
pollo Hühnchen
polpetta Frikadelle
pomodori Tomaten
porto Portwein
pranzo Mittagessen
prezzemolo Petersilie
primo piatto erster Gang
prosciutto cotto Kochschicken
prosciutto crudo roher Schinken
prosciutto Schinken
ragù Fleischsauce
ripieno gefüllt
riso Reis
salsa Sauce
salsiccia Wurst
sarde Sardinen
secco trocken
secondo piatto Hauptgang
senape Senf
seppie Tintenfisch
servizio compreso Service inklusive
sogliola Seezunge
specialità Spezialität
spinaci Spinat
spuntini Snacks
succo di frutta Fruchtsaft
sugo Sauce
tonno Thunfisch
torta Torte
triglia Seebarbe
trota Forelle
uovo al tegame/ fritto Spiegelei
uve Trauben
verdure Gemüse
verdure cotte gekochtes Gemüse
vino bianco Weißwein
vino rosato Rosé
vino rosso Rotwein
vitello Kalb
vongole Venusmuscheln
zucchero Zucker
zucchine Zucchini
zuppa Suppe

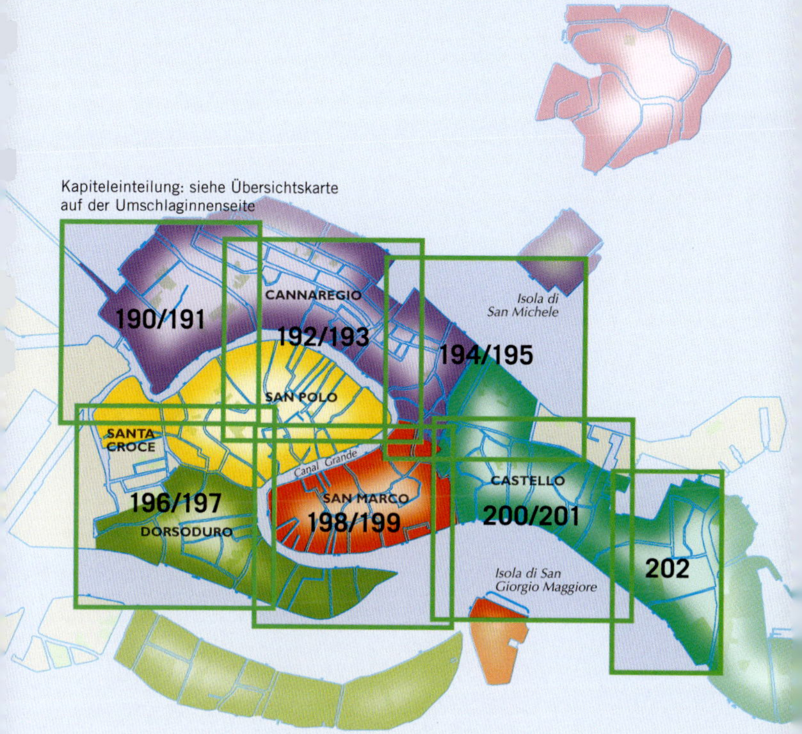

Legende

Hauptstraße	Sehenswürdigkeit (im Text)
Nebenstraße	Kirche
Bahnlinie	*Vaporetto*-Anlegestellen
Wichtige Gebäude	*Traghetto*-Linien
Park/Garten/Friedhof	Touristeninformation

190–202 0 100 Meter 0 100 Yards

Cityplan

A
B
C
5
4
3
2
1
Canale Colambola
Fond d S Giobbe
Campiello d Beccarie
C delle Beccarie
C d Scarlatto
C Clodi
C d Tintor
C d Colori
C Biscotella
C della Cereria
Rio d S Giobbe
Rio della Crea
PONTE DELLA LIBERTÀ
TRONCHETTO
Capitaneria di Ponto
Ospedale S Chiara
STAZIONE FERROVIARIA MERCI
Fond di S Chiara
ACI
Piazzale Roma
Santa Chiara
C d Volto
Canale di Santa Chiara
Fond di S Chiara
Campo S Andrea
PONTE DELLA COSTITUZIONE (CALATRAVA)
STAZIONE AUTOBUS
Autorimessa
Ex Chiesa di Sant' Andrea
Piazzale Roma
196
SANTA CROCE

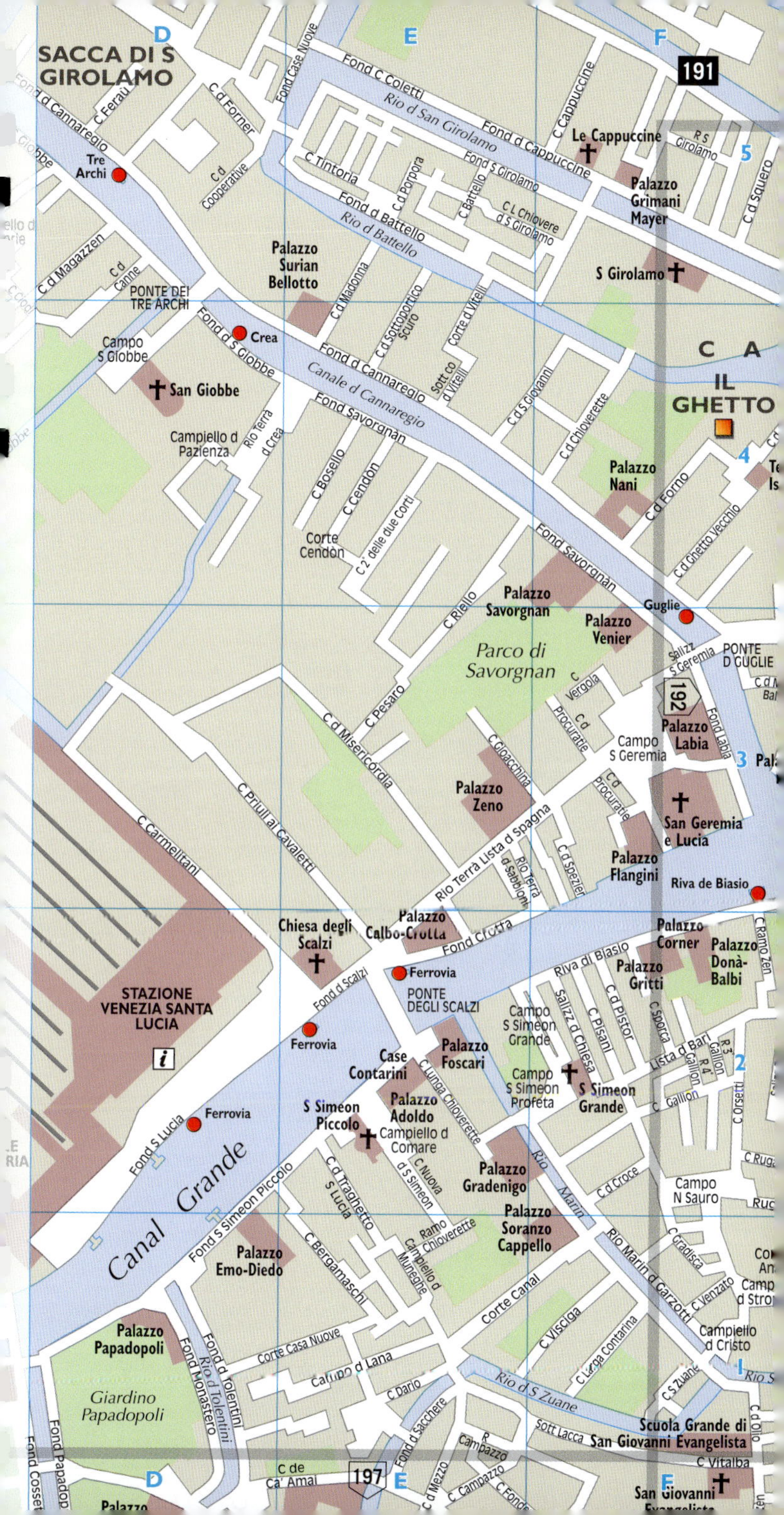
D
E
F
191
5
4
3
2
1
SACCA DI S GIROLAMO
Fond d Cannaregio
C Feraù
C d Forner
Fond Case Nuove
Fond C Coletti
Rio d San Girolamo
Fond d Cappuccine
C Cappuccine
Le Cappuccine
R S Girolamo
C d Squero
Tre Archi
C d Cooperative
C Tintoria
C d Porpora
Fond S Girolamo
C Battello
C L Chiovere d S Girolamo
Palazzo Grimani Mayer
Fond d Battello
Rio d Battello
C d Magazzen
C d Canne
PONTE DEI TRE ARCHI
Palazzo Surian Bellotto
C d Madonna
C d Sottoportico Scuro
Corte d Vitelli
S Girolamo
Campo S Giobbe
Crea
Fond d S Giobbe
Fond d Cannaregio
Canale d Cannaregio
Sott co d Vitelli
C d S Giovanni
C d Chioverette
C A
IL GHETTO
San Giobbe
Fond Savorgnan
Campiello d Pazienza
Rio Terrà d Crea
C Bosello
C Cendon
Corte Cendòn
C 2' delle due Corti
Palazzo Nani
C d Forno
C d Ghetto Vecchio
Fond Savorgnan
Palazzo Savorgnan
C Riello
Palazzo Venier
Guglie
Parco di Savorgnan
Salizz S Geremia
PONTE D GUGLIE
C Pesaro
C Vergola
C d Procuratie
192
Palazzo Labia
Fond Labia
C d Misericordia
Campo S Geremia
C Gioacchina
Palazzo Zeno
C d Procuratie
San Geremia e Lucia
C Carmelitani
C Priuli al Cavaletti
Rio Terrà Lista d Spagna
Rio Terrà d Sabbioni
C d Spezier
Palazzo Flangini
Riva de Biasio
Chiesa degli Scalzi
Palazzo Calbo-Crotta
Fond Crotta
Palazzo Corner
Palazzo Donà-Balbi
Riva di Biasio
Palazzo Gritti
C Ramo Zen
STAZIONE VENEZIA SANTA LUCIA
i
Ferrovia
PONTE DEGLI SCALZI
Fond d Scalzi
Ferrovia
Campo S Simeon Grande
Salizz d Chiesa
C Pisani
C d Pistor
C Sporca
Lista d Bari
R 3 Gallion
R 4 Gallion
Case Contarini
Palazzo Foscari
C Lunga Chioverette
Campo S Simeon Profeta
S Simeon Grande
C Gallion
C Orsetti
S Simeon Piccolo
Palazzo Adoldo
Campiello d Comare
C Nuova d S Simeon
Ferrovia
Fond S Lucia
Canal Grande
Rio Marin
C d Croce
Campo N Sauro
C Ruga
Palazzo Gradenigo
C d Traghetto S Lucia
Fond S Simeon Piccolo
Palazzo Emo-Diedo
C Bergamaschi
Ramo Chioverette
Campiello d Muneghe
Palazzo Soranzo Cappello
Rio Marin d Garzotti
C Gradisca
C Venzato
Corte Canal
C Viscigia
Palazzo Papadopoli
Fond d Tolentini
Rio d Tolentini
Fond Monastero
Corte Casa Nuove
C Lunga Contarina
Campiello d Cristo
C S Zuane
Rio S
Giardino Papadopoli
C Dario
Rio d S Zuane
C d Olio
Fond d Sacchere
Sott Lacca
Scuola Grande di San Giovanni Evangelista
R Campazzo
Fond Papadop
Fond Cossetti
C de Ca' Amai
197
C d Mezzo
C Campazzo
C Vitalba
San Giovanni Evangelista
Palazzo

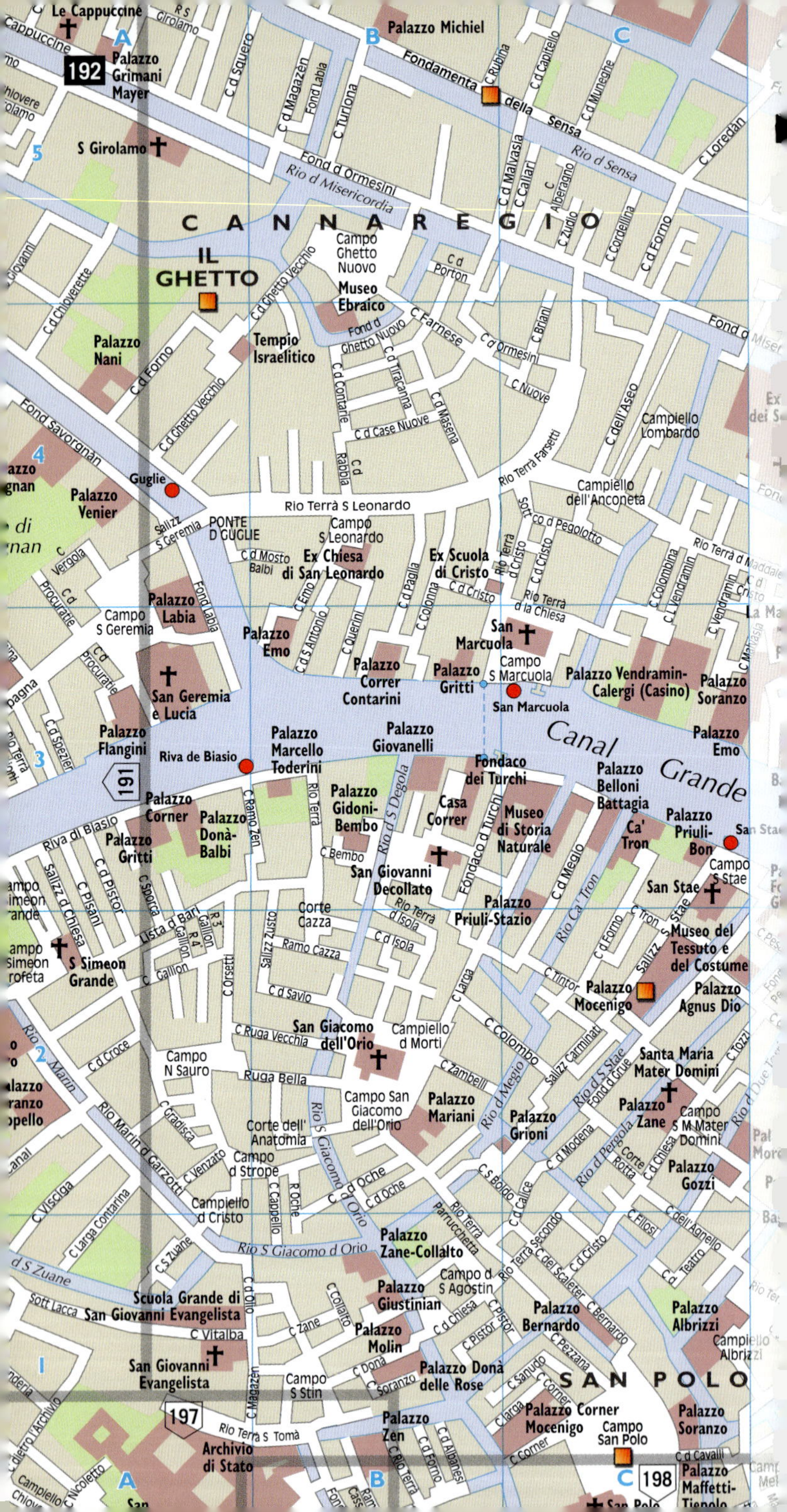
A
B
C
5
4
3
2
1
191
197
198
CANNAREGIO
SAN POLO
Canal Grande
Le Cappuccine
Palazzo Grimani Mayer
Palazzo Michiel
Fondamenta della Sensa
Rio d Sensa
S Girolamo
Fond d Ormesini
Rio d Misericordia
IL GHETTO
Campo Ghetto Nuovo
Museo Ebraico
Tempio Israelitico
Palazzo Nani
C d Forno
C d Ghetto Vecchio
Fond Savorgnan
Campiello Lombardo
Campiello dell'Anconeta
Rio Terrà S Leonardo
Guglie
Palazzo Venier
PONTE D GUGLIE
Campo S Leonardo
Ex Chiesa di San Leonardo
Ex Scuola di Cristo
Palazzo Labia
Campo S Geremia
Palazzo Emo
San Marcuola
Campo S Marcuola
Palazzo Correr Contarini
Palazzo Gritti
Palazzo Vendramin-Calergi (Casino)
Palazzo Soranzo
San Geremia e Lucia
Palazzo Flangini
Riva de Biasio
Palazzo Marcello Toderini
Palazzo Giovanelli
Fondaco dei Turchi
Palazzo Belloni Battagia
Palazzo Emo
Palazzo Corner
Palazzo Donà-Balbi
Palazzo Gritti
Palazzo Gidoni-Bembo
Casa Correr
Museo di Storia Naturale
Ca' Tron
Palazzo Priuli-Bon
San Stae
Campo S Stae
San Giovanni Decollato
Palazzo Priuli-Stazio
Corte Cazza
S Simeon Grande
Museo del Tessuto e del Costume
Palazzo Mocenigo
Palazzo Agnus Dio
San Giacomo dell'Orio
Campiello d Morti
Campo N Sauro
Ruga Bella
Campo San Giacomo dell'Orio
Palazzo Mariani
Palazzo Grioni
Santa Maria Mater Domini
Palazzo Zane
Campo S M Mater Domini
Corte dell' Anatomia
Campo d Strope
Campiello d Cristo
Palazzo Gozzi
Rio S Giacomo d Orio
Palazzo Zane-Collalto
Campo d S Agostin
Scuola Grande di San Giovanni Evangelista
Palazzo Giustinian
Palazzo Bernardo
Palazzo Albrizzi
Campiello Albrizzi
San Giovanni Evangelista
Palazzo Molin
Palazzo Donà delle Rose
Campo S Stin
Palazzo Zen
Palazzo Corner Mocenigo
Campo San Polo
Palazzo Soranzo
Archivio di Stato
Rio Terrà S Tomà
Palazzo Maffetti-Tiepolo
Rio Marin
Rio Marin d Garzotti
Rio d S Zuane

D
E
F
5
4
3
2
1
Campiello Piave
Corte Cavallo
C Gradis
Madonna dell'Orto
QUARTIERE GRIMANI
Casin degli Spiriti
Scuola dei Mercanti
C larga Piave
Fond Madonna dell'Orto
Rio Madonna dell'Orto
C Arrigoni
C Brazzo
Fond d Mori
C Gregolina
Campo dei Mori
Palazzo Mastelli
Casa Tintoretto
C Tintoretto
C d Due Corti
Fond Gasparo Contarini
Palazzo Minelli Spada
Palazzo Contarini dal Zaffo
R d Muti
C d Muti
Rio d Muti
Corte Vecchia
Sacca della Misericordia
C Longo
Palazzo Longo
C d Calderer
C larga
C Groppi
Misericordia
Ex Convento dei Servi di Maria
C d Pignate
C d Zoccolo
C d Trevisan
Corte Nuova
Fond dell'Abbazia
Rio d Sensa
Scuola Vecchia della Misericordia
C Boldù
C d Masena
Cappella del Volto Santo
Fond Canal
Fond Moro
Palazzo Diedo
Fond Diedo
Campo S Marziale
S Marziale
C Larga Lezze
Palazzo Lezze
S Maria Valverde
Scuola Nuova della Misericordia
Canale di Misericordia
C Lunga S Caterina
Ex Chiesa di Santa Caterina
C d Maddalena
C Zancani
Fond Vendramin
Fond Trapolin
Rio d Misericordia
Fond d Misericordia
Palazzo Molin
La Maddalena
Palazzo Vendramin
Palazzo Papafava
Fond S Caterina
Rio d Santa Caterina
Campo S Antonio
Palazzo Correr Contarini
Via V Emanuele
S Fosca
Campiello Chiesa
Fond Forner
Corte Squero Vecchio
C Correr
Palazzo Giovanelli
C Salamon
Fond S Felice
C d Racchetta
Rio d Racchetta
C Zanardi
Palazzo Molin
C d Olio
Strada Nova
Fond Stua
C d Stua
Rio San Andrea
Fond S Andrea
Palazzo Barbarigo
Corte Barbaro
S Felice
Fond d Chiesa
C larga Doge Priuli
Rio d San Sofia
C Corrente
C Albanesi
R Albanesi
Ruga due Pozzi
Fond d San
Rio d Sartori
Palazzo Zulian
San Stae
Palazzo Gussoni-Grimani della Vida
Fond Felzi
C d Becher
Campo S Felice
C d Forno
C Zotti
194
C d Squero
C d Padiglioni
Palazzo Boldù
C d Traghetto
Campiello d Testori
C d Pistor
C d Vele
C d Tagliapietra
Rio Terra Barba Frutariol
Palazzo Foscarini-Giovanelli
Campiello Priuli
Rio Terra Franceschi
Rio Terra S S Apostoli
Ca' Pesaro
Palazzo Fontana
S Sofia
C del Forno
Corte d Cristo
C larga d Proverbi
C Pesaro
Palazzo Donà
Ca' d'Oro
Strada Nova
C Priuli
Fond Pesaro
Palazzo Corner della Regina
Casa Favretto
C Ca d'Oro
C d Duca
C Verde
C d Oca
C d Madonna
Salizz d Pistor
Ca' d'Oro
Palazzo Sagredo
Campo S Sofia
C Dragan
Santi Apostoli
C d Ravano
C Corner
C d Rosa
Rio d S Cassiano
Palazzo Brandolin
C d Pegola
Palazzo Foscari
Palazzo Michiel delle Colonne
Campo Santi Apostoli
Rio d Due Torri
R d Rosa
C Miani
Fondamenta dell'Olio
Corte Nuova
Scuola dell' Angelo Custode
Rio d Santa Apostoli
C d Regina
C d Morti
C d Campanile
Pescheria
Rio Terra Bagatin
Palazzo Moro
San Cassiano
Campo S Cassiano
C d Cristi
C d Botteri
Campo d Pescaria
Ca' da Mosto
Campiello Selvatico
C d Magazen
Mercato di Rialto
Campiello Corner
Salizzada
Palazzo Muti-Baglioni
C d Muti
C Baglioni
C d Botta
Campo Beccarie
C Beccarie
C d Donzella
Ruga d Speziali
Fabbriche Nuove
Rialto Mercato
Palazzo Lion-Morosini
Rio d S G Crisostomo
C Raspi
Rio d Beccarie
Fabbriche Vecchie
San Giovanni Crisostomo
C Modena
Rio Terra Rampani
C Sanson
C San Mattio
San Giovanni Elemosinario
Gobbo di Rialto
S Giacomo di Rialto
Palazzo Civran
C Aseo
C Morosini
Salizzada S G Crisostomo
C Salviati
Palazzo Molin-Cappella
C d Sole
C Donzella
C Arco
Ruga d Orefici
C Toscana
C d Madonna
Campo Rialto Nuovo
Erberia
Fondaco dei Tedeschi
R Terra d Scoazzera
Sant' Aponal
Campiello Curnis
R Ravano
Ruga V S Giovanni
C d Cinque
Palazzo Dieci Savi
C F d Tedeschi
Campo S Aponal
Rialto
Ponte di Rialto
C Splacco
Campiello Meloni
C d Perdon
C d Mezzo
Rio Terra S Silvestro
C d Paradiso
C d Storione
Riva d Vin
Riva d Ferro
Sal Pio X
C Bissa
Campo S Silvestro
Rialto
199

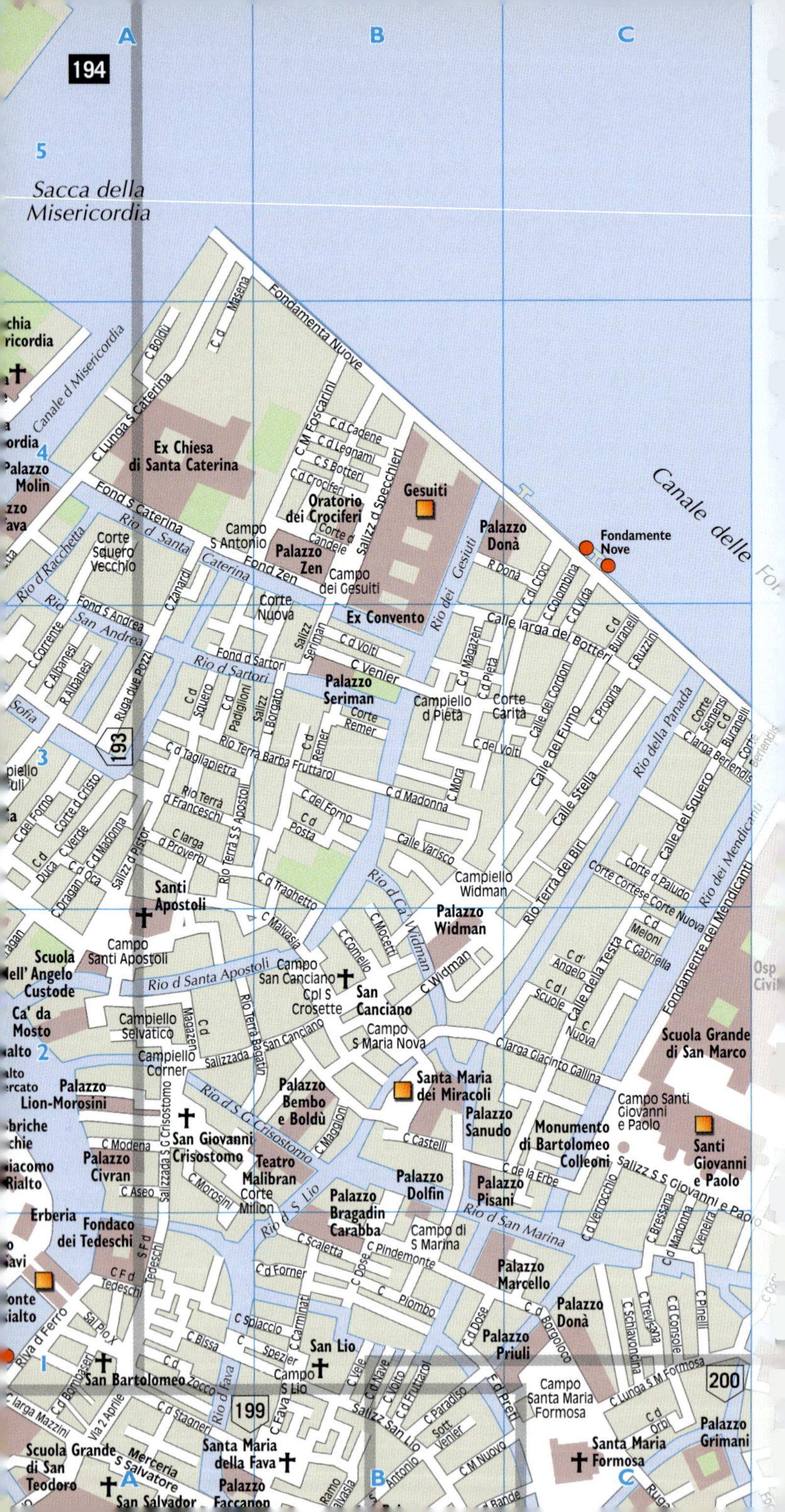
A
B
C
5
4
3
2
1
Sacca della Misericordia
Canale d Misericordia
Canale delle Fondamente Nove
Fondamente Nove
Fondamenta Nuove
Ex Chiesa di Santa Caterina
C Lunga S Caterina
C Boldù
C d Masena
Fond S Caterina
Rio d Santa Caterina
Campo S Antonio
Corte Squero Vecchio
Rio d Racchetta
Palazzo Molin
C M Foscarini
C d Cadene
C d Legnami
C S Botteri
C d Crociferi
Oratorio dei Crociferi
Corte d Candele
Salizz d Specchieri
Gesuiti
Palazzo Zen
Fond Zen
Campo dei Gesuiti
Palazzo Donà
R Donà
C d Croci
C Colombina
C d Vida
C Zanardi
Corte Nuova
Fond S Andrea
Rio San Andrea
Ex Convento
Rio dei Gesuiti
Calle larga dei Botteri
C d Buranelli
C Ruzzini
C Corrente
C Albanesi
R Albanesi
Ruga due Pozzi
Salizz Seriman
C d Volti
C Venier
Fond d Sartori
Rio d Sartori
Palazzo Seriman
C d Magazen
C d Pietà
Campiello d Pietà
Corte Carità
Calle dei Cordoni
C Propria
Rio della Panada
Corte Semensi
C d Buranelli
C larga Berlendis
Sofia
193
C d Squero
C d Padiglioni
Salizz L Borgato
C d Remer
Corte Remer
C del Volti
Calle del Fumo
Rio Terra Barba Fruttarol
C d Tagliapietra
C d Madonna
C Mora
Calle Stella
Calle del Squero
Rio dei Mendicanti
Rio Terrà d Franceschi
C del Forno
C d Posta
Calle Varisco
C d Forno
Corte d Cristo
C Verde
C Duca
C Dragan
C d Oca
C d Madonna
Salizz d Pistor
C larga d Proverbi
Rio Terrà S S Apostoli
C d Traghetto
Rio d Ca' Widman
Campiello Widman
Palazzo Widman
Rio Terrà dei Biri
Corte Cortese
Corte d Paludo
Corte Nuova
Fondamente dei Mendicanti
Santi Apostoli
Campo Santi Apostoli
C Malvasia
C Comello
C Mocenti
C Widman
C d Angelo
C d l Scuole
Calle della Testa
C d Meloni
C Gabriella
C Nuova
Scuola dell' Angelo Custode
Rio d Santa Apostoli
Campo San Canciano
Cpl S Crosette
San Canciano
Campo S Maria Nova
Ca' da Mosto
Campiello Selvatico
C d Magazen
Rio Terrà Bagatin
Salizzada San Canciano
C larga Giacinto Gallina
Scuola Grande di San Marco
Campiello Corner
Palazzo Lion-Morosini
Palazzo Bembo e Boldù
Santa Maria dei Miracoli
Campo Santi Giovanni e Paolo
Rio d S G Crisostomo
C Maggion
Palazzo Sanudo
Monumento di Bartolomeo Colleoni
Santi Giovanni e Paolo
Salizzada S G Crisostomo
San Giovanni Crisostomo
C Modena
C Castelli
Salizz S S Giovanni e Paolo
Palazzo Civran
Teatro Malibran
C de la Erbe
Rialto
C Aseo
C Morosini
Corte Milion
Rio d S Lio
Palazzo Bragadin Carabba
Palazzo Dolfin
Palazzo Pisani
Rio d San Marina
C d Verrocchio
C Bressana
C d Madonna
C Veneira
Erberia
Fondaco dei Tedeschi
S F d Tedeschi
C F d Tedeschi
C Scaletta
C Pindemonte
C Dose
Campo di S Marina
Palazzo Marcello
C d Forner
C Piombo
C d Borgoloco
Palazzo Donà
C Trevisana
C Schiavoncina
C d Consolle
C Pinelli
Riva d Ferro
Sal Pio X
C Spiaccio
C Carminati
C d Dose
Palazzo Priuli
C Bissa
C Spezier
San Lio
Campo S Lio
C d Bombaseri
San Bartolomeo
C d Zocco
Rio d Fava
C Vele
C d Nave
C Volto
C d Fruttarol
C Lunga S M Formosa
C d Orbi
200
C larga Mazzini
Via 2 Aprile
C d Stagneri
199
C Fava
Salizz San Lio
C Paradiso
Sott Venier
F d Preti
Campo Santa Maria Formosa
Palazzo Grimani
Scuola Grande di San Teodoro
Merceria S Salvatore
San Salvador
Santa Maria della Fava
Palazzo Faccanon
C M Nuovo
Santa Maria Formosa

D
E
F
Cimitero
Isola di San Michele
5
4
3
2
Fondamenta Nuove
Corte Berlendis
Santa Lázzaro dei Mendicanti
Fondamenta Nuove
Ospedale
Ospedale Civile
Santa Maria del Pianto
C Torelli
Ospedaletto (Santa Maria dei Derelitti)
Calle Nicolò Massa
C delle Cappuccine
R Moschette
C d Mezzo
C d Forno
C Cavalli
Rio d Santa Giustina
Fondamenta di Santa Giustina
Barbaria delle Tole
C Ospedale
C Brusà
R 2 Brusà
C d Caffetier
C Zen
C S Francesco
Ex Chiesa di S Giustina
Palazzo Gritti o della Nunziatura
San Francesco della Vigna
Palazzo Cavagnis
Rio d S Giovanni Laterano
Campo S Giustina
C d Taddeum
C d Pietà
Campo della Confraternita
201
C d Cimitero
C d Cimitero
Rio d Tette
Ex Ospizio
San Lorenzo
Rio d S Agostin
Palazzo Gradenigo
Palazzo Contarini
Ramo S Francesco
Rio d S Francesco
C Cappello
Salizzada S Giustina
C larga S Lorenzo
Campo San Lorenzo
C Zorzi
C Morion
Corte d Vida
Campo S Ternità
Borgoloco S Lorenzo
C d Vida

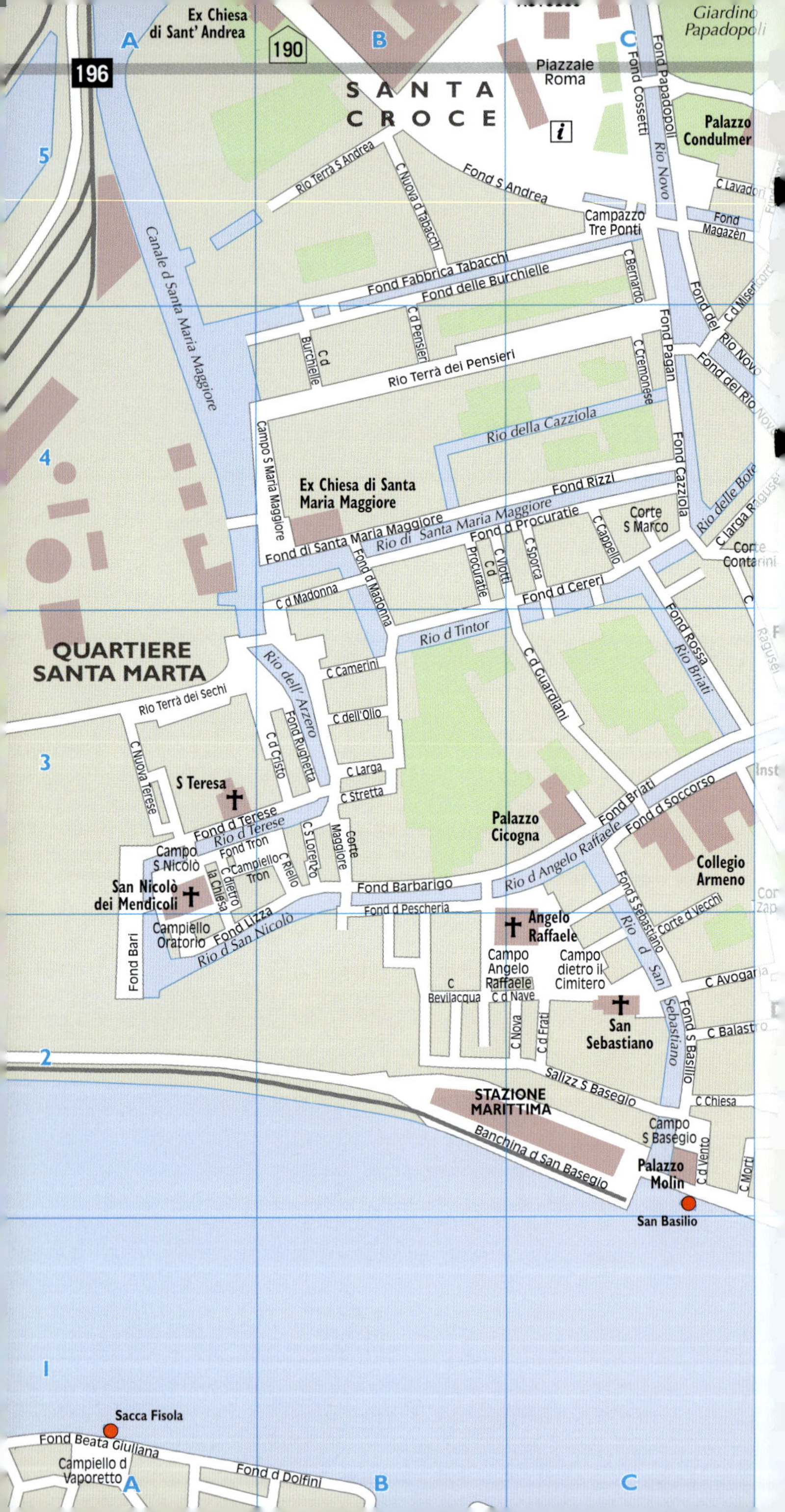

Ex Chiesa di Sant' Andrea
190
Giardino Papadopoli
Piazzale Roma
SANTA CROCE
Palazzo Condulmer
Fond Papadopoli
Fond Cossetti
Rio Novo
Rio Terrà S Andrea
C Nuova d Tabacchi
Fond S Andrea
C Lavadori
Campazzo Tre Ponti
Fond Magazèn
Canale d Santa Maria Maggiore
Fond Fabbrica Tabacchi
Fond delle Burchielle
C Bernardo
Fond del Rio Novo
C d Burchielle
C d Pensieri
Rio Terrà dei Pensieri
C Cremonese
Fond Pagan
Rio della Cazziola
Campo S Maria Maggiore
Ex Chiesa di Santa Maria Maggiore
Fond Rizzi
Fond Cazziola
Rio delle Bote
C larga Ragusei
Corte S Marco
Fond di Santa Maria Maggiore
Rio di Santa Maria Maggiore
Fond d Procuratie
C Cappello
Corte Contarini
Fond d Madonna
C d Procuratie
C Vlotti
C Sporca
C d Madonna
Fond d Cereri
QUARTIERE SANTA MARTA
Rio d Tintor
Fond Rossa
Rio Briati
Rio dell' Arzero
C Camerini
C d Guardiani
Rio Terrà dei Sechi
C dell'Olio
Fond Rughetta
C d Cristo
C Nuova Terese
C Larga
C Stretta
S Teresa
Fond d Terese
Rio d Terese
Palazzo Cicogna
Fond Briati
Fond d Soccorso
Campo S Nicolò
Fond Tron
C S Lorenzo
Corte Maggiore
Fond Angelo Raffaele
Rio d Angelo Raffaele
Collegio Armeno
San Nicolò dei Mendicoli
C dietro la Chiesa
Campiello Tron
C Riello
Fond Barbarigo
Fond d Pescheria
Angelo Raffaele
Fond S Sebastiano
Corte d Vecchi
Rio d San Sebastiano
Campiello Oratorio
Fond Lizza
Rio d San Nicolò
Fond Bari
Campo Angelo Raffaele
Campo dietro il Cimitero
C Bevilacqua
C d Nave
C Avogaria
San Sebastiano
C Nova
C d Frati
Fond S Basilio
C Balastro
Salizz S Basegio
STAZIONE MARITTIMA
C Chiesa
Campo S Basegio
Banchina d San Basegio
Palazzo Molin
C d Vento
C Morti
San Basilio
Sacca Fisola
Fond Beata Giuliana
Campiello d Vaporetto
Fond d Dolfini
A
B
C
5
4
3
2
1

D
E
F
191
192
197
198
Scuola Grande di San Giovanni Evangelista
San Giovanni Evangelista
Archivio di Stato
San Nicolò da Tolentino
Campo d Tolentini
Palazzo Marcello
Corte Spiriti
San Rocco
Santa Maria Gloriosa dei Frari
Campo dei Frari
Campo S Rocco
Campo S Stin
Rio Terra S Tomà
Scuola Grande di San Rocco
Campiello d Castelforte
Palazzo Gabrieli Dolfin
Corte Gallo
San Pantalon
Campo S Pantalon
Campiello Mosca
Corte Barbo
Museo Casa
Campo S Tomà
Palazzo Civran-Grimani
Palazzo Signolo Loredan
Rio di Ca' Foscari
Santa Margherita
Campo Santa Margherita
Palazzo Foscarini
Scuola dei Varotari
Ca' Foscari
Palazzo Giustinian
Palazzo Nani
Palazzo Balbi
Palazzo Da Lezze
Palazzo Morolin
Palazzo Grassi
San Samuele
Campo d Carmini
Institutio Superiore d'Arte Applicata
Scuola Grande dei Carmini
Santa Maria dei Carmini
Rio Terrà d Scoazzera
Ca' Rezzonico
PONTE DEI PUGNI
San Barnaba
Campo San Barnaba
Palazzo Contarini-Michiel
Palazzo Stern
Palazzo Moro
Palazzo Loredan
Ca' del Duca
Palazzo Falier
Corte Zappa
Rio Malpaga
Rio d Toletta
DORSODURO
Ospedale G B Giustinian
Ognissanti
Campo Ognissanti
Rio Ognissanti
Campiello Malipiero
Palazzo Contarini degli Scrigni
Palazzo Brandolin
Palazzo Giustiniàn-Recanati
Gallerie dell'Accademia
San Trovaso
Campo S Trovaso
Squero di San Trovaso
STAZIONE MARITTIMA
Fond Zattere al Ponte Lungo
Zattere
Palazzo Nani
S Maria d Visitazione
Gesuati
S Agnese
Campo S Agnese
Fond Zattere ai Gesuati
Isola della Giudecca

198
192
197
A
B
C
1
2
3
4
5
Palazzo Zen
Palazzo Corner Mocenigo
Campo San Polo
Palazzo Soranzo
Campo S Aponal
Campiello Meloni
Palazzo Maffetti-Tiepolo
San Polo
Campo S Silvestro
San Silvestro
Campo dei Frari
Corte Badoer
Palazzo Barzizza
Palazzo Ravà
San Silvestro
Palazzo Papadopoli
Palazzo Donà della Madonnetta
Palazzo Corner
Palazzo Grimani
Palazzo Donà
Palazzo Corner Martinengo
Museo Casa Carlo Goldoni
Palazzo Pisani-Moretta
Palazzo Barbarigo
Palazzo Cappello-Layard
Palazzo Bernardo
Canal Grande
Palazzo Contarini dei Cavalli
Palazzo Grimani
Campo S Tomà
Santa Tomà
Palazzo Dolfin
Palazzo Tiepolo
Palazzo Persico
Palazzo Corner-Spinelli
Palazzo Benzon
San Benedetto
Campo S Benedetto
Sant' Angelo
Palazzo Curti
Palazzo Civran-Grimani
Palazzo Marcello dei Leoni
San Tomà
Museo Fortuny
Palazzo Balbi
Palazzo Contarini delle Figure
Palazzo Mocenigo
Palazzo Da Lezze
Palazzo Morolin
Oratio dell'Annunziata
Campo S Angelo
Palazzo Grassi
San Samuele
Santo Stefano
San Samuele
Campo S Samuele
Ca' Rezzonico
Puntolaguna
Teatro La Fenice
Campiello Calegheri
Palazzo Malipiero
Campo Santo Stefano
San Maurizio
Ca' del Duca
Campo S Maurizio
Santa Maria del Giglio
Palazzo Morosini
Palazzo Zaguri
Palazzo Falier
San Vidal
Campo Pisani
Palazzo Bellavite
Palazzo Giustinian Lolin
Campo San Vidal
Palazzo Pisani
Campo S Maria del Giglio
Palazzo Pisani Gritti
Palazzo Contarini degli Scrigni
Palazzo Querini
Palazzo Franchetti
Palazzo Barbaro
Accademia
Campo d Carità
PONTE DELL'ACCADEMIA
Palazzo Barbarigo
Palazzo Corner (Ca' Grande)
S Maria del Giglio
Palazzo Giustiniàn-Recanati
Gallerie dell' Accademia
Palazzo Contarini-dal Zaffo
Palazzo Loredàn
Canal Grande
Collezione Peggy Guggenheim
Ex Abbazia di San Gregorio
Palazzo Cini
Campo S Vio
Palazzo Dario
Palazzo Salviati
Palazzo Genovese
Palazzo da Mula
Ex Chiesa di San Gregorio
Campiello Barbaro
Fond Venièr
S Agnese
Campo S Agnese
Ex Ospizio
Campiello Incurabili
Ex Convento
Ospedale degli Incurabili
Spirito Santo
Fond Zattere allo Spirito Santo
Fond Zattere al Saloni
Canale della Giudecca
Rio d San Polo
Rio d Madonnetta
Rio d Meloni
Rio d S Luca
Rio Ca' Garzoni
Rio d S Angelo
Rio d Verona
Rio d Santissimo
Rio d S Vio
Rio d Fornace
Rio Terrà Antonio Foscarini
Rio Terrà San Vio
Rio Terrà d Catecumeni
Fond Corner Zaguri
Fond Soranzo dette Fornace
Fond d Fornace
Campo d Traghetto
Fond Venier
Fond Bragadin
Gesuati

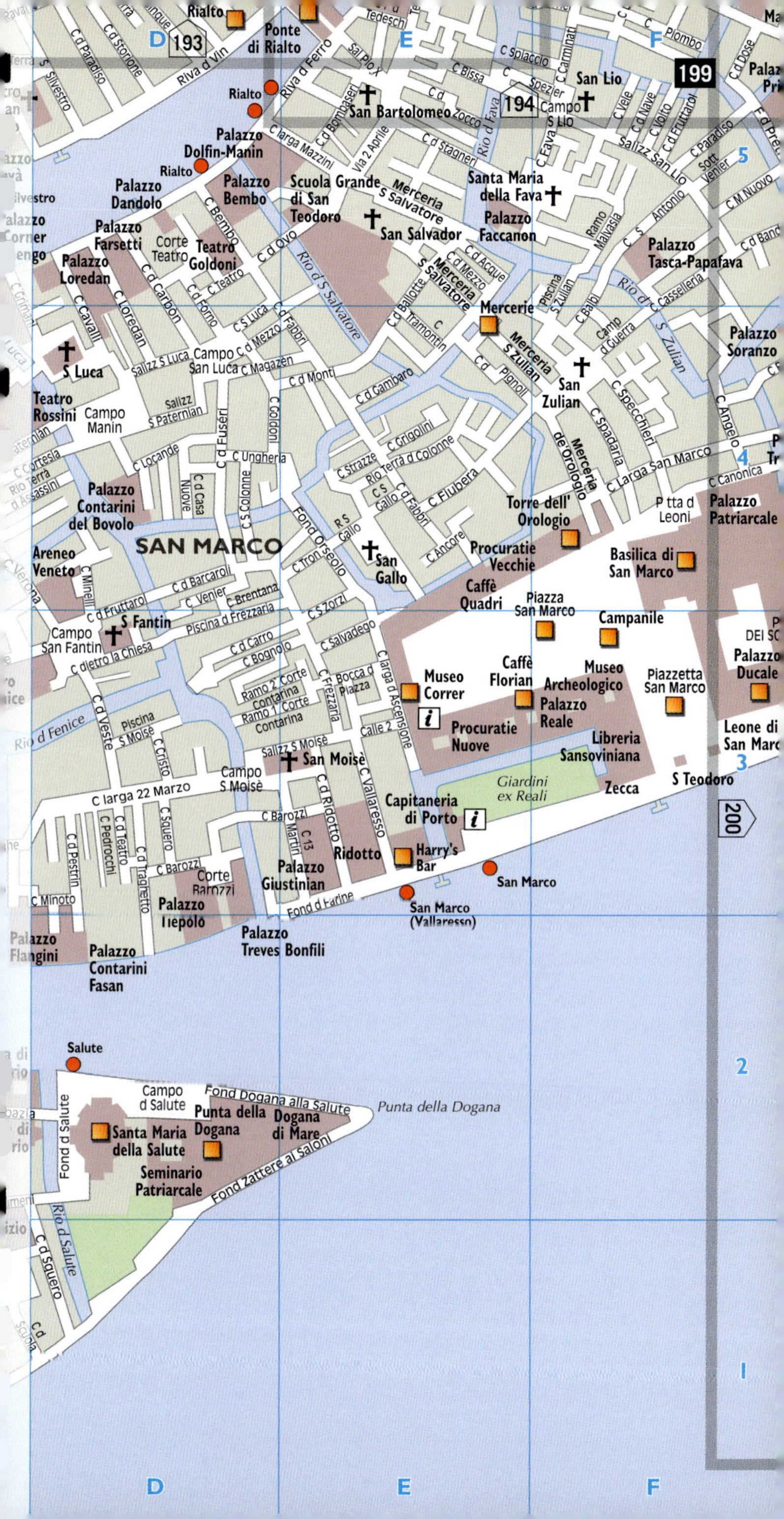
199
193
194
200
D
E
F
5
4
3
2
1
Ponte di Rialto
Rialto
Riva d Vin
Riva d Ferro
Sal Pio X
San Bartolomeo
C Spiaccio
C Bissa
San Lio
Campo S Lio
Palazzo Dolfin-Manin
Palazzo Dandolo
Palazzo Bembo
Scuola Grande di San Teodoro
Merceria S Salvatore
Santa Maria della Fava
Palazzo Faccanon
San Salvador
Palazzo Farsetti
Corte Teatro
Teatro Goldoni
Palazzo Loredan
Palazzo Tasca-Papafava
Rio d S Salvatore
Mercerie
Merceria S Zulian
San Zulian
Rio d S Zulian
Palazzo Soranzo
S Luca
Campo San Luca
Teatro Rossini
Campo Manin
Salizz S Paternian
C d Fuseri
C Goldoni
C Larga San Marco
Palazzo Contarini del Bovolo
Torre dell' Orologio
Merceria de' Orologio
P tta d Leoni
Palazzo Patriarcale
SAN MARCO
Areneo Veneto
San Gallo
Fond Orseolo
Procuratie Vecchie
Basilica di San Marco
Caffè Quadri
Piazza San Marco
Campanile
S Fantin
Campo San Fantin
Piscina d Frezzaria
Museo Correr
Caffè Florian
Museo Archeologico
Piazzetta San Marco
Palazzo Ducale
Palazzo Reale
Procuratie Nuove
Libreria Sansoviniana
Leone di San Marco
Rio d Fenice
San Moisè
Campo S Moisè
C larga 22 Marzo
Calle Vallaresso
Giardini ex Reali
Zecca
S Teodoro
Capitaneria di Porto
Harry's Bar
Ridotto
Palazzo Giustinian
Corte Barozzi
Palazzo Tiepolo
San Marco
San Marco (Vallaresso)
Fond d Farine
Palazzo Treves Bonfili
Palazzo Flangini
Palazzo Contarini Fasan
Salute
Campo d Salute
Fond Dogana alla Salute
Punta della Dogana
Santa Maria della Salute
Dogana di Mare
Seminario Patriarcale
Fond Zattere ai Saloni
Fond d Salute
Rio d Salute
C d Squero

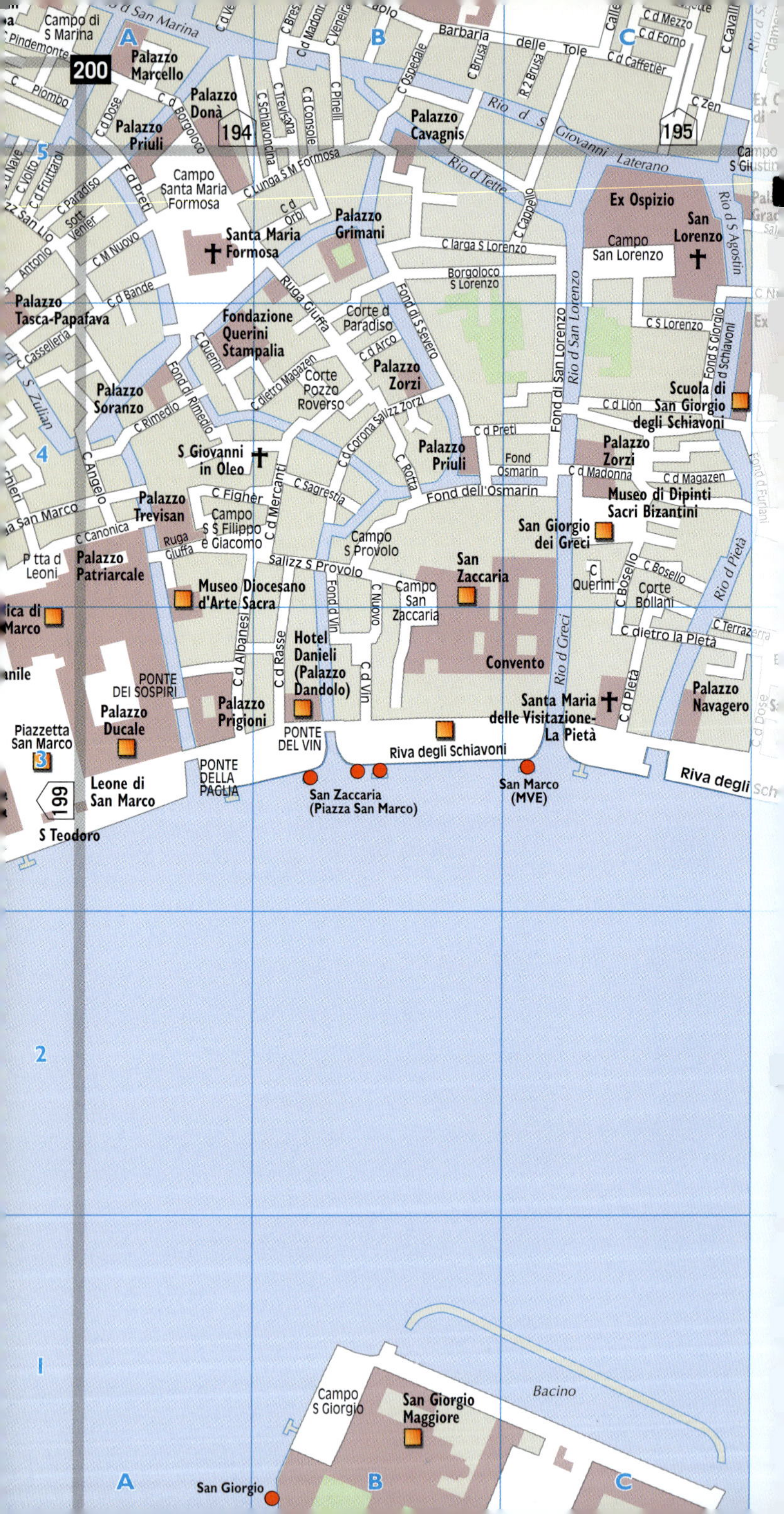
Campo di S Marina
d San Marina
Pindemonte
Palazzo Marcello
Palazzo Donà
194
Palazzo Priuli
Palazzo Cavagnis
195
Barbaria delle Tole
C d Mezzo
C d Forno
C d Caffetier
C Zen
Rio d S Giovanni Laterano
Rio d Tette
C Piombo
C d Dose
C d Borgoloco
C Schiavonicina
C Trevisana
C d Console
C Pinelli
C Ospedale
C Brusa
R 2 Brusa
Campo Santa Maria Formosa
C Lunga S M Formosa
E d Prefi
C Paradiso
Sott Venier
C M Nuovo
Santa Maria Formosa
Palazzo Grimani
C d Orbi
Ex Ospizio
Campo San Lorenzo
San Lorenzo
Rio d S Agostin
C larga S Lorenzo
Borgoloco S Lorenzo
C Cappello
Palazzo Tasca-Papafava
C d Bande
Fondazione Querini Stampalia
Ruga Giuffa
Corte d Paradiso
Fond d S Severo
Fond di San Lorenzo
Rio d San Lorenzo
C S Lorenzo
C Casselleria
C Querini
C dietro Magazen
Corte Pozzo Roverso
C d Arco
Palazzo Zorzi
Palazzo Soranzo
C Rimedio
Fond di Rimedio
S Zulian
Scuola di San Giorgio degli Schiavoni
C d Lion
Fond S Giorgio d Schiavoni
S Giovanni in Oleo
C d Corona
Salizz Zorzi
C d Preti
Palazzo Priuli
Fond Osmarin
C d Madonna
Palazzo Zorzi
C d Magazen
C Angelo
C Figher
C d Mercanti
C Sagrestia
C Rotta
Fond dell'Osmarin
Museo di Dipinti Sacri Bizantini
Palazzo Trevisan
Campo S S Filippo e Giacomo
Ruga Giuffa
C Canonica
San Giorgio dei Greci
Campo S Provolo
Salizz S Provolo
San Zaccaria
C Querini
C Bosello
Corte Bollani
Rio d Pietà
P tta d Leoni
Palazzo Patriarcale
Museo Diocesano d'Arte Sacra
Fond d Vin
C Nuovo
Campo San Zaccaria
C Terrazzera
C dietro la Pietà
C d Albanesi
C d Rasse
Hotel Danieli (Palazzo Dandolo)
C d Vin
Convento
Rio d Greci
PONTE DEI SOSPIRI
Palazzo Ducale
Palazzo Prigioni
Santa Maria delle Visitazione-La Pietà
C d Pietà
Palazzo Navagero
Piazzetta San Marco
PONTE DEL VIN
Riva degli Schiavoni
PONTE DELLA PAGLIA
Leone di San Marco
199
San Zaccaria (Piazza San Marco)
San Marco (MVE)
Riva degli Sch
S Teodoro
Campo S Giorgio
San Giorgio Maggiore
Bacino
San Giorgio
A
B
C
1
2
4
5

D
E
F
5
4
3
2
1
C
202
Ex Chiesa di S Giustina
Palazzo Gritti o della Nunziatura
San Francesco della Vigna
C S Francesco
Campo S Giustina
Campo della Confraternita
C d Cimitero
Corte del Muneghe
Campo d Celestia
Palazzo Contarini
Palazzo Gradenigo
Rio d S Francesco
Salizzada S Giustina
Ramo S Francesco
C Morion
Corte d Vida
C d Vida
Campo S Ternità
C Caffettier
C Dona
Rio d Celestia
Canale delle Galeazze
C Zorzi
C Nuova
Salizz Francesco
C dell'Olio
Ex Convento
S Giovanni dei Cavalieri di Malta
Salizz d Gatte
C Drazzi
C Malatina
Rio d S Ternità
C Celsi
Palazzo Magno
Campo d Gatte
C d Furlani
C Magno
C d Angelo
Corte d Angelo
Campiello due Pozzi
C d Scudi
Fond d Furlani
S Antonino
Corte Soranzo
C d Muneghette
Piscina S Martin
C d Gorne
Rio d Gorne
Darsena Arsenale Vecchio
Salizz S Antonin
C d Arco
Corte Venier
C Venier
Rio d S Martino
Salizz d Pignater
Campo Bandiera e Moro
C Crosera
C d Pestrin
San Martino
Fond di Fronte
Arsenale
Torri dell'Arsenale
C Gritti
C dietro Erizzo
C Erizzo
C Grandiben
C Arsenale
Campo Arsenale
C larga
C d Pegola
C d Dose
San Giovanni in Bragora
C d Forno
Campiello Piovàn
C d Cagnoletto
C Morosina
Fond d Madonna
C Malvasia Vecchia
C d Tagliapietra
C d Vida
C dei Forni
Ca' di Dio
Schiavoni
Ex Forni
Campo della Tana
Arsenale
Riva Ca' di Dio
Rio dell'Arsenale
Fondamenta dell'Arsenale
Museo Storico Navale
Palazzetto dello Sport
Fond della Tana
Campo S Biagio
Riva S Biagio
San Biagio
C Grimana
C d Forno
Corte Formenti
Via Giuseppe Garibaldi
C Pedrocchi
C d Squero
C d Santi
C d Pistor
Riva dei Sette Martiri
Canale di San Marco

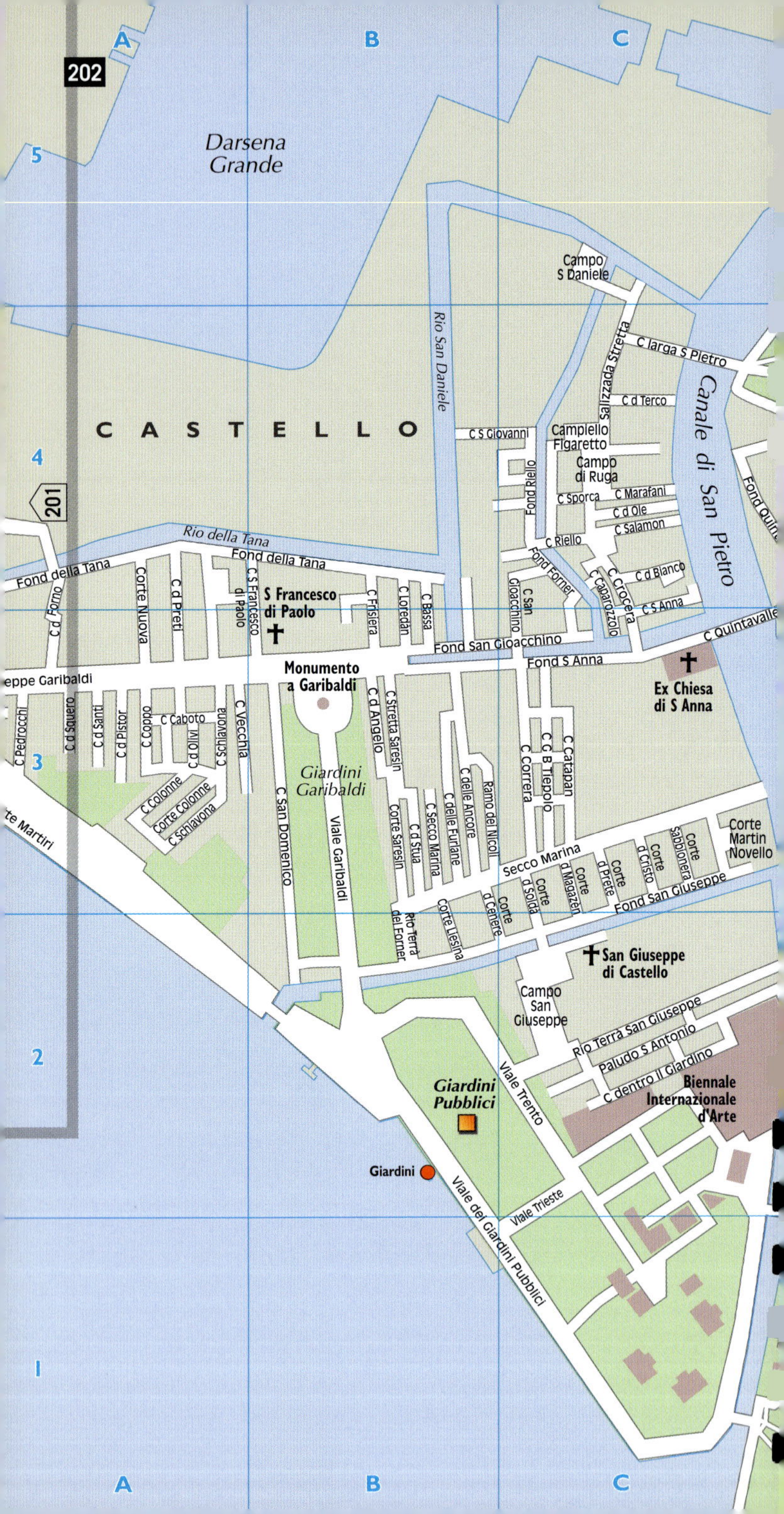

A
B
C
5
4
3
2
1
201
Darsena Grande
CASTELLO
Rio San Daniele
Campo S Daniele
Salizzada Stretta
C larga S Pietro
C d Terco
Canale di San Pietro
Fond Quint
C S Giovanni
Campiello Figaretto
Campo di Ruga
Fond Riello
C Sporca
C Marafani
C d Ole
C Salamon
C Riello
Fond Forner
C d Bianco
C Caparozzolo
C Crocera
C S Anna
C Quintavalle
Rio della Tana
Fond della Tana
C d Forno
Corte Nuova
C d Preti
C S Francesco di Paolo
S Francesco di Paolo
C Frisiera
C Loredan
C Bassa
C San Gioacchino
Fond San Gioacchino
Fond S Anna
Ex Chiesa di S Anna
eppe Garibaldi
Monumento a Garibaldi
C Pedrocchi
C d Squero
C d Santi
C d Pistor
C Coppo
C Caboto
C d Olivi
C Schiavona
C Vecchia
C d Angelo
C Stretta Saresin
C Correra
C G B Tiepolo
C Catapan
C Colonne
Corte Colonne
C Schiavona
te Martiri
Giardini Garibaldi
C San Domenico
Viale Garibaldi
Corte Saresin
C d Stua
C Secco Marina
C delle Furlane
C delle Ancore
Ramo dei Nicoli
Secco Marina
Corte d Soldà
Corte d Magazen
Corte d Prete
Corte d Cristo
Corte Sabbionera
Corte Martin Novello
Fond San Giuseppe
Rio Terrà del Forner
Corte Liesina
Corte d Cenere
San Giuseppe di Castello
Campo San Giuseppe
Rio Terrà San Giuseppe
Paludo S Antonio
C dentro il Giardino
Biennale Internazionale d'Arte
Viale Trento
Giardini Pubblici
Giardini
Viale dei Giardini Pubblici
Viale Trieste

C	Calle
Cpo	Campo
Cllo	Campiello
Fond	Fondamenta
R	Ramo

Abbildungsnachweis

Die Automobile Association dankt den nachfolgend genannten Fotografen und Bildagenturen für ihre Unterstützung bei der Herstellung dieses Buchs.

Für die Bildnachweise gelten folgende Abkürzungen: (o) oben, (u) unten, (m) Mitte, (l) links, (r) rechts, (AA) AA World Travel Library.

Umschlag: (o) AA/D Miterdiri; (u) AA/C Sawyer
2(i) AA/C Sawyer; 2(ii) AA/A Mockford & N Bonetti; 2(iii) AA/S McBride; 2(iv) AA/A Mockford & N Bonetti; 2(v) AA/A Mockford & N Bonetti; 3(i) AA/A Mockford & N Bonetti; 3(ii) AA/S McBride; 3(iii) AA/C Sawyer; 3(iv) AA/A Mockford & N Bonetti; 3(v) AA/A Mockford & N Bonetti; 5l AA/C Sawyer; 5m AA/D Miterdiri; 5r AA/A Mockford & N Bonetti; 6 AA/A Mockford & N Bonetti; 7 AA/C Sawyer; 9 AA/D Miterdiri; 10 AA/S McBride; 11 AA/A Mockford & N Bonetti; 12/13 AA/D Miterdiri; 14l National Gallery, London/The Bridgeman Art Library; 14r AA/C Sawyer; 17l; V Z Celotto/Getty Images/ Bourgeois Bust - Jeff and Ilona, 1991 Jeff Koons: ©Jeff Koons; 17m Photolibrary Group/(m) Charles Ray/Courtesy Matthew Marks Gallery, New York; 17r V Z Celotto/Getty Images/ © Maurizio Cattelan/Courtesy Marian Goodman Gallery, New York; 18 S Grandadam/Getty Images; 19l Ghidoni/Getty Images; 20/21 AA/A Mockford & N Bonetti; 23 AA/A Mockford & N Bonetti; 24 AA/D Miterdiri; 25 Photolibrary Group; 27 AA/A Mockford & N Bonetti; 28/29 AA/A Mockford & N Bonetti; 30 AA/S McBride; 31l AA/A Mockford & N Bonetti; 37m AA/A Mockford & N Bonetti; 37r AA/A Mockford & N Bonetti; 43l AA/S McBride; 43m AA/A Mockford & N Bonetti; 43r AA/A Mockford & N Bonetti; 44 AA/S McBride; 45 AA/S McBride; 46o AA/C Sawyer; 46u AA/C Sawyer; 47 AA/A Mockford & N Bonetti; 48 AA/S McBride; 49 AA/A Mockford & N Bonetti; 50 AA/A Mockford & N Bonetti; 51 AA/S McBride; 52 AA/D Miterdiri; 53 AA/A Mockford & N Bonetti; 54/55 AA/C Sawyer; 55 Kasten AA/A Mockford & N Bonetti; 57 AA/S McBride; 58 AA/S McBride; 59 AA/D Miterdiri; 60 AA/A Mockford & N Bonetti; 61 AA/C Sawyer; 62l AA/S McBride; 62r AA/A Mockford & N Bonetti; 67l AA/A Mockford & N Bonetti; 67m AA/R Newton; 67r AA/A Mockford & N Bonetti; 68 AA/S McBride; 69 AA/S McBride; 70o AA/S McBride; 70u AA/S McBride; 71 AA/S McBride; 72/73 AA/S McBride; 74 AA/A Mockford & N Bonetti; 75 AA/A Mockford & N Bonetti; 76 AA/S McBride; 77 AA/S McBride; 78 AA/A Mockford & N Bonetti; 79 AA/C Sawyer; 80 AA/D Miterdiri; 81 AA/D Miterdiri; 85l AA/A Mockford & N Bonetti; 85m AA/S McBride; 85r AA/A Mockford & N Bonetti; 86 AA/S McBride; 87 AA/S McBride; 88o AA/A Mockford & N Bonetti; 88u AA/S McBride; 89o AA/S McBride; 89u AA/A Mockford & N Bonetti; 90 AA/A Mockford & N Bonetti; 91l AA/A Mockford & N Bonetti; 91r AA/A Mockford & N Bonetti; 92 AA/S McBride; 93 AA/D Miterdiri; 94 AA/S McBride; 94/95 AA/D Miterdiri; 96 AA/A Mockford & N Bonetti; 98 AA/A Mockford & N Bonetti;103l AA/A Mockford & N Bonetti;103m AA/A Mockford & N Bonetti; 103r AA/S McBride; 105l AA/S McBride; 105r AA/S McBride; 106o AA/A Mockford & N Bonetti; 106u AA/A Mockford & N Bonetti; 107 AA/S McBride; 108 AA/A Mockford & N Bonetti; 109 AA/A Mockford & N Bonetti; 110o AA/A Mockford & N Bonetti; 110u AA/A Mockford & N Bonetti; 111 AA/C Sawyer; 112 AA/C Sawyer; 113 Santa Maria Gloriosa dei Frari, Venice, Giraudon/The Bridgeman Art Library; 114 AA/C Sawyer; 115o AA/D Miterdiri; 115u AA/D Miterdiri; 116 AA/A Mockford & N Bonetti; 117o AA/S McBride; 117u AA/A Mockford & N Bonetti; 121l AA/S McBride; 121m AA/A Mockford & N Bonetti; 121u AA/A Mockford & N Bonetti; 122 AA/S McBride; 123 AA/A Mockford & N Bonetti; 124 AA/S McBride; 125o AA/C Sawyer; 125u AA/A Mockford & N Bonetti; 126 AA/A Mockford & N Bonetti; 127 AA/A Mockford & N Bonetti; 128 AA/A Mockford & N Bonetti; 130 AA/C Sawyer; 131 AA/C Sawyer; 132 AA/S McBride; 133 AA/A Mockford & N Bonetti; 135o AA/A Mockford & N Bonetti; 135u AA/A Mockford & N Bonetti; 139l AA/C Sawyer; 139m AA/C Sawyer; 139r AA/A Mockford & N Bonetti; 140 AA/C Sawyer; 141 AA/C Sawyer; 142 AA/C Sawyer; 143o AA/A Mockford & N Bonetti; 143u AA/A Mockford & N Bonetti; 144 AA/S McBride; 145 AA/C Sawyer; 146 AA/C Sawyer; 147 AA/S McBride; 148 AA/A Mockford & N Bonetti; 149 AA/A Mockford & N Bonetti; 150 AA/A Mockford & N Bonetti; 151 AA/D Miterdiri; 152 AA/A Mockford & N Bonetti; 157l AA/A Mockford & N Bonetti; 157m AA/A Mockford & N Bonetti; 157r AA/A Mockford & N Bonetti; 158/159 Fototeca ENIT; 160 Photolibrary Group; 161 Photolibrary Group; 162 AA/A Mockford & N Bonetti; 163 AA/A Mockford & N Bonetti; 164 AA/A Mockford & N Bonetti; 165 Photolibrary Group; 166 Photolibrary Group; 167l AA/A Mockford & N Bonetti; 167m AA/A Mockford & N Bonetti; 167r AA/A Mockford & N Bonetti; 168 AA/A Mockford & N Bonetti; 169 AA/A Mockford & N Bonetti; 170 AA/A Mockford & N Bonetti; 171 AA/S McBride; 172l AA/A Mockford & N Bonetti; 172r AA/A Mockford & N Bonetti; 173 AA/C Sawyer; 174 AA/A Mockford & N Bonetti; 175 AA/A Mockford & N Bonetti; 176 AA/A Mockford & N Bonetti; 177 AA/S McBride; 179 AA/S McBride; 180 AA/A Mockford & N Bonetti; 181l AA/C Sawyer; 181m AA/A Mockford & N Bonetti; 181r AA/A Mockford & N Bonetti; 185l AA/S McBride; 185or AA/A Mockford & N Bonetti; 185mr AA/A Mockford & N Bonetti

Es wurden alle Anstrengungen unternommen, um die Inhaber der Bilderrechte ausfindig zu machen. Dennoch möchten wir uns im Voraus entschuldigen, falls hierbei Fehler unterlaufen sein sollten. Gern nehmen wir die Änderungen in die nächste Ausgabe dieser Publikation auf.

Hat Ihnen etwas an diesem Führer ganz besonders gut gefallen?

Was hätten wir besser machen können?

Persönliche Angaben

Name

Adresse

Zu welcher Altersgruppe gehören Sie?

Unter 25 ☐ 25–34 ☐ 35–44 ☐ 45–54 ☐ 55–64 ☐ Über 65 ☐

Wie oft im Jahr fahren Sie in Urlaub?

Seltener als einmal ☐ Einmal ☐ Zweimal ☐ Dreimal oder öfter ☐

Wie sind Sie verreist?

Allein ☐ Mit Partner ☐ Mit Freunden ☐ Mit Familie ☐

Wie alt sind Ihre Kinder? ____

Über Ihre Reise …

Wann haben Sie die Reise gebucht? Monat/Jahr

Wann sind Sie verreist? Monat/Jahr

Wie lange waren Sie verreist?

War es eine Urlaubsreise oder ein beruflicher Aufenthalt?

Haben Sie noch weitere Reiseführer gekauft? ☐ Ja ☐ Nein

Wenn ja, welche?

Herzlichen Dank dafür, dass Sie sich die Zeit genommen haben, diesen Fragebogen auszufüllen.

NATIONAL GEOGRAPHIC

Leserbefragung

Ihre Ratschläge, Urteile und Empfehlungen sind für uns sehr wichtig. Wir bemühen uns, unsere Reiseführer ständig zu verbessern. Wenn Sie sich ein paar Minuten Zeit nehmen, diesen kleinen Fragebogen auszufüllen, könnten Sie uns sehr dabei helfen.

Wenn Sie diese Seite nicht herausreißen möchten, können Sie uns auch eine Kopie schicken, oder Sie notieren Ihre Hinweise einfach auf einem separaten Blatt.

Bitte senden Sie Ihre Antwort an:
NATIONAL GEOGRAPHIC SPIRALLO-REISEFÜHRER, MAIRDUMONT GmbH & Co. KG,
Postfach 31 51, D-73751 Ostfildern
E-Mail: spirallo@nationalgeographic.de

Über dieses Buch ...

NATIONAL GEOGRAPHIC SPIRALLO-REISEFÜHRER **VENEDIG**

Wo haben Sie das Buch gekauft? ______________________

Wann? Monat / Jahr

Warum haben Sie sich für einen Titel dieser Reihe entschieden? ______________________

Wie fanden Sie das Buch?

Hervorragend ☐ Genau richtig ☐ Weitgehend gelungen ☐ Enttäuschend ☐

Können Sie uns Gründe angeben?

Bitte umblättern ...